文史哲學集成

何廣棪著

碩堂文存四編

選堂

文史哲出版社印行

國家圖書館出版品預行編目資料

碩堂文存四編 / 何廣棪著. -- 初版. -- 臺北
市：文史哲, 民 89
面 ： 公分. -- (文史哲學集成 ; 442)
含參考書目
ISBN 957-549-338-7(平裝)

1.

848.6 89019510

文史哲學集成 ㊹㊷

碩堂文存四編

著 者：何 廣 棪
出版者：文 史 哲 出 版 社
登記證字號：行政院新聞局版臺業字五三三七號
發行人：彭 正 雄
發行所：文 史 哲 出 版 社
印刷者：文 史 哲 出 版 社
臺北市羅斯福路一段七十二巷四號
郵政劃撥帳號：一六一八〇一七五
電話886-2-23511028・傳真886-2-23965656
實價新臺幣四〇〇元

中 華 民 國 九 十 年 元 月 初 版

ISBN 957-549-338-7

碩堂文存四編　目次

東晉高僧支曇諦及其賦研究

壹、前　言

華梵大學創辦人曉雲法師歷年來倡導研究佛教文學不遺餘力，本人四年前即於華梵大學東方人文思想研究所「詞學專題」課程中講授兩宋僧人詞，其後又撰成《兩宋僧人詞述評——兼論宋僧詞於佛教宣傳上之貢獻》一文以作響應。拙文曾在「第十屆國際佛教教育研討會」上宣讀，後被收入《第十屆國際佛教教育研討會專輯》中。

惟民國以還，研究佛教文學之專著及學術論文爲數不多，偶有述造，學者亦僅致力於敦煌變文、寶卷、唐代僧人詩作之研究。有關兩宋僧人詞之探研，八十多年間發表於學術期刊中之論文僅見曾棗莊教授《論宋僧詞》（註一）與拙文二篇而已。至於鑽研高僧賦之著作，千年以來未嘗一睹。近十數年來，大陸、香港、台灣兩岸三地先後召開四屆國際辭賦學學術研討會，發表論文百餘篇，可謂琳琅滿目，碩果纍纍。然觀其論文結集，於高僧賦之研究，竟付闕如。由是觀之，曉雲法師大力提倡研治佛教文學實有其因由與必要在。至法師之眞知灼見，機先洞燭，則非常人所可企及。

六朝僧人能賦並有賦作傳世者極少，據清人嚴可均《全上古三代秦漢三國六朝文》一書所收，計有支曇諦《廬山賦》、《赴火蛾賦》，釋慧命《詳玄賦》，釋慧曉《釋子賦》，（註二）釋眞觀《愁賦》、《夢賦》，凡四家六篇。本文因囿於篇幅，僅擬對支曇諦及其賦進行窄而深之鑽研，其餘諸家作品之研究，恐須俟諸他日矣。

貳、支曇諦之時代及其卒年

研究支曇諦，首先須面對及解決之問題即爲：曇諦究屬東晉人？抑爲劉宋人？而其卒年究在東晉安帝義熙七年（四一一）五月？抑在劉宋文帝元嘉末（四五三）？（註三）記載曇諦生平之資料，以東晉丘道護所撰《道士支曇諦誄》爲最早。此《誄》始見唐釋道宣《廣弘明集》卷第二十三《僧行篇》第五《諸僧誄行狀》，而嚴可均《全上古三代秦漢三國六朝文》竟闕載此《誄》，斯乃嚴氏之失察也。

《誄》前有《序》，曰：

晉義熙七年五月某日，道士支曇諦卒，春秋六十有五。嗚呼哀哉！法師肇胤西域，本生康居，因族以國氏。既伏膺師訓，乃從法姓支，徙于吳興郡烏程縣都鄉千秋里。資金商之貞氣，藉陽育之韶律；冑遐方之誕秀，協川嶽而稟神。識情湛粹，風宇明肅。道致表於天期，德範彰於素器。貞悟獨拔，群異不足以動其心；至誠深固，眾論莫能以干其執。是以超塵絕詣，慧旨發於弱齡；研微耽玄，明道昭於歲暮。故能振靈風於神境，演妙化於季葉；嗣清徽於前哲，穆道俗而歸懷焉。遊涉眾方，敷揚大業；妙尋幽蹟，清言析微。加以善屬文辭，識賞參流；固已諧契風勝，領冠一時矣。公之中年，爰乃慨以城傍難置幽居爲節。且山水之性，素好自然；靜外之默，體自天心。於是謝緣人封，遁跡巖壑。乃考室于吳興郡故障之崑山，味道崇化二十餘載。其栖業所弘，可以洗心滌垢；筌象之美，足以窮興永年。於是晞宗歸仁者，自群方而集；欽風懷趣者，不遠而叩津焉。于時，時望英豪，多延請齋講。公虛心應物，不嘗以動止介懷；推誠述義，未始以道俗殊致。其中抱壹之德，又遐邇所推。永將灑拂玄路，絚維頹風；超外妙梯，擬轍玄蹤；惜乎不永，遘疾而終。識者深云亡之痛，悠情感惟良之悲。蓋無爵而貴，生榮死哀者，其此之謂矣！雖至理冥一，存亡定於形初；玄識妙照，骸器同於朽壤。然而闕情期於欣戚之境，未泯乎離會之心者，亦何能不以失得爲悲喜，臨長岐而悽懷哉？苟冥廢之難體，寄筌翰以懷風；援弱毫而舒情，播清暉乎無窮。

讀此《序》，則於曇諦之里貫、秉性、修身、履道，及其平生遊蹤與教化世人諸事，當有所知悉。《序》稱曇諦卒於義熙七年（四一一），春秋六十有五；據此以上推，則其生歲應爲東晉穆帝永和三年（三四七）。是則支曇諦乃東晉人。

然梁釋慧皎《高僧傳》卷第七《義解》四有《宋吳虎丘山釋曇諦傳》，載：

釋曇諦，姓康，其先康居人。漢靈帝時，移附中國；獻帝末亂，移止吳興。諦父彤，嘗爲冀州別駕。母黃氏晝寢，夢見一僧呼黃爲母，寄一麈尾，并鐵鏤書鎮二枚。眠覺，見兩物具存，因而懷孕生諦。諦年五歲，母以麈尾等示之，諦曰：「秦王所餉。」母曰：「汝置何處？」答云：「不憶。」至年十歲出家，學不從師，悟自天發。後隨父之樊、鄧，遇見關中僧䂮道人，忽喚䂮名。䂮曰：「童子何以呼宿老名？」諦曰：「向者，忽言阿上是諦沙彌，爲眾僧採菜，被野豬所傷，不覺失聲耳！」䂮經爲弘覺法師弟子，爲僧採菜，被野豬所傷。䂮初不憶此，迺詣諦父，諦父且說本末，并示書鎮、麈尾等，䂮迺悟而泣曰：「即先師弘覺法師也。師經爲姚萇講《法華》，貧道爲都講，姚萇餉師二物，今遂在此。」追計弘覺捨命，正是寄物之日。復憶採菜之事，彌深悲仰。諦後遊覽經籍，遇目斯記。晚入吳虎丘寺，講《禮》、《易》、《春秋》各七遍，《法華》、《大品》、《維摩》各十五遍。又善屬文翰，《集》有六卷，亦行於世。性愛林泉，後還吳興，入故章崑崙山，閑居澗飲二十餘載。以宋元嘉末年卒於山舍，春秋六十餘。

此《傳》記敘曇諦幼年事跡甚翔贍，且述及其前世乃僧䂮之師尊——弘覺法師。其語雖涉玄虛，或亦可信。至《傳》中言及「秦王所餉」之秦王，即指姚萇。萇滅前秦後建國，史稱後秦，在位十年，恰當東晉孝武帝太元九年(三八四)，至太元十八年(三九三)。是則弘覺與僧䂮皆後秦人。此《傳》又謂曇諦「以宋元嘉末年卒」，「春秋六十餘」。考宋文帝以元嘉爲年號，共三十年(四二四至四五三)。「元嘉末」，應指元嘉三十年。曇諦卒時爲「春秋六十餘」，若以六十五歲算，據此上推，則其生年應爲東晉孝武帝太元十四年（三八九）。宋武帝以晉恭帝元熙元年（四一九）滅東晉，曇諦時年三十一歲。是則曇諦前半生屬東晉人，後半生屬劉宋人。《高僧傳》以其卒於劉宋，稱爲「宋吳虎丘山釋曇諦」，固云合理。

綜上所考，丘道護所撰《誄》，與釋慧皎所撰《傳》，於支曇諦之時代及卒年，皆各有所記述。二者誰是誰非，實有辨白之必要。第一位對《誄》、《傳》兩者之是非提出判斷者乃嚴可均。嚴氏《全上古三代秦漢三國六朝文》一書，其《全晉文》卷一百六十五收有曇諦《廬山賦》與《赴火蛾賦》。嚴氏所撰《支曇諦》小傳曰：

> 曇諦，本康居人，居吳興烏程之千秋里，後徙故障之崑山。義熙七年卒。有《集》六卷。
>
> 案《隋志》列曇諦於慧遠之前。丘道護作《曇諦誄》，以爲義熙七年五月卒。道護與曇諦友善，必不有誤。《高僧傳》七、《神僧傳》三作宋元嘉末卒，恐未可據。《隋志》，《曇諦集》、《丘道護集》皆列於晉，不列於宋，足以明之。

觀小傳案語，則嚴氏固以《誄》所記爲是，而《傳》爲非矣。考《隋書》卷三十五《志》第三十《經籍》四《集》著錄：

> 晉沙門《支曇諦集》六卷
>
> 晉沙門《釋惠遠集》十二卷（註四）
>
> 晉《宗欽集》二卷　梁有晉中軍功曹《殷曠之集》五卷，太學博士《魏說集》十三卷，征西主簿《丘道護集》五卷、《錄》一卷，柴桑令《劉遺民集》五卷、《錄》一卷，《郭澄之集》十卷，徵士《周續之集》一卷，《孔瞻

集》九卷。亡。

是可均所案，言皆有據。讀《隋志》，又悉道護所除之官乃晉征西主簿。繼嚴氏之後而論《誄》、《傳》所記之是非者，乃近人陳垣先生。垣字援庵，所撰《釋氏疑年錄》卷一載：

道士支曇諦，康居人。東晉義熙七年卒，年六十五（三四七—四一一）。《廣弘明集》二三晉丘道護撰《誄》。按：《梁僧傳》七，虎丘山曇諦亦康居人，宋元嘉末年卒。《傳》稱諦善屬文，有《集》六卷，入吳興故章崑崙山二十餘載。《誄》亦稱諦善屬文，考室於吳興郡故障之崑山二十餘載。似屬一人，惟《名僧傳目》稱晉支曇諦，《隋書．經籍志》支曇諦《集》列慧遠、僧肇之前，丘道護《集》亦附注於晉。諦既卒在丘前，其爲晉人可知。惟《傳》又稱諦曾見僧䂮，義熙中卒，呼諦爲童子。則與此疑另一人。二人之卒相距四十餘年，《僧傳》作一人，今另出宋曇諦於後。

同書同卷載：

虎丘山曇諦，康居康氏。宋元嘉末卒，年六十餘。《梁僧傳》七。與晉支曇諦同名，《傳》合爲一，辨見前。

觀是，則援庵先生固以道士支曇諦、虎丘山曇諦爲二人，一在晉，一在宋，二人之卒相距四十餘年。釋慧皎《高僧傳》合二人爲一人，確未允當。援庵先生於《釋氏疑年錄》書中明分作二人，故於道士支曇諦後另出宋曇諦，分別著錄，最具卓識。

惟撰作《廬山賦》與《赴火蛾賦》之作者，則肯定爲東晉支曇諦，而絕非宋曇諦。《廬山賦》始載唐歐陽詢《藝文類聚》卷第七《山部》上《廬山》，惟誤標「宋支曇諦」撰；而《赴火蛾賦》載同書卷第九十七《蟲豸部》八《蛾》，則標作「晉支曇諦」。如上所考，支曇諦乃東晉人，故《藝文類聚》之「宋」字應改作「晉」；作「宋」，蓋歐陽詢誤標也。

至支曇諦之佛學著作，可考者有二種。梁釋僧祐《出三藏記集》卷第十二《宋明帝敕中書侍郎陸澄撰法論目錄序》第一，其《法論》第一帙項下著錄：

《會通論》支曇諦。

又《法論》第十二帙項下著錄：

《神本論》支曇諦。

是則《會通》、《神本》二論，皆支曇諦所撰矣。因考支曇諦之時代及卒年，附錄其佛學著作二種於後，或有裨於博聞也。

叁、支曇諦之《廬山賦》

支曇諦之《廬山賦》，最早載於唐歐陽詢《藝文類聚》卷第七。清康熙四十五年，陳元龍奉敕編《歷代賦彙》，其書卷十八《地理》亦收之，惟標作「宋支曇諦」撰，蓋襲《藝文類聚》之訛也。至清嘉慶間，嚴可均輯《全上古三代秦漢三國六朝文》，其書《全晉文》卷一百六十五亦收此《賦》，且辨作《賦》之支曇諦乃東晉人而非劉宋人，足以推翻自唐以來《類聚》、《賦彙》二書間之沿訛踵謬。茲據《藝文類聚》所載，迻錄《廬山賦》如下：

昔哉壯麗，峻極氤氳。包靈奇以藏器，蘊絕峰乎青雲。景澄則巖岫開鏡，風生則芳林流芬；嶺奇故神明鱗萃，路絕故人跡自分。嚴清升山於玄崖，世高垂化於郢亭；應眞陵雲以踞峰，眇忽翳景而入冥。咸豫聞其清塵，妙無得之稱名也。若其南面巍崛，北背迢蔕。懸霤分流以飛湍，七嶺重嶚而疊勢。映以竹柏，蔚以梩松，縈以三湖，帶以九江。嗟四物之蕭森，爽獨秀於玄冬；美二流之潺湲，津百川之所衝。峭門百尋，峻關千仞。香鑪吐雲以像烟，甘泉涌霤而先潤。

案：《藝文類聚》載此《賦》，持《歷代賦彙》所載以相校，則完全一致，殊無文字相異之處，蓋《賦彙》全據《類聚》也。惟嚴氏《全晉文》所載者，與《類聚》則稍有出入。如「昔哉壯麗」，《全晉文》作「唶哉壯麗」。唶，讚歎之聲。《後漢書》卷一下《光武帝紀》第一下，其「論曰」有句謂：「後望氣者蘇伯阿，爲王莽使至南陽，遙望見舂陵郭，唶曰：『氣佳哉！鬱鬱蔥蔥。』」李賢注：「唶，歎也。音子夜反。」是「昔哉」應作「唶哉」。檢《康熙字典》、《漢語大字典》、《大漢和辭典》、《漢語大詞典》，均未有將「昔」作「唶」之假借用者。《類聚》作「昔哉」，恐字之誤也。《全晉文》改作「唶哉」，雖乏根據，然甚確當，其所用之校勘方法，即陳援老所謂理校法也。「妙無得之稱名也」句，《全晉文》作「妙無得而稱名也」。「之」字更作「而」，句意顯得更爲生動活潑，雖無所依據，亦改動之妙矣。末句「甘泉涌霤而先潤」，《全晉文》作「甘泉湧霤而先潤」。

「涌」、「湧」，古今字，則似無更改之必要。是知嚴氏編輯《全上古三代秦漢三國六朝文》，常以己意改動原作個別文字，此其編書之一例也。

曇諦此《賦》，大致分爲二段。由《賦》首至「妙無得而稱名也」爲第一段；其下至《賦》末爲第二段。首段由讚歎破題，一力推崇廬山之壯麗雄奇，並及諸神靈因豫聞清塵而惠然鱗萃。《賦》中盛稱廬山「包靈奇以藏器，蘊絕峰乎青雲」；「景澄則巖岫開鏡，風生則芳林流芬」。則此山之雄奇壯麗景象，歷歷如繪，猶在眼前。至述「嚴清升山於玄崖」，（註五）「世高垂化於邦亭」，（註六）「應眞陵雲以踞峰」，（註七）「眇忽翳景而入冥」，（註八）則寫諸天神佛之絡繹蒞止，正與前文「嶺奇故神明鱗萃」一句遙相呼應。次段則次第描摹廬山及其四周之景物，文筆精妙而音聲錯落有致。文中模山範水，殆可竊比宋玉《高唐》。與曇諦同時有釋慧遠者，撰《廬山記》。其《記》所述，與此《賦》足相表裏，堪爲支《賦》之註腳。兩文一韻一散，饒富佳趣。茲不妨迻錄如次，藉相參照。

如此《賦》描繪南、北二峰（註九）及峰間之瀑布，則曰：「若其南面巍崛，北背迢蔕。懸霤分流以飛湍。」而《記》亦曰：「其南嶺臨宮亭湖，下有神廟，即以宮亭爲號。」（註一〇）至記北峰則曰：「北背重阜，前帶雙流。所背之山，左爲龍形，而右塔基焉。下有甘泉涌出，冷暖與寒暑相變，盈減經水旱而不異，尋其源，出自龍首也。」又曰：「其北嶺兩巖之間，常懸流遙霑，激勢相趣，百餘仞中，雲氣映天，望之若山有雲霧焉。」

其寫東面之七嶺，《賦》曰：「七嶺重嶸而疊勢。映以竹柏，蔚以樫松，縈以三湖，帶以九江。

嗟四物之蕭森，爽獨秀於玄冬；美二流之潺湲，津百川之所衝。」《記》則鋪陳曰：「七嶺同會於東，共成峰崿。其巖窮絕，莫有升之者。昔野夫見人著沙彌服，陵雲直上。既至，則踞其峰；良久，乃與雲氣俱滅，此似得道者。當時能文之士，咸爲之異。又所止多奇，觸象有異。」

至刻畫香爐吐雲，石門雙闕，《賦》云：「峭門百尋，峻闕千仞。香爐吐雲以像煙，甘泉涌霤而先潤。」《記》則載：「東南有香鑪山，孤峰獨秀起。游氣籠其上，則氤氳若香煙。白雲映其外，則炳然與衆峰殊別。將雨，則其下水氣涌如馬車，蓋此龍井之所吐。其左翠林，青雀白猿之所憩，玄鳥之所蟄。西有石門，其前似雙闕，壁立千餘仞，而瀑布流焉。其中鳥獸草木之美、靈藥萬物之奇，略舉其異而已耳。」

綜上所迻錄而兩相比照，則《賦》之與《記》，其所描寫之對象雖頗相同，而修辭技巧則各別。大抵《賦》趨精約而對仗工整，《記》則鋪敘得宜而跌宕有緻。所謂合之則雙美，二者之高下殊難軒輊，亦似無須軒輊也。

支曇諦此《賦》撰作後，唐李德裕有《望匡廬賦》，明胡儼有《匡廬賦》。匡廬即廬山。宋李昉《太平御覽》卷第四十一《地部》六「廬山」條載：

> 《廬山記》曰：「山高二千三百六十丈，周迴二千五十里，東南三十二里。」張僧鑒《尋陽記》云：「匡俗，周武王時人。屢逃徵聘，結廬此山。後登仙，空廬尚在，弟子等呼爲廬山，又名匡山，蓋稱其姓。」

是匡廬乃以匡俗結廬此山得名。李、胡二《賦》，見《歷代賦彙》卷十八《地理》，皆可視為支《賦》之後勁；而其一脈傳承之處，亦足證支《賦》對唐、明二代賦作深具影響。

肆、支曇諦之《赴火蛾賦》

《赴火蛾賦》首載《藝文類聚》卷第九十七《蟲豸部》八《蛾》，撰人標「晉支曇諦」。《歷代賦彙》卷一百四十《鱗蟲》及《全上古三代秦漢三國六朝文》之《全晉文》卷一百六十五亦收此篇，惟《賦彙》作「宋支曇諦」撰，則其撰人時代誤矣。《賦》前有《序》，茲亦據《藝文類聚》，迻錄此《賦》如下：

悉達有言曰：「愚人忘身，（註一一）如蛾投火。」誠哉斯言，信而有徵也。翔無常宅，集無定栖。類聚群分，塵合電馳。（註一二）因溫風以舒散，乘遊氣以徘徊。於是朱明御節，時在盛陽。天地鬱蒸，日月昏茫。燭曜庭宇，燈朗幽房。紛紛群飛，翩翩來翔。赴飛焰而體燋，投煎膏而身亡。

案：悉達者，釋迦牟尼也。此《賦》詠物以寓理，借飛蛾之赴火，以喻愚人之忘身。全篇雖多排偶之句，然純用白描，故淺顯而易曉。檢《太平御覽》卷第九百五十一《蟲豸部》八《蛾》下引：

符子曰：「不安其昧而樂其明，是猶夕蛾去闇赴燈而死者也。」

考符子此處所言，與佛祖所說之理同，亦差近此《賦》撰作之旨。後世詠蛾之賦，劉宋之世有鮑照

《飛蛾賦》，唐代有陳仲師《燈蛾賦》與范嗚鶴《燈蛾賦》，均載《歷代賦彙》卷一百四十《鱗蟲》。陳、范二人之作與支《賦》同調，頗見其間傳承之跡。惟鮑作則一反支《賦》宗旨，其《飛蛾賦》云：

仙鼠伺闇，飛蛾候明。均靈舛化，詭欲齊生。觀齊生而欲詭，各會住以憑方。凌焦煙之浮景，赴熙焱之明光。拔身幽草下，畢命在此堂。本輕死以邀得，雖糜爛其何傷。豈學山南之文豹，避雲霧而巖藏。

鮑《賦》一力歌頌飛蛾奮不顧身，追求光明之精神，充分顯示儒者之擇善固執與視死若歸之高尚人格與雄心壯志。全篇用比體。然支《賦》言明哲保身，鮑《賦》言成仁取義，一佛一儒，異曲同工。支、鮑二《賦》，同屬勸世文學之佳構。

伍、結語

綜上所考，余據丘道護之《道士支曇諦誄》所載，考知支曇諦乃東晉人，其卒歲爲晉安帝義熙七年；至釋慧皎《高僧傳》之《宋吳虎丘山釋曇諦傳》以支曇諦爲劉宋人，言其卒時在元嘉末，則均誤也。

《廬山賦》、《赴火蛾賦》皆支曇諦所撰。《廬山賦》描摹廬山之雄奇壯麗，可竊比於宋玉《高唐》。其中所繪寫之景物，皆層次分明，鋪陳得體；與釋慧遠《廬山記》所述，足相表裏。《赴火蛾賦》詠物寓理，力勸世人勿玩火自焚，釋家之慈悲爲懷，昭然若揭。此《賦》與鮑照《飛蛾賦》之言成仁取義，其勸世教化之作用，實同歸而殊塗，故亦異曲而同工。辭賦發展至魏晉，其外在形式已由漢世大賦之宏篇鉅製，鋪張揚厲；一變而爲俳賦之追求篇幅短小，辭采偶麗。故支《賦》之撰作，亦深受其時代風尚之影響。曇諦二《賦》，字數無多，惟對仗勻稱工整，完全達致魏晉俳賦之藝術要求與寫作特色。

有關高僧賦之研究，千餘年來未見其人，殊爲可惋。本文雖屬篳路藍縷，然應被視爲首篇之權輿作品，在僧賦研究上應具一定之地位。至本文之撰作目的，其一固欲再次以實際行動響應曉雲法師之號召；其次則擬「拋磚引玉」，藉拙文進一步誘發熱愛佛教文學之同道與年輕學子之興趣，共同努力，並力耕耘，期能於短期間內撰就一定數量有學術價值之佛教文學論文與專著，且於僧賦研究上獲得豐碩之收穫。《詩》云：「伐木丁丁，鳥鳴嚶嚶。」凡我同志，曷興乎來！

（民國八十八年四月十五日撰就於華梵大學東方人文思想研究所）

【附註】

註一　曾棗莊教授《論宋僧詞》，載《中華文史論叢》第五十輯，一九九二年十二月。

註二　釋慧曉《釋子賦》，全篇已佚，僅存「咄哉失念，欻爾還覺」二句，嚴氏謂輯自唐釋道宣《續高僧傳》卷第二十一《習禪》六。其實誤也。《釋子賦》佚句見《續高僧傳》卷第十七《習禪》二附《釋慧命傳》。

註三　宋文帝以元嘉爲年號，凡三十年。其三十年乃歲次癸巳（四五三）。釋慧皎《高僧傳》謂曇諦元嘉末年卒，故計至此年。

註　四　此處《釋惠遠集》應作《釋慧遠集》，《隋志》誤。《高僧傳》卷第六《義解》三有《晉廬山釋慧遠傳》，是其證。

註　五　嚴清應作嚴青，《廬山賦》誤。葛洪《神仙傳》卷七《嚴青》載：「嚴青者，會稽人也。家貧，常在山中燒炭，忽遇仙人云：『汝骨相合仙。』乃以一卷素書與之，令以淨器盛之，置高處，兼教青服石腦法。青遂以淨器盛書置高處，便聞左右常有十數人侍之。每載炭出，此神便爲引船，他人但見船自行。後斷穀，入小霍山去。」《賦》稱「嚴青升山於玄崖」，或指青斷穀後入小霍山事。

註　六　釋慧皎《高僧傳》卷第一《譯經》上《漢雒陽安清傳》載：「安清字世高，安息國王正后之太子也。……高遊化中國，宣經事畢，值靈帝之末，關雒擾亂，乃振錫江南。云：『我當過廬山，度昔同學。』行達邦亭湖廟。此廟舊有靈威，商旅祈禱，乃分風上下，各無留滯。嘗有乞神竹者，未許，輒取，舫即覆沒，竹還本處。自是舟人敬憚，莫不懾服。高同旅三十餘船，奉牲請福。神乃降祝曰：『船有沙門，可使呼上。』客咸驚愕，請高入廟。神告高曰：『吾昔外國與子俱出家學道，好行布施，而性多瞋怒，今爲邦亭廟神，周迴千里，並吾所治。以布施故，珍玩甚豐；以瞋恚故，墮此神報。今見同學，悲欣可言。壽盡旦夕，而醜形長大，若於此捨命，穢污江湖，當度山西澤中。此身滅後，恐墮地獄。吾有絹千疋，並雜寶物，可爲立法營塔，使生善處也。』高曰：『故來相度，何不出形？』神曰：『形甚醜異，衆人必懼。』高曰：『但出，衆人不怪也。』神從床後出頭，乃是大蟒，不知尾之長短，至高膝邊。高向之梵語數番，讚唄數契，蟒悲淚如雨，須臾還隱。高即取絹物，辭別而去。舟侶颺帆，蟒復出身，登山而望，衆人舉手，然後乃滅。」此即「世高垂化於邦亭」本事也。

註七　應眞，羅漢之意譯，乃指得道之人。釋慧遠《廬山記》曰：「七嶺同會於東，共成峰崿，其巖窮絕，莫有升之者。昔野夫見人著沙彌服，陵雲直上。既至，則踞其峰；良久，乃與雲氣俱滅。此似得道者。當時能文之士，咸爲之異。」可爲此句之注腳。

註八　眇忽即眇眇忽忽。司馬相如《子虛賦》云：「眇眇忽忽，若神仙之髣髴。」《文選》呂延濟注：「眇眇忽忽，猶非人所當見，髣髴然若神仙。」入冥，猶言上青天。嚴忌《哀時命》云：「浮雲霧而入冥兮，騎白鹿而容與。」冥，青冥。此句蓋泛言神仙登廬山而上青天也。

註九　南、北二峰，南指上霄峰，北指五老峰。《太平御覽》卷第四十一《地部》六《廬山》引張僧鑑《尋陽記》曰：「廬山頂有一池水，池中有三石雁，霜落則飛。山北有五老峰，於廬山最爲峻極，橫隱蒼穹，積石巖巉，迴壓彭蠡。其形勢如河中虞鄉縣前五老之形，故名之。」又曰：「上霄峰在山東南，秦皇登之，與霄漢相接，因名之。高處有刻名之字，大如掌背隱起焉，僅百餘言。」可證。

註一〇　宮亭即爲邦亭。參註六所引《高僧傳．漢雒陽安清傳》。

註一一　《藝文類聚》原作「愚人貧身」，今據《全晉文》改。《賦彙》作「愚人貪生」。

註一二　《藝文類聚》原作「塵合電分」，乃涉上句「分」字誤，據《賦彙》改。《全晉文》作「塵合電移」。

原載《第十一屆國際佛教教育文化研討會專輯》

兩宋僧人詞述評

——兼論宋僧詞於佛教宣傳上之貢獻

壹、研究動機

詞乃宋世之代表文學，兩宋三百多年間，擅長倚聲之詞人甚衆，詞作甚豐。即就唐圭璋先生所編之《全宋詞》作統計，該書所錄詞人凡一千三百餘家，所錄詞作近二萬首。可謂琳琅滿目，美不勝收。其書於宋代詞家、詞作，蒐求所得，堪稱兩均富贍。

有關研究詞學及詞人作品，其風氣則自清世以還日趨昌盛，尤以民國建立以後爲然。國立彰化師範大學國文系黃文吉教授曾於民國八十二年編印有《詞學研究書目》上、下二册，(註一)專門收錄一九一二年至一九九二年間中外學者研究詞學及其相關之論著。黃教授並撰有該書之《自序》，其中有云：

爲了完成這項詞學界創舉，我們總共引用及參考中外書目多達一一七種，其中詞學專門書目、索引三八種，綜合性書目、索引四種，專科書目、索引、年鑑三五種。此外我們還到國內各大圖書館、書局直接訪書抄錄，如《中央日報》常闢有專門版面刊登國學文章，但十年來並無這方面的索引可供利用，我們只好山中尋寶，逐年逐月逐日的翻閱、抄錄與詞學相關之論文條目，其中甘苦，實非局外人所能瞭解。我們將四面八方得到的資料，加以統一體例，汰除重複，最後收錄的條目，計專書二五〇〇餘種、論文一〇二〇〇餘篇，兩者總共一二七〇二條，涵蓋臺灣、大陸、香港、新加坡、韓國、日本、歐洲、美國、蘇聯等地之研究成果，這種規模，是前所未有的。

據黃教授《自序》所言，則此《詞學研究書目》上、下二冊之編撰，取材至廣，成績亦算豐碩，故該書對自一九一二至一九九二此八十年間之詞學論著應搜羅殆盡，而所編相關條目亦應至爲完備。然余嘗一再翻檢此《書目》「兩宋」之部，（頁三一九至八一三）竟無法覓得任何一本專書或任何一篇論文乃屬於研究兩宋僧人詞者。由是可推知，儘管民國以還，研治詞學之中外學者雖甚衆，研究詞學之風氣雖較前代爲盛，惟對宋僧詞之研究則仍一片空白，無所建樹。面對如此偏差之研究現象，或容有其時代之因由，然其有待於吾人之加倍努力，以期於短時間內扭轉上述之偏差，並創造出較豐碩之研究成果，則爲刻不容緩之工作。故余立志研治宋僧詞，其動機殆昉於此。

民國八十一年十二月，上海古籍出版社出版之《中華文史論叢》第五十輯中，刊登有曾棗莊先生《論宋僧詞》一文。曾文之得以廣泛流傳海外，則應在八十二年六月後，是故《詞學研究書目》未有機會采錄此文。曾文可被視爲本世紀研治宋僧詞第一篇權輿之作，其可貴處及價值亦在此。然曾先生久居大陸，所處之環境及其立場、觀點，在在均使其評論僧人作品時產生不必要之偏見，因而亦形成其論文中有或大或小之瑕纇，此點容於拙文後幅相關處作適當之分析與說明。

貳、兩宋詞僧及其詞作數量之統計

余既立志研治宋僧詞，首先必須於資料上有所憑依。初擬編出一部《兩宋僧人詞集》來，以作全面研究之根據。唐圭璋先生編有《全宋詞》一書，凡五冊。其書對兩宋詞之蒐求不遺餘力，且幾囊括殆盡。是以余乃因利乘便依據唐書（中華書局一九八〇年十二月北京第二次印刷本）以輯宋僧詞。粗理一過，計輯得詞僧有壽涯禪師、圓禪師、則禪師、了元、仲殊、淨端、祖可、惠洪、寶月、如晦、法常、晦庵、可旻、淨圓、止禪師、禪峰、元淨、南軒、播臺寺僧等十九人，錄得宋僧詞凡一百二十四首，（註二）另有存目詞二十首，斷句八。數量亦算可觀。其後，余又於明人無名氏《詩淵》中，發現仲殊詞二十五首，（註三）此皆《全宋詞》未收之詞。蓋《詩淵》一書原鈔本，久藏北京圖書館，初未印行。唐氏或以爲其書既稱《詩淵》，其中所載者應與詞無涉，故未嘗借觀及利用。唐氏失之眉睫，殊可惋也。余得之《詩淵》有關仲殊詞二十五首，固可視作對《全宋詞》之補遺。茲爲讀者掌握詞僧及其詞作簡明方便計，謹將輯自《全宋詞》與《詩淵》之宋僧詞資料，統計並列表如後：

詞僧法號	詞作數量	存目詞數量	斷句數量	輯自《全宋詞》	輯自《詩淵》
壽涯禪師	一			第一冊頁二一六	
圓禪師	一			第一冊頁二二〇	
則禪師	一			第一冊頁二二〇	
了元	一	五		第一冊頁三六九至三七〇	
仲殊	七一(註四)	一一	七	第一冊頁五四四至五五三	第六冊頁四五三五至四六三〇
淨端	四			第二冊頁六三六至六三七	
祖可	三			第二冊頁六五九至六六〇	
惠洪	二一	三		第二冊頁七一〇至七一四	
寶月(註五)	六		一	第二冊頁九九〇至九九一	
如晦	一	一		第二冊頁一〇三七	
法常	一			第三冊頁一五一五	
晦庵	一			第三冊頁一六七八	
可旻	二〇			第四冊頁二四二六至二四三〇	
淨圓	一二			第四冊頁二四三一至二四三二	
止禪師	一			第五冊頁三四三一至三四三二	
禪峰	一			第五冊頁三五七五	

元淨	一			第五冊頁三八八〇
南軒	一			第五冊頁三八八〇至三八八一
播臺詩僧	一			第五冊頁三八八三
合計	一四九	二〇	八	

綜上表所列，余據《全宋詞》與《詩淵》以輯宋僧詞，計輯得十九家，凡詞一百四十九首，存目詞二十首，另斷句八。惟其中寶月之詞六首及斷句一，《全宋詞》亦收作仲殊詞，蓋仲殊有《寶月集》，故凡題作寶月撰之詞，以未能絕對判定究屬仲殊或寶月所撰，唐先生均兩收之。今不得已仍一依《全宋詞》之例，以收二家之詞。是故兩宋僧人詞之準確數量，應爲詞一百四十三首，存目詞二十首，另斷句七。至存目詞之眞僞問題，一時未能作詳細考證，只好留待他日作進一步之研究。

叁、宋僧詞於佛教宣傳上之貢獻

兩宋僧人詞，題材富贍，內容廣泛，所反映之社會生活面亦極廣闊。惟詞僧之作品，仍首以闡揚佛教教義爲主旨。所爲詞作，說理透闢，形象鮮明，加之遺詞順適，故感人至深。詞僧衆多詞作中，以此類作品最有價值與貢獻，於宗教宣傳上亦最具效用。茲分項介紹，並舉例闡說如次：

一、闡述娑婆之苦

人自脫離娘胎，降生塵世，即如苦海飄蓬，經罹百難。故詞僧塡詞，每向世人宣示娑婆之苦。淨圓（註六）所撰《望江南．娑婆苦》六首，皆言塵世災劫。第一首云：

娑婆苦，長劫受輪迴。不斷苦因離火宅，祇隨業報入胞胎。辜負這靈臺。　朝又暮，寒暑急相催。一箇幻身能幾日，百端機巧衷塵埃。何得出頭來。

此首即寫輪迴投胎，歷盡塵世之苦。

其二云：

娑婆苦，身世一浮萍。蚊蚋睫中爭小利，蝸牛角上竊虛名。一點氣難平。　人我盛，日夜長無明。地獄爭頭成隊入，西方無箇肯修行。空死復空生。

此首寫爭名奪利，未得修行之苦。

自第三首以下，或寫男女情愛之苦（「無慧力，愛網轉關籠」），或寫縱欲之苦（「耽欲更荒唐」、「祇恐見閻王」），或寫生老病死之苦（「娑婆苦，生老病無常」），或寫刻意追求殊榮，轉眼成空之苦（「縱使英雄蓋世，祇留白骨掩荒丘」）。總之，人生如幻化，功名富貴，皆過眼煙霞，苦苦營求，徒增一己之困惑與傷感耳。

淨圓此組詞，有如當頭棒喝，足令頑石點頭；又如暮鼓晨鐘，發人深省。如此之詞，教化功效至宏，其於佛教宣傳上具有重大之作用，應無可置疑。

二、宣揚淨土之樂

西方淨土，乃佛教徒畢生嚮往、夢寐以求之彼岸世界。故宋世詞僧一面向世人闡述娑婆之苦，亦不忘記另一面向世人宣揚淨土之樂。淨圓另有《望江南・西方好》六首，即屬此類作品。淨土之樂樂何如？首在景色之美，其美景絕非塵世可比。此組詞之第二首曰：

> 西方好，瓊樹聳高空。彌覆七重珠寶網，莊嚴百億妙華宮。宮裏眾天童。　金地上，欄楯繞重重。華雨飄颻香散漫，樂音嘹喨鼓清風。聞者樂無窮。

此詞所寫之瓊樹、珠網、華宮、金地，已絕非人間所有；加之有飄香之華雨、嘹喨之樂音，情景更是怡人。如斯美景，足令觀者目迷，聞者動心矣。

其實淨土之樂，尤在於我佛慈悲，能普渡眾生。此組詞之第六首云：

> 西方好，我佛大慈悲。但具三心圓十念，即登九品越三祇。神力不思議。　臨報盡，接引定無疑。普願眾生同繫念，金臺天樂共迎時。彈指到蓮池。

佛能普渡眾生，惟世人亦必須先具三心，圓十念，方能登九品，越三祇。三心者，指至誠心、深心、迴向發願心。《觀無量壽經》曰：「凡人具此三心，必得往生淨土。」十念者，指念佛、念法、念僧、念戒、念施、念天、念休息、念出入息、念身、念死。世人能圓此十念，方可攝伏亂心，發起正念。九品者，指九品蓮臺。蓋世間修淨業者有種種差等，故往生極樂時所托之蓮華臺座亦有九品之差別。三祇者，即三阿僧祇劫，乃指世人須歷經百劫，始可被接引成佛也。可旻（註七）有《漁家傲・讚淨土》二十首，與此六首有異曲同工之妙。

三、歌頌觀音救世

觀音變身千萬，點化世人，其說流傳民間，多爲信徒堅信不移。佛教文學於此事更廣爲歌頌，以作宣傳。壽涯禪師（註八）亦有《漁家傲・詠魚籃觀音》一首，其詞曰：

深願弘慈無縫罅。乘時走入眾生界。窈窕丰姿都沒賽。提魚賣。堪笑馬郎來納敗。　清冷露溼金襴壞。茜裙不把珠纓蓋。特地掀來呈捏怪。牽人愛，還盡許多菩薩債。

此詞記述魚籃觀音捨身救世，形象鮮明。魚籃觀音乃三十三觀音之一，以手持魚籃而得名。《大唐三藏取經詩話》及《西遊記》中均有魚籃觀音之記載。寶卷中亦有《魚籃寶卷》。（註九）明人宋濂撰有《魚籃觀音像贊序》，曰：

予按《觀音感應傳》，唐元和十二年，陝右金沙灘有一美艷女子，挈籃鬻魚，人競欲室之。女曰：「妾能誦經，一夕能誦《普門品》者事焉。」黎明能者二十。女曰：「一身豈堪配眾夫？請易《金剛經》。」能者居半。又易《法華經》，期以三日，唯馬氏子能。女令具禮成昏，入門女即死，死即糜爛立盡，遽葬之。他日有僧，同馬氏子啓塚觀之，惟黃金鎖子骨存焉。僧曰：「此觀音示現化汝耳。」言迄飛去。自是多誦經者。

此《序》記述魚籃觀音現身教化世人多誦佛經，與《魚籃寶卷》所記同，而與壽涯詞所記不盡相同。惟撰者之用意乃從不同角度以揭示觀音之捨身救世，達致歌頌觀音之宣傳效果。

四、勸勉世人修道牧心

佛教大德高僧甚重視世人之修道牧心，故常以此奉勸信徒，俾能及早迷途知返，重歸眞如。佛經及佛教文學中言牧心者所在多有，則禪師（註一〇）即有一首《滿庭芳》詞，藉牧牛喻牧心，以宣傳此旨。其詞云：

咄這牛兒，身強力健，幾人能解牽騎。爲貪原上，嫩草綠離離。只管尋芳逐翠，奔馳後，不顧傾危。爭知道，山遙水遠，回首到家遲。　牧童，今有智，長繩牢把，短杖高提。入泥入水，終是不生疲。直待心調步穩，青松下，孤笛橫吹。當歸去，人牛不見，正是月明時。

此詞通篇用比體，最早見載於釋曉瑩《羅湖野錄》卷二。曉瑩盛譽此詞，謂：「以禪語爲詞，意句圓美，無出此右。」考釋氏以牧牛喻牧心，固不自此詞始。《大正藏·阿含部》即有《佛說牧牛經》。六祖惠能亦嘗於《壇經·機緣品》第七以「白牛之車」喻衆生本有佛性，不假外求。而正式以牧牛喻牧心，其最早記載則見於釋普濟《五燈會元》卷四。《五燈會元》此卷載懶安和尚依百丈懷海禪師指示入道，其後講述一己牧心之心得，謂牧心有如牧牛，須經長時間之保任，並調養心性，不落塵俗知見，方能收放自如。且謂所牧之心如「露地白牛」，常在面前，「終日露迥迥地亦不去也」。其後不少禪師亦撰《牧牛圖頌》之類以狀牧心，如普明禪師有《牧牛圖》，廓庵禪師有《十牛圖》，所撰與圖意相配合之詩句，與則禪師此詞內容相仿。則禪師撰此詞向世人宣示修道牧心之旨，其與前朝諸高僧之撰《牧牛經》、《牧牛圖》，用意乃完全一致者。（註一一）

五、奉勸世人戒殺生

佛嘗爲在家修道弟子制定五戒，即不殺生，不偷盜，不邪淫，不妄語，不飲酒；而其第一戒乃爲不殺生。爲宣揚此旨，並向衆生作呼籲，了元（註一二）嘗撰《滿庭芳》一詞云：

> 鱗甲何多，羽毛無數，悟來佛性皆同。世人何事，剛愛口頭濃。痛把群生割剖，刀頭轉，鮮血飛紅。□□□，零炮碎炙，不忍見渠儂。　喉嚨。纔嚥罷，龍肝鳳髓，畢竟無蹤。謾贏得，生前夭壽多凶。奉勸世人省悟，休恣意，激惱閻翁。輪迴轉，本來面目，改換片時中。

此詞力言殺生以縱口腹欲之危害，說理詳明，鋪陳得體，循循善誘，主旨顯明。曾棗莊先生評曰：「我們這些非佛門中人，未必會因爲讀了這首詞就不食肉，但也不能不佩服了元善於宣傳。他說：游魚飛鳥，性與人同，世人何苦要殺他們？『鮮血飛紅』、『零炮碎炙』，忍見如此慘象？即使是龍肝鳳髓，亦食罷無蹤，何苦以此招致生前多凶？你就不怕閻羅王下世把你變成羽鱗，遭此橫禍？善男信女們長年素食，就是這類宣傳起了作用。」曾先生雖囿於其立場、觀點，評此詞時於口氣間對佛門與佛理不免有所不敬與不信，然亦無法否認宋僧詞有警世、勸世之作用，於教理宣傳上產生重大之影響。

六、奉勸世人須知足

儒、釋、道三家皆常奉勸世人應知足。道家老子曰：「知足不辱，知止不殆，可以長久。」（註一三）又曰：「禍莫大於不知足，咎莫大於欲得。故知足之足，常足矣。」（註一四）即闡釋此旨。晦庵（註一五）撰《滿江紅》詞，站在佛家立場，力勸世人勿妄生貪念，所說之理，較之老子所言更具體，更富形象性。其詞云：

> 膠擾勞生，待足後，何時是足。據見定，隨家豐儉，便堪龜縮。得意濃時休進步，須知世事多

翻覆。漫教人，白了少年頭，徒碌碌。　誰不愛，黃金屋。誰不羨，千鍾祿。奈五行不是，這般題目。枉費心神空計較，兒孫自有兒孫福。也不須，採藥訪神仙，惟寡欲。

此詞主旨在結處「惟寡欲」三字，寡欲則不會妄生貪念。蓋佛教徒重五行，不重當世之富貴；修淨土，不修即世之長生。五行者，非儒家仁、義、禮、智、信之謂；亦非術數家金、木、水、火、土之謂。佛家之五行，一布施行，二持戒行，三忍辱行，四精進行，五止觀行。此詞云：「奈五行不是，這般題目。」乃惋惜世人不知修五行，而只知追求黃金屋、千鍾祿也。朱子亦號晦庵，或有誤以此詞爲朱作。其實朱子乃儒學鉅子，其所撰之詞必不用佛家「五行」以勸世。朱子有《水調歌頭》一首，乃儒家勸世之文。其詞曰：

富貴有餘樂，貧賤不堪憂。誰知天路幽險，倚伏互相酬。請看東門黃犬，更聽華亭清唳，千古恨難收。何似鴟夷子，散髮弄扁舟。　鴟夷子，成霸業，有餘謀。致身千乘卿相，歸把釣魚鉤。春晝五湖煙浪，秋夜一天雲月，此外儘悠悠。永棄人間事，吾道付滄洲。

此詞力言仕途凶險，縱以李斯之位極人臣，陸機之三代爲將，終不免夷族戮首。臨死前雖欲牽犬逐兔，再聽華亭鶴唳而不可能。故勸告世人勿貪戀勢位，須知急流勇退，無妨效法范蠡及早歸隱。朱子此詞以用典取勝，與晦庵之平白詞風顯有不同。然一爲文士說法，一爲釋氏作宣傳，兩詞所達致之功效則完全一致。

綜上所述，宋僧詞之撰作，首以宣揚釋氏之教義爲主旨。若就其所宣揚之內容畫分，則有闡述娑婆之苦者，有宣揚淨土之樂者，有歌頌觀音救世者，有勸勉世人修道牧心者，有奉勸世人戒殺生者，有奉勸世人知足者。林林總總，不一而足。惟以採用詞之形式以宣揚教義，對世人所產生潛移默化之功，更易見效績。是以兩宋僧人詞於佛教宣傳上實具其不可磨滅之貢獻，此點乃無法諱言者。

肆、宋僧詞其它題材之作品

宋僧詞題材廣泛，除以宣揚佛教教義之作品外，尚有其它不同題材，展現出極爲廣闊之生活內容。是以此等詞作，不惟於文學上有其地位，即就以詞證史言，亦有其一定之貢獻。茲擇其重要者，分項舉例說明如左：

一、揭露舊社會歧視婦女問題

中國封建社會，男尊女卑，婦女備受欺凌與歧視。我國文學作品自《詩經》以來，如《衛風．氓》詩，即對此問題有所揭示。然兩宋文人詞作，多偏好吟風弄月，鮮有發揚《氓》詩傳統，對此問題作更廣泛與深入反映者。仲殊（註一六）有《踏莎行》一首，大膽揭露宋代女性被凌辱之嚴重現象，並對統治者處事失當有所抨擊。正義之聲直沖斗牛，眞詞中之鳳毛麟角。其詞曰：

濃潤侵衣，暗香飄砌。雨中花色添憔悴。鳳鞋溼透立多時，不言不語厭厭地。　眉上新愁，
手中文字。因何不倩鱗鴻寄。想伊只訴薄情人，官中誰管閒公事。

此詞寫一婦人，雨中久立，投牒訴夫貪新棄舊，其情至爲可憫，而官府竟以「閒公事」視之，足見婦

女地位之卑微，及官家之不恤民隱。全詞寫來，如泣如訴，如怨如慕，詞僧同情女性之立場甚是鮮明。惟曾棗莊先生評此詞，以爲仲殊「作此詞相戲」，意存輕薄。其實曾先生之評，不無偏見。（註一七）

二、表現淡泊名利之情趣

兩宋僧人詞中，有頗多以漁父、船子爲主人翁之《漁父詞》。此類題材之作品，除揭示佛教徒拯救蒼生脫離苦海之宏願外，更多者乃表現僧人之輕名利、甘淡薄之情趣。曾先生《論宋僧詞》一文亦談及此點，所舉圓禪師（註一八）《漁家傲》詞云：

> 本是瀟湘一釣客。自東自西自南北。只把孤舟爲塵宅。無寬窄。幕天席地人難測。　頃聞四海停戈革。金門懶去投書冊。時向灘頭歌月白。眞高格。浮名浮利誰拘得。

「只把孤舟爲塵宅」一句，寫生涯之淡泊；「金門懶去投書冊」一句，表名利心已泯；「時向灘頭歌月白」一句，示向道之情切。而結以「浮名浮利誰拘得」一語，則淡泊名利之情趣更昭然若揭矣。如是之詞，尚有淨端（註一九）之《漁家傲》四首、法常（註二〇）《漁父詞》，及惠洪《述古德遺事作漁父詞八首．船子》等，皆佳構也。

三、所撰詠物詞富哲理而具神韻

宋僧詞中不少詠物之作，而所詠之物則以花卉爲多，詠動物昆蟲較少。惠洪（註二一）有《鷓鴣天》一首，乃詠燈蛾撲火者，最富哲理。其詞曰：

> 蜜燭花光清夜闌。粉衣香翅繞團圓。人猶認假爲眞實，蛾豈將燈作火看。　方歎息，爲遮攔。

也知愛處實難拚。忽然性命隨煙焰，始覺從前被眼瞞。

此詞詠蛾，通篇用比體，實以蛾喻人，志在警世。人固常溺於所愛，被假象所瞞，往往不能自拔。其結果像蛾之撲火，欲救無從，以身相殉，終至化爲烏有，既可憐又可笑也。此詞飽含理趣，乃宋僧詞中不可多得之作。（註二二）至詠植物花卉之詞，宋僧詞中有詠梅、詠菊、詠柿、詠芭蕉、詠楊柳諸作，而以詠梅爲多。余最愛者乃寶月（註二三）《洞仙歌》一首，其詞曰：

廣寒曉駕，姑射尋仙侶。偷被霜華送將去。過越嶺，棲息南枝；勻妝面，凝酥輕聚。愛橫管孤度隴頭聲，盡拚得幽香，爲君分付。　水亭山驛，衰草斜陽，無限行人斷腸處。盡爲我，留得多情；何須待，春風相顧。任倒斷深思向梨花，也無奈，寒食幾番風雨。

此詞別具神韻，以騷雅勝，差似姜白石《暗香》、《疏影》，全篇雖多所隸事，然運氣空靈，變化虛實，反見其爐鞲鎔鑄之妙，絕非獺祭鈍機者可比。

四、所撰言情詞主題健康而詞意含蓄

宋代僧人亦撰言情詞，尤以仲殊、惠洪爲然。惟其言情之作自有其特色，即以主題健康、辭意含蓄見長，絕不與柳永之「批風抹月」、「詞語塵下」爲類。茲各舉例以明之。

播臺寺僧（註二四）有一首《訴衷情》，寫夫婦有操守，男貞女烈，主題健康，實爲不可多得之言情詞。其詞曰：

知伊夫婿上邊回，懊惱碎情懷。絡索環兒一對，簡子與金釵。　伊收取，莫疑猜。且開懷。

自從別後，孤幃冷落，獨守書齋。

此詞由婦人善妒，疑神疑鬼寫起。夫婿從邊地回來，持贈禮物甚豐，本該喜悅無限，惟伊反「懊惱碎情懷」。詞僧冷眼旁觀，乃撰詞勸導，並爲見證。結處「獨守書齋」指男方，「孤幃冷落」指女方。謂夫妻雙方雖兩地相隔，仍能潔身自愛，以禮自持，女烈男貞，殊堪稱頌。而詞僧能「君子成人之美」，實德之至也。

至祖可（註二五）有一首《小重山》詞，則言情極盡含蓄。其詞云：

誰向江頭遺恨濃，碧波流不斷，楚山重。柳煙和雨隔疏鐘。黃昏後，羅幕更朦朧。　　桃李小園空。阿誰猶笑語，拾殘紅。珠簾捲盡落花風。人不見，春在綠蕪中。

此詞章法，甚似仲殊《南歌子》。（註二六）上闋寫江頭遺恨。「碧波」句狀恨之長，「楚山」句狀恨之重。「柳煙」、「羅幕」兩句狀兩情之難通。皆屬以情寫景，力求達致情景交融。然上闋至此，尚未揭示何以爲恨且恨之濃也。下闋寫桃李、小園猶在，而笑語不聞，拾紅人渺，至此始點出恨濃難遣之由。蓋以春光依舊，人事全非，桃李滿園，而人面不知何處去，故心中鬱抑之情乃噴薄而出。然全詞仍含蓄不盡，極耐咀嚼。

宋僧言情之詞作尚多，如仲殊《念奴嬌·夏日避暑》，寫一女子重遊故園，思念舊侶，感情纏綿之極。惠洪《千秋歲》，寫一女子追憶往日一段戀情，想來如夢如幻，境界迷離之極。然此等詞寫來均純潔、眞摯，殊無褻瀆。宋僧言情詞，其特色在此，其勝處亦在此。

五、所撰景物詞及題畫詞皆維妙維肖克盡其妙

宋僧詞中亦多吟詠景物之作，如仲殊《南徐好》凡十首，遍詠徐州名勝，較之白居易之《憶江南》，有過之而無不及。大抵白詞以平淡見勝，而仲殊則以藻繪為事。仲殊另有《定風波·獨登多景樓》一首，則更別具特色。其詞曰：

花戟雲幡擁上方。畫簾風細度春香。銀色界前多遠景。人靜。鐵城西面又斜陽。　山色入江流不盡，古今一夢莫思量。故里無家歸去懶。傷遠。年華滿眼多淒涼。

此詞傷懷念遠，沈鬱悲涼，雅近王粲《登樓賦》。餘如惠洪《浪淘沙》「山徑晚樵還」，模山範山，則秋色之絕調。

至題畫之作，則以仲殊《點絳脣·題雪中梅》為代表。其詞曰：

春遇瑤池，長空飛下殘英片。素光圍練。寒透笙歌院。　莫把壽陽，妝信傳書箭。掩香面。漢宮尋遍，月裏還相見。

此詞刻畫入微，全首並無「梅」、「雪」等字面，而畫意於文字間呼之欲出，且飄飄有仙家之氣。至惠洪則有《浣溪沙·妙高墨梅》一首，亦是題畫之作，其詞曰：

日暮江空船自流。誰家院落近滄洲。一枝閒暇出牆頭。　數朵幽香和月暗，十分歸意為春留。風撩片片是閒愁。

此詞以淡雅勝，寥寥數筆，殊無刻意點染，而意境空靈之極。與仲殊所撰，功力在伯仲之間。

六、偶有酬世之作均恰如其分而不媚俗

兩宋僧人詞中亦多入世之詞，應酬之作。然寫來皆恰如其分，不流於庸俗與媚俗。禪峰(註二七)有一首《百字謠・賀彭謙仲八月生子》，詞云：

中秋近也，正于門瑞氣，蔥蔥時節。隔歲維熊占吉夢，今夕天生英傑。仙籍流芳，瑞龍毓秀，應是非凡骨。詩書勳業，妙齡尋見英發。　好是日滿三朝，牋陳湯餅，投轄留賓客。玉果犀錢排綺宴，窈窕歌珠舞雪。枕玉涼時，屏山深處，好事權休說。小蠻楊柳，邇來還可攀折。

仲殊則有《念奴嬌・壽吳書監》，乃屬賀壽之作。其詞曰：

延陵福緒，藹遺芳餘慶，直至如今。帝賜朋龜曾獻策，早揖丹桂華簪。一代榮名，三州遺愛，留與入歌吟。歸來湖山付得，依舊閑心。　延賞報德推封。名遷書監，喜天恩垂臨。拜舞龍香還注想，丹闕拖紫垂金。酒滿霞觴，期君眉壽，千歲與披衿。年年風月，兩行門外桐陰。

仲殊另有一首《滿庭芳》，則屬祝壽並預卜其人遷升之作。其詞云：

曉日迎涼，煙華生翠，玉麟香轉風輕。細絲鈞管，羅綺擁芝庭。競折蟠桃獻壽，雨露罩，春下仙瀛。碧池上，龜游鶴舞，一曲奏長生。　當年。嘉慶會，蘭江秀氣，星昴光靈。奄奕世餘徽，同降元精。此日中吳太守，看看秉，廊廟鈞衡。麒麟閣，功名第一，從此入丹青。

上述諸詞，內容皆善頌善禱，語貴吉祥，用事又貼切，自然工妙。

惠洪有一首《浣溪沙・送因覺先》，亦屬酬世送行之作。其詞云：

南澗茶香笑語新。西州春漲小舟橫。困頓人歸爛熳晴。　天迥遊絲長百尺，日高飛絮滿重城。一番花信近清明。

楊柳垂絲，依依惜別。雖有茶香笑語，終難阻小舟之送困頓人歸去也。一腔離恨，可於「游絲」、「飛絮」句見之。

兩宋僧人詞，題材富贍，除以上詳予闡說者外，餘如抒寫客思（祖可《菩薩蠻》「西風簌簌低紅葉」一首），恭述古德（惠洪《述古德遺事作漁父詞》八首），諷道姑之思凡（惠洪《西江月》「十指嫩抽香筍」一首），記征人之歸思（止禪師（註二八）《卜算子・離念》一首）等，不惟內容極為廣泛，且具一定之社會意義。

伍、結　語

綜上所述，兩宋僧人詞於佛教宣傳上實有其價值與貢獻，且題材富贍，能反映出宋代較為廣闊之社會生活面。至宋僧詞之藝術成就亦不容忽視。仲殊、惠洪，固可比之北宋之秦（觀）、柳（永）；晦庵所撰《滿江紅》詞，與朱子《水調歌頭》相角，亦功力悉敵；至寶月所撰之《洞仙歌》，寫梅花之神韻，絕似姜夔《暗香》、《疏影》。餘如則禪師《滿庭芳》詞之比況貼切，了元《滿庭芳》詞之鋪陳得體，淨圓《望江南》詞之說理透闢，壽涯禪師《漁家傲》詞之形象鮮明，圓禪師《漁家傲》詞之吐屬不凡，祖可《小重山》詞之含蓄不盡，較之宋世諸名家詞作，實不遑多讓。所惜民國以還研究宋僧詞者甚少，用敢繼曾棗莊先生之後，撰此拙文以作鼓吹。深盼能引起研究佛教文學諸同道之重視，共同努力，以扭轉詞學研究此一偏差之現象。

（民國八十五年七月七日撰於華梵人文科技學院東方人文思想研究所）

【附注】

註一　《詞學研究書目》上、下冊。臺北：文津出版社，民國八十二年四月出版。

註二　《全宋詞》所收宋僧詞共一百二十四首，另斷句八。然所收寶月詞六首，斷句一，與仲殊詞重複。故去其重複，實收詞一百一十八首，斷句七。

註三　《詩淵》原鈔本凡二十五冊，原藏北京圖書館，編纂者爲明初人，姓名不詳。全書編錄先秦至明初詩五萬餘首、詞近千首，書目文獻出版社一九八四年間影印面世，凡六冊。今人張璋、劉卓英曾將此書所收之詞悉數輯出，編成《詞淵鉤沈》一書，所收仲殊詞亦二十五首。

註四　仲殊此七十一首詞，其中六首亦題作寶月詞。

註五　寶月詞此六首及斷句一，亦題仲殊作。

註六　淨圓，號白雲法師，其餘無可考。

註七　可旻，號北山法師，其餘無可考。

註八　壽涯禪師，生平無可考。張端義《貴耳集》卷下載：「濮上陳摶以《先天圖》傳种放，放傳穆修，修傳李之才，之才傳邵雍。放以《河圖》、《洛書》傳許堅，堅傳范諤昌，諤昌傳劉牧。修以《太極圖》傳敦頤，敦頤傳二程。濂溪得道于異僧壽涯，晦庵亦未然其事，以異端疑之。」疑《貴耳集》所記之「異僧壽涯」，亦即此壽涯。是則壽涯乃北宋人，曾傳道於周濂溪者。

註九　西諦《佛曲敘錄》有「《魚籃寶卷》」條，曰：「此卷一名《魚籃觀音二次臨凡度金沙灘勸世修行》，凡一卷，上海翼化堂刊行，民國八年出版。卻說宋朝時，海門金沙灘住戶數千家俱爲惡人，玉帝大怒，欲令東海龍王水沒沙灘，將衆靈魂打入地獄。恰逢南洋教主，即觀世音菩薩前來朝帝，聞知此事，心中不忍，奏道：『請寬限數月，臣士願往金沙灘勸化凶徒。』玉帝准奏，大士便到了金沙灘，變作賣魚婆，沿街叫賣，卻並無人理會。於是又一變爲青春女郎，手提魚籃。這次卻驚動了全村。有一個馬二郎，綽號螞王，是惡人之首領，便出來盤問她的來歷，並勸說她嫁人。大士道：『我有誓願在先，無論何人，念得《蓮經》甚熟，吃素行善，則願與他爲妻。』於是她便在晴天寺內教衆念誦《蓮經》。果然許多惡人都放了他們的作惡事業而專心去念經，欲背誦得爛熟，取得這娘子爲妻。一月之後，大士便向馬二郎吹了一口氣，他便能熟背《蓮經》如流行了。於是馬二郎便打點與賣魚女郎結婚的事。正在結婚之夜，娘子忽然腹痛而亡。臨終之時，她說明乃是爲了救金沙灘人民之苦難而下世的。馬二郎悲哭甚哀，自此改行爲善，勸人修道。二年有餘，此村竟成善地。某一日，馬二郎忽然想娘子有云：觀音救衆，違了玉帝，降凡三載，至今已滿，何以未見升天。大士被他此念驚動，便化身爲一僧，去對馬二郎說：賣漁女郎乃是其妹，欲開棺驗看。墳一掘開，材蓋昇空，化爲一道彩雲，娘子手提魚籃，與和尚援手騰空，二身歸一，坐在雲端，又勸化衆人一番而去。馬二郎遂雕木爲魚籃觀音，日夜禮拜。家家戶戶俱倣之，遂流傳至今。」見《中國文學研究》，國泰文化事業有限公司，民國六十九年正月出版。

註一〇　則禪師，住潼川天靈寺，其餘不可考。潼川，府名，在今四川省。

註一一　曾棗莊先生《論宋僧詞》評及此詞，曰：「上闋先提出牛兒身強力健，誰解牽騎的問題，但未立即回答，轉寫牛兒貪吃嫩草，只管尋芳逐翠，不顧山遙水遠。下闋遙接上闋開頭的提問，寫牧童最解牽騎。當牛兒奔馳不顧傾危時，他就『長繩牢把，短杖（鞭子）高提』；當牛兒心調步穩時，他就短笛橫吹，十分悠閒自在。牛可愛，牧童更可愛，這位禪師的情趣也很可愛。」如此評述，足見曾先生完全不理解則禪師此詞乃以牧牛喻牧心之道理。

註一二　了元（一〇三二—一〇九八），字覺老，號佛印，浮梁人，姓林氏。歷住江州承天、淮山斗方、廬山開先歸宗、丹陽金山焦山、江西大仰、四住雲居、杭州靈隱。其居金山寺時，蘇軾次瓜步，訪之。了元曰：「內翰何來？此間無坐處。」軾戲曰：「和尚四大作禪床。」了元曰：「山僧有一轉語，內翰言下即答，當從所請。如稍涉擬議，請留所繫玉帶，以鎮山門。」軾許之。因曰：「四大本空，五蘊非有，內翰欲於何處坐？」軾擬議未即答。了元急呼侍者，取軾玉帶鎮山門，以衲裙相報。元符元年（一〇九八）正月卒，年六十七。

註一三　《老子道德經》下篇第四十四章。

註一四　《老子道德經》下篇第四十六章。

註一五　晦庵，即釋彌光，閩中李氏子。歷參名師，學成歸，住泉州教忠寺。

註一六　仲殊，字師利，承天寺僧，俗姓張名揮，湖北安陸人。預鄉薦，後削髮爲僧。蘇軾與之往還。工於詩詞，有《寶月集》。

註一七　曾先生評此詞曰：「『一婦人投牒立於雨中』，何以見得就是『只訴薄情人』？顯然是因爲這一婦人的『濃潤侵衣，暗香飄砌』，雖憔悴而仍有如花之貌，使作者產生了這種聯想，故作此詞相戲。」然縱觀全詞，仲殊對此婦人之遭遇充滿同情，絕無作詞相戲之意。

註一八　圓禪師，住湖州甘露寺，其餘無可考。湖州，在今浙江省。

註一九　淨端，字明表，姓邱氏，歸安人，自號安閑和尚。崇寧二年（一一〇三），一日辭衆，歌《漁父》數聲，一笑趺坐而化。

註二〇　法常，開封人，薛居正之後。宣和間，依長沙益陽嚴軾公得度，深慕大乘，不斥小教，遊方至天台山萬年寺，參謁雪巢，一見，機語契會。紹興間，語衆曰：「吾一月後不復留矣。」至期，書《漁父詞》於室門。淳熙七年（一一八〇），跏趺而逝。

註二一　惠洪（一〇七一——一二八），又名德洪，自稱洪覺範，又稱覺範道人，宜豐彭氏子。嘗住簡州景德院，賜號圓明禪師。建炎二年（一一二八）卒，年五十八。有集名《石門文字禪》三十卷，又著《冷齋夜話》、《僧寶傳》、《臨濟宗旨》等。

註二二　佛祖曾以蛾之撲火，喻愚人忘身；惠洪此詞之描述，可見其傳承之旨。清嚴可均《全上古三代秦漢三國六朝文》之《全晉文》卷一百六十五載支曇諦《赴火蛾賦》，前有《序》曰：「悉達有言曰：『愚人忘身，如蛾投火。』誠哉斯言，信而有徵也。」其《賦》云：「翔無常宅，集無定栖。類聚群分，麕合電移。因溫風以舒散，乘游氣以徘徊。於是朱明御節，時在盛陽。天地鬱蒸，日月昏茫。燭燿庭宇，燈朗幽房。紛紛群飛，翩翩來翔。赴飛焰而體燋，投煎膏而身亡。」惠洪之詞，其內容與支曇諦《賦》相同，惟論藝術成就則遠在支《賦》之上。

註二三　寶月，宋功臣史珪之後，能爲小詞。紹興五年（一一三五）以獻兵書三十九種，特補下州文學。

註二四　墦臺寺僧，生平事蹟無可考。

註二五　祖可，字正平，丹陽人。蘇堅子，蘇庠弟，原名蘇序。後爲僧，住廬山。被惡疾，人號癩可。著有《東溪集》、《瀑泉集》。

註二六　仲殊《南歌子》云：「十里青山遠，潮平路帶沙。數聲啼鳥怨年華，又是淒涼時候在天涯。　白露收殘暑，清風襯晚霞，綠楊堤岸鬧荷花。記得年時沽酒，那人家。」祖可《小重山》，章法與此相同。

註二七　禪峰，生平事蹟無可考。

註二八　止禪師，宋末人，其餘無可考。

原載《第十屆國際教育研討會專輯》

明季詞僧釋正嵒及其《豁堂老人詩餘》研究

壹、前　言

民國八十二年八月，余接受行政院國科會之延聘，從香江返國，任教華梵大學東方人文思想研究所，其始實以「古典目錄學」課程授諸生。至余之研治佛教文學，則受華梵大學創辦人曉雲法師所啓迪。兩宋僧人詞，民國以還鮮有學人問津及之，四川大學古籍整理研究所所長曾棗莊教授撰有《論宋僧詞》，一九九二年十二月發表於《中華文史論叢》第五十輯中，可被稱爲此方面研究之權輿作品。其時余頗有意繼曾教授之後，亦深入鑽研宋僧詞，未幾乃於華梵大學東方人文思想研究所增開之「詞學專題」課程中，專門講授僧人詞，以期誘發年輕學子之喜愛，壯大宋僧詞研究之隊伍。民國八十五年七月，余撰就《兩宋僧人詞述評——兼論宋僧詞於佛教宣傳上之貢獻》一文，宣讀於「第十屆國際佛教教育研討會」，（註一）拙文雖繼曾文之後而作，然對台灣學術界之研治宋僧詞頗具倡導之功。（註二）其後余且嘗試研讀僧人賦，民國八十八年七月撰就《東晉高僧支曇諦及其賦研究》，宣讀於「第十一屆國際佛教教育文化研討會」。僧賦之研究論文，千年以來未嘗一覩，余擁篲先驅，則拙文之發表，不惟可塡補僧賦研究之空白，論其篳路藍縷之效，自信亦可得與曾教授之《論宋僧詞》後先輝映矣。明代僧人詞，傳世者甚少，近人趙尊嶽所輯《明詞彙刊》亦僅收有二種，其一爲釋正嵒《豁堂老人詩餘》，另一爲釋澹歸之《徧行堂詞集》。因囿於篇幅，茲擬先就釋正嵒其人及其詞進行研究，至釋澹歸及其作品，前人已有研治之者，（註三）故暫不及云。

貳、釋正嵒之生平及其他相關資料

釋正嵒，《明史》無傳。趙尊嶽《明詞彙刊》於《豁堂老人詩餘》後附有《識語》，所記正嵒生平事迹云：

正嵒字豁堂，仁和郭氏子。出家靈隱，法藏説法淨慈，作頌往呈，遂承印證。壬辰，主三峰席。歷主靈隱、淨慈，退居普寧。示寂，預刻時日。至期，作《辭世偈》，擲筆而逝。或云豁堂，徐姓，名繼恩，武林名士，國變後爲僧。嘗云：「人非金石，立見消亡，不若逃形全眞，自游方外。」著《同凡草》，王新城目爲湯惠休、帛道猷之流。亦工書能畫，山水筆意蒼秀。此則自《同凡草》卷九迻錄者也。丙子仲冬，高梧校餘並識。

案：丙子，民國二十五年（一九三六）；高梧，尊嶽字。尊嶽《識語》所載正嵒生平極簡略，不足藉以知人論世。至或謂正嵒「徐姓，名繼恩」云云，則疑有錯誤，容辨於後。考喻謙字昧庵於民國十二年癸亥（一九二三）夏四月編就《新續高僧傳》，其書卷第二十二《習禪篇》第三之十二有《淸錢塘淨慈寺沙門釋正嵒傳》，載：

釋正嵒字豁堂，亦號隨山，姓郭氏，仁和人。夙秉異姿，不近葷膩。長無俗緣，息絕塵念。落髮秉戒，三德同具。絜己親師，積功劬學。博通世典，綜貫三乘。匯眾派以同流，悟大化之無盡。力崇正法，見推耆宿。參三峰於淨慈，略呈所見。三峰曰：「依識解爲超生死根，猶北適南轅，我無此逐日長進之禪。」自是頂伽脫盡，睛翳消除，自甘澹泊，智刊情亡。一生蕭散，不接權貴。蘆花泛月，響震魚龍；屐齒登山，春歸奚錦。迨廢宗之詿誤，至法席之零丁。運屬明夷，咎來无妄。從容就逮，振錫圜門，勸化無方，感悟羈囚，道幽益顯。化火宅之凶燄，來徒役之皈依。鬼神呵護，頻見吉祥；天龍迴翔，永圍法座。紳衿崇仰，檀越追蹤。頻來問訊之書，更滿入山之屨。嵒迺睹白雲以高臥，侶浮鷗而賦詩。一任蘧廬之化，永矢物外之情。方擇地以終休，意泊然而委順。以康熙庚戌七月二十日示寂，壽七十四，臘五十五。所著語錄、拈頌、啓疏、詩偈、雜著若干卷，得法弟子十有五人。建塔於慧日峰左，名曰宏濟。越明年，其徒戒青爲之《行狀》，乞馮溥銘焉，文詞華麗，見於《寺志》。

正嵒既以康熙（九年）庚戌（一六七〇）示寂，壽七十四，則其生歲應在明神宗萬曆二十五年丁酉（一五九七），下逮永明王永曆十五年辛丑（一六六一）明室之亡，正嵒已六十有五，是則喻氏《新續高僧傳》稱正嵒爲清人，疑未得其當也。至尊嶽《識語》所述正嵒生平殊簡略，蓋未嘗一考《新續高僧傳》之《釋正嵒傳》，趙氏失之眉睫，亦可怪矣。

有關正喦之生平資料，《古今圖書集成．博物彙編．神異典》第一百九十四卷《僧部．列傳》七十《明》六「正嵓」條載：

按《浙江通志》：「正嵓字豁堂，金陵郭氏子。明初，其祖以軍功授杭州衛指揮，遂家焉。七齡即絕葷。十歲喪父，依靈隱薙染禮，補陀作偈，有『善才參後無童子，更二千年我一人』之句。參淨慈三峰漢和尚，聞靜板聲有悟。後嗣横山一默禪師，駐足南屏，預言逝期。至日，沐浴更衣，命侍者出視日晷，云：『正午。』遂跏趺書偈，擲筆而逝。弟子華庵、恒觀等爲建塔於永明壽塔之右。師生穎敏，兼通儒釋。所著詩文、偈頌、語錄若干卷，行於世。」

《古今圖書集成》列正嵓(即正喦)爲明人，甚確當。至其引《浙江通志》以記正嵓事迹，其中有《新續高僧傳．釋正喦傳》所未嘗道及者。

今人比丘明復《中國佛學人名辭典》「正喦」條載：

正喦（清）比丘，字豁堂，號隋山，又號菽庵、耦餘、藕漁，晚號南屏隱叟，仁和郭氏子。明萬曆二十五年（一五九七）生。七歲知茹素。十歲捨入靈隱充行童。十五謁無盡祖燈禪師於天台，師大奇之。更遍參憨山、達觀諸尊宿，皆以爲玄奘知達之流亞，讚歎勵勉而遣之。後謁三峰法藏於淨慈，問答次，藏訶曰：「此皆依識解卜度，正爲生死根本，以是求禪，猶北適而南轅也。我這裏無此逐日長進底禪。」喦聞大愧，提撕七晝夜，於靜板聲中，疑礙忽消，藏公爲之印可。迨後横山宏成以久秘衣珠，晚歎乏嗣，或以告喦，喦悽然師事之，人以之比美迦葉阿難之付授。尋出主臯亭顯寧，後遷主靈隱，繼席淨慈。康熙五年（一六六六）罹誣被逮，轉獻江寧。嵒於獄中說法，吏囚盡爲所化。次年冬，事白獲釋，歸居淨慈普寧村院。以九年（一六七〇）七月預示寂時，屆期無疾，起居如恒，集眾付囑，自撰《掩龕偈》而化，壽七十四。有語錄著行世。

《中國佛學人名辭典》謂正嵒「字谿堂，號隋山」，實乃「豁堂」、「隨山」之筆誤，校之《新續高僧傳．釋正嵒傳》，其訛誤顯明。惟《辭典》所載，有足補前引資料之闕遺者，有可與前引資料相參證者，故特與《古今圖書集成》所記一併迻錄，其於知人論世或不無小助焉。

叁、釋正嵒與徐繼恩非同一人

趙尊嶽撰《〈豁堂老人詩餘〉識語》有「或云豁堂，徐姓，名繼恩，武林名士，國變後爲僧」之說，然正嵒與繼恩絕非同一人。繼恩，《明》、《清史》均無傳。然毛奇齡《西河集》卷一百九《塔誌銘》有《洞宗二十九世傳法五雲俍亭挺禪師塔誌銘》。中云：

> 公名淨挺，號俍亭，即仁和徐世臣也。世臣諱繼恩，別字逸亭。十歲能文。天啓中，魏監亂政，惡之，作《宦者論》。稍長，補諸生，擢茂才異等，壬午副榜。福王時，舉明經，首公。公爲文刺馬士英，士英怒，趣官旗逮公，大行陸培爭之。當是時，公聲稱籍甚，四方之士過杭者爭造公，巷爲之滿。先是文社大起，婁東張溥、漳浦黃道周並屬公領袖。公爲社名登樓，又名攬

雲，聚臨安名士于其中，主東南壇坫凡三十年。至是焚書埋筆札，鬻羖市盆簝漿酪間，或鞣馬牛之皮，與鞄者雜作。方伯張君就見之不得，請以百金爲公壽，峻拒之。惟門徒日來，遠近從游者僦隘巷居。諸曁錢孝廉執贄，請講《易》，公倚市門口授之去。既而嘆曰：「吾生時，吾母夢老僧，皤然杖于堂，吾昔昔見夢亦如之，此豈吾前因哉？」西湖愚庵受洞宗法，公與之游，有契，遂落染，設三壇淨戒，時年四十七。初居花塢，錢塘令張君建精舍河渚，名雲溪，嚴侍郎迎公居之。禾中資聖寺，名刹也，歲歉，生徒皆饑。公應請之禾，躬持鉢乞米，飯僧凡三年，全活萬衆。去之武塘，修武塘慈雲寺；刱建鶴勒庵于北部，說《楞嚴》其中。時設大戒，夜夢伽藍神乞戒，易衣謝，乃以雲門顯聖爲洞宗中興祖庭，自萬曆乙卯逮今閱五十餘年，凡嗣其法者輪居之。越中士大夫交章迎公，住三年，增飯僧田畝；特建祖堂，供曹溪洞山列代諸祖于其中，然後退居雲溪。受諸方之請，魏君副使就舊有淡園供佛養公；而錢君學使特構綠谿園，兼市全《藏》爲公翻閱地，公應之。公以爲生平稽古讀聖賢書，將以天下爲己任，而既以不克，徒推此優游以潛消其壘塊不平之氣，即與浮湛傭販何異？且是亦有道，吾將藉是爲見道之具，而大擴其教而集之成，以示吾儒者之有用。因內極其奧，外極其象，舉西來至今意言俱盡者，而合三幡四諦而並運之，以爲摩騰以來特達之業，而惜其以蓋代之才而出于是也。曩時，西湖諸禪刹皆有知識，而宗派所垂，各具妙衍。惟天竺雲峰在隋時爲眞觀道場，顧其後中落，源流歇絕。雖子儀、辨才偶然知名于吳越王時，及趙宋元豐、慶歷之間，而曠席既久，且殿宇亦稍燬矣。士大夫迎公者道路相望，本欲徼公作振興之計，而公亦慨然以恢復自任。乃入其門，無殿，獨一毘盧觀音像，金鑄，長一丈六尺，露處其中。公乃居雲峰，建大殿，金輪、寶欏，次第完具；然後樹齋房，設僧寮、鐘鼓、幢幔，置諸所應有。期年工成，時年已七十。乃于甲子年九月二十二日說《辭世偈》，更衣。越二日，端坐而逝。嗚呼，公遂以僧歸矣！……公生於萬曆四十三年十月四日，卒于康熙二十三年九月二十四日，世壽七十，法臘二十四。所授法弟子智琮等三十人。

據毛奇齡《塔誌銘》所載徐繼恩事迹，與釋正嵒生平殊不相類。至二人之生卒年亦大相逕庭，前者生於萬曆四十三年（一六一五），卒於康熙二十三年（一六八四）；後者生於萬曆二十五年（一五九七），卒於康熙九年（一六七〇），是則正嵒較繼恩早長十九歲，而其卒歲亦在繼恩十四年前也。由此觀之，趙氏《識語》「或云豁堂，徐姓，名繼恩」之說，恐乃流俗傳聞失實之言，殊不足取信。

肆、釋正嵒之《豁堂老人詩餘》

《明詞彙刊》所收《豁堂老人詩餘》，凡詞十八闋。其中使用《點絳脣》詞牌以填詞者佔十闋，另《西江月》、《南鄉子》、《黃鶯兒》、《木蘭花慢》、《漁家傲》、《臨江仙》、《滿庭芳》、《念奴嬌》各一闋，是正嵒慣用《點絳脣》以填詞者。梁江淹《詠美人春遊詩》云：「江南二月春，東風轉綠蘋。不知誰家子，看花桃李津。白雪凝瓊貌，明珠點絳脣。行人咸息駕，爭擬洛川神。」

《點絳脣》調名殆取此。正嵒喜塡此調，或心中別有懷抱也。《豁堂老人詩餘》十八闋詞，其中最爲後世稱道者乃《點絳脣·湖歌》一首。清人張德瀛《詞徵》卷六「豁堂和尚詞」條載：

淨慈豁堂和尚工詩與書、畫。性喜遊覽，嘗畫一漁艇於竹樹下，曖曖漠漠，煙水一灣，題一詞其上：「來往煙波，十年自號西湖長。秋風五兩，吹出蘆花港。　得意高歌，夜靜聲初朗。無人賞，自家拍掌，唱得青山響。」見李介立《天香閣隨筆》，詞極俊爽，王蘭泉編《明詞綜》惜未收入。

張氏《詞徵》所引之詞，即《點絳脣·湖歌》也。惟《明詞彙刊》「十年」作「平生」，「秋風五兩」作「輕風小槳」，「吹出」作「盪出」，「聲初朗」作「聲偏朗」，「青山」作「千山」，措語均較《詞徵》爲長。

清人查禮《銅鼓書堂詞話》「武林一老僧詞」條亦載：

「來往煙波，此生自號西湖長。輕風小槳，盪出蘆花港。　得意高歌，夜靜聲偏朗。無人賞，自家拍掌，唱徹千山響。」茂州陳時若大牧最喜歌此調，云武林一老僧所塡《點絳脣》也，忘其名。余聞之，輒錄出。往復詠歎，音調超絕。噫！此亦紅薑老人之儔匹也。

《銅鼓書堂詞話》所言「忘其名」之「武林一老僧」，即正嵒也。《新續高僧傳·釋正嵒傳》記正嵒「參三峰於淨慈」後，「自是頂伽脫盡，睛翳消除，自甘澹泊，智刊情亡。一生蕭散，不接權貴。蘆花泛月，響震魚龍；屐齒登山，春歸奚錦」。意正嵒撰《點絳脣・湖歌》，正此時也。《銅鼓書堂詞話》「平生」作「此生」，「唱得」作「唱徹」，其修辭潤色之功，略勝《明詞彙刊》本一籌矣。

正嵒另有《點絳脣・山曲》一闋，其風格之俊爽，音調之超絕，媲美《湖歌》。其詞云：

流水高山，鍾期去後絃應絕。腰鐮彎月，獨扣錚錚鐵。　截斷紅塵，四顧行雲歇。還高揭，渾忘音節，響迸青山裂。

此闋首二句用俞伯牙、鍾子期故事。子期死，伯牙終生不復鼓琴，故此詞乃有「鍾期去後絃應絕」之語。然正嵒仍不能效伯牙之絕絃，猶獨扣其腰間如彎月之鐮，強作錚錚之鳴者，蓋有待後來知音之清賞也。結處豪氣干雲，音聲亢絕，較之蘇、辛，殊無慚色。

釋子之爲人多敝屣名利，知足常樂，故僧人詞作亦常宣傳此旨。余前撰作《兩宋僧人詞述評》，嘗就晦庵《滿江紅》「膠擾勞生」一闋有所申述（註四）。釋正嵒有《點絳脣・四樂詞》四首，次第以言漁、田、隱、樵四家之樂。其第一首云：

沐邑湯池，榮封只願求漁户。兒孫祖父，累代班鵷鷺。　宦海恩波，未有無風處。收綸住，鱸魚美處，骨肉相歡聚。

此言漁家之樂。漁戶雖「兒孫祖父，累代班鵷鷺」，生活極爲淡泊，然幸能脫離「宦海恩波」，獲得「骨肉相歡聚」。至其日夕得以品嘗鱸魚之美，尤屬人生樂事也。正嵒另有一闋《點絳脣》，亦吟詠漁家知足常樂者，其詞云：

燕翼鴻私，自欣魚水相吹煦。所求有數，傍好收颿布。　換酒村灣，曬網斜陽樹。芙蓉露，不辭滿注，醉倒垂楊渡。

此闋與前首同一意趣。「所求有數，傍好收颿布」，知足之情可悉；「芙蓉露，不辭滿注，醉倒垂楊渡」，怡然之樂可覩。全篇純用白描，不徵典實，且屏絕藻繢，惟詞僧所欲申說之道理已顯露於字裏行間。不慕榮利，秉尙自然，乃此詞主旨所在。

《點絳脣・四樂詞》第二首云：

鐵券銅符，分茆願得躬耕處。太公尚父，當日稱強富。　深壑藏舟，一夜都偷去。空封錮，一場笑具，落得供譚助。

此言田家之樂。首、次兩句已點出此詞之意旨。全篇多處運用典故，風格與上述之二闋詞迥然不同。「鐵券」即鐵契，得之可以免死；「銅符」即銅虎符，獲之可以調兵。二者乃代表特權或權力之所在。「分茆」即分茅，古時分封諸侯，每用白茅裹土以冊受封者，象徵土地與權力之授予。詞人之意，寧捨鐵券銅符，不求分茆胙土，而其所願得者乃躬耕南畝，守拙田園。蓋以昔者太公稱尙父，齊國富強，（註五）然轉眼煙霞，浮雲幻化，當時之盛，如今安在哉！下闋典出《莊子・大宗師》，以喻名利權勢易爲人所奪，終不可保。《莊子・大宗師》云：「夫藏舟於壑，藏山於澤，謂之固矣！然而夜半有力者負之而去，昧者不知也。」斯乃此詞用典所在。

《點絳脣・四樂詞》第三首云：

霸越吞吳，五湖一葉乘風去。功高不據，豈羨陶朱富。　　舜執堯鞭，自得牛羊趣。人雖故，如今猶慕，願鑄黃金塑。

此言隱者之樂。范蠡助勾踐平吳霸越，其後功成身退，輕舟浮五湖以隱。《國語》卷二十一《越語》下載：「遂滅吳，反至五湖，范蠡辭於王曰：『君王勉之，臣不復入越國矣！』王曰：『不穀疑子之所謂者何也？』對曰：『臣聞之：為人臣者，君憂臣勞，君辱臣死。昔者君王辱於會稽，臣所以不死者，為此事也。今事已濟矣，蠡請從會稽之罰。』王曰：『所不掩子之惡，揚子之美者，使其身無終沒於越國。子聽吾言，與子分國；不聽吾言，身死，妻子為戮。』范蠡對曰：『臣聞命矣！君行制，臣行意。』遂乘輕舟以浮於五湖，莫知其所終極。王命工以良金寫范蠡之狀而朝禮之，（註六）浹日而令大夫朝之。環會稽三百里者以為范蠡地，曰：『後世子孫有敢侵蠡之地者，使無終沒於越國，皇天后土、四鄉地主正之。』」此詞用典殆出此。至「舜執堯鞭，自得牛羊趣」二句，則或由《史記・五帝本紀》「堯乃賜舜絺衣與琴，為築倉廩，予牛羊」諸語運化而成也。

《點絳脣・四樂詞》第四首云：

畫出青山，人間何福能遭遇。天生交付，只有樵家住。　　為訪幽蘭，脚底生雲霧。無媒路，超然獨步，直到天高處。

此言樵者之樂。上片寫青山如畫，點出樵家居處之美。元人蒲道源《題錢舜舉畫〈煙江疊嶂圖〉詩》有句云：「幽巖梵宮半隱見，老樹樵舍相迷藏。」或可得其恍惚。下片寫攀山訪蘭，其「無媒路，超然獨步，直到天高處」數語，讀之有睥睨古今宇宙之感。

正嵒所填《點絳脣》，其中有二首乃抨擊稅役之繁苛者。此正可反映晚明政治之腐敗，統治者對百姓之盤剝，蓋詞僧雖出家而仍未能忘懷世情，故有斯撰。其詞云：

瘠石髡林，年來未免加徭賦。何爲巢父，不逐谿流去。　惟祝山靈，早晚還呵護。青松樹，不傷歲暮，顏色常如故。

食力聊生，世居廡下充傭僱。擲金不顧，揮钁耕何倨。　稅役雖繁，尚免勞征戍。衣堪絮，新漿盈瓠，一醉忘諸慮。

「瘠石髡林」，仍「未免加徭賦」，可見其盤剝之苛；而詞僧須藉「新漿盈瓠」，以求「一醉忘諸慮」，可見其憂世之重。正嵒之悲世情懷，及其不滿稅役之繁苛，昭然若揭矣。此二詞仍好用典。巢父，晉皇甫謐《高士傳》載：「巢父者，堯時隱人也，山居不營世利，年老以樹爲巢而寢其上，故時人號曰巢父。」「擲金不顧」二句指管寧。劉義慶《世說新語·德行》第一載：「管寧、華歆共園中鋤菜，見地有片金，管揮鋤與瓦石不異，華捉而擲去之。」巢父不慕名，管寧不好利，故詞僧高之，或正嵒用巢、管以自況耶？

《谿堂老人詩餘》中亦有詠物佳構，其《西江月·洞簫》云：

聲碎一枝碧玉，指寒十箇青葱。口脂滴破杜鵑紅，嫠婦驚回孤夢。　月悄兩三更後，風清二六樓中。嗚嗚吹澈彩雲空，望斷天邊雙鳳。

此詞寫美人吹洞簫，刻意摹描，筆觸細膩之極。至簫聲之哀怨感人，則可於「嫠婦驚回孤夢」、「嗚嗚吹澈彩雲空」二句見之。而結以「望斷天邊雙鳳」，用表傷懷念遠，憂思無窮，是全首以詠物始，而以言情終也。

另一首詠物之作，為《南鄉子．柳絮》，其詞云：

新翠染峰尖，雪到清明尚撒鹽。卻憶章臺眉黛淺，纖纖，忽地吳霜點鬢簷。　入幕復穿簾，撩得春愁似海添。空惹灞陵離客思，厭厭，和雨和煙滿地沾。

此詞借詠柳絮以抒寫離情，其運字遣詞之細膩處，有如前闋。全首多所隸事是其特色。「撒鹽」句，用《世說新語．言語》第二「撒鹽空中差可擬」事；（註七）「章臺」句，用唐許堯佐《柳氏傳》所記韓翃與姬柳氏事；（註八）「吳霜」以喻白髮，用李賀《還自會稽歌》「吳霜點歸鬢」事；（註九）「春愁」句，用秦觀《千秋歲》「春去也，飛紅萬點愁如海」事；（註一〇）「灞陵」句，用李白《憶秦娥》「秦樓月，年年柳色，灞陵傷別」事。（註一一）惟寫來一片神行，空靈運轉，其爐鞲鎔鑄之妙，令人擊賞，此絕非獺祭鈍機者所能逮也。

正嵒之詞有三首乃記述其交游生活者。如《黃鶯兒．村居訪友》云：

清和村落黃昏舍。墨著陰濃，玉研光新，黯然銷魂，一鐙微射。深院鎖薔薇，隔岸敲桑柘。主人欲睡還停，卻喜相逢，如夢翻訝。　無價。天地兩閒人，風月雙清夜。有如爾我，方外交游，古今不堪上下。但莫負白鷗盟，免被黃鸝罵。從此來往谿山，晚境甘于蔗。

此寫黃昏後訪友。「深院鎖薔薇，隔岸敲桑柘」二句，村居景色如繪。「白鷗盟」喻共同退隱，（註一二）「黃鸝罵」喻永不言離，（註一三），故結以「從此來往谿山，晚境甘于蔗」，與上二句配合，眞天衣無縫也。是則正嵒與友兩人志同道合，共相往還，友誼之篤，至老不衰，於斯可覩。

其《木蘭花慢・書戴南有冊》云：

記龍門舊里，見花竹，滿庭除。喜中有少年，熱腸負節，大略觀書。別後，風塵燕市，近秋□忽地憶鱸魚。始悔馮生彈鋏，□□墨子回車。　如今，一夢十年，餘萬事，總成虛。幸不似潘郎，身猶未老，鬢已先疏。卻顧，二三道義，問人生不樂復何如？若肯飯蔬飲水，時過陋巷荒居。

上片由龍門舊里認識戴南有寫起。「熱腸負節，大略觀書」，乃寫南有少年情狀，固與常人有所不同者。繼寫其十年風塵燕市，遠離故里，及近始遄歸。「憶鱸魚」用張翰事，（註一四）「馮生彈鋏」用馮諼客孟嘗君事，（註一五）「墨子回車」用墨翟不臣事如商紂之暴君事。（註一六）均用以描述南有爲人品格之高尚，而處事能見微知著也。下片寫其歸里後情事。「潘郎」數句，反用潘岳事，（註一七）以言其「身猶未老」。「飯蔬飲水」，用孔子事。（註一八）蓋正嵒欲以安貧樂道之精神與南有共勉，故此詞乃書諸冊，以期永誌。

第三首乃《漁家傲・一畝田僧舍》，其詞云：

日落煙生深巷曲，帖城山影皋亭綠。竹杖敲門香透屋，新炊熟，秋茭正好相留宿。　閱偏人間天上福，何繇極樂超凡俗。卻喜芙蓉花一簇，紅開足，西方有美人如玉。

此首亦寫黃昏訪友。「日落煙生」點出訪友時間，「深巷曲」寫友居之所。「帖城」句，寫周遭景色。其後則續寫造訪、晚膳與留宿。「秋茭」即「秋筊」，乃用竹篾、葦片編成之纜索。「茭」上之「秋」字用以暗點時令，而與下片所描寫之芙蓉花相呼應。芙蓉即木蓮，秋季開花，色有紅白，晚上變深紅，可供觀賞。清梁紹壬《兩般秋雨盦隨筆・芙蓉》載：「嶺南木芙蓉，有一日白花，次日稍紅，又次日深紅者，名曰『三日醉芙蓉』。」與此詞「紅開足」一語可相參證。結句仍寫芙蓉，而暗用典實。考晉葛洪《西京雜記》云：「（卓）文君姣好，眉色如望遠山，臉際常若芙蓉，肌膚柔滑如脂。十七而寡，爲人放誕風流，故悅（司馬）長卿之才而越禮焉。長卿素有消渴疾，及還成都，悅文君之色，遂以發痼疾，乃作《美人賦》欲以自刺，而終不能改。」蓋芙蓉所以喻文君臉際之美。正嵒此詞「西方有美人如玉」句，看似尋常，實暗有所隸事，所用乃文君故實也。

《豁堂老人詩餘》十八闋詞中，亦有描摹景色之作，其《滿庭芳・吳江夜泊》云：

一幅江湖，半飄吳會，東南秋色新晴。碧天無際，遙接斷虹明。西望遠山落照，蒼葭外，紫翠交橫。長橋月，清光如水，流出洞簫聲。　頻驚。名利客，不禁譙漏，忽滴三更。催松陵驛，鼓未送先迎。空倩道傍楊柳，無情縷，強繫多情。愁無那，良宵頃刻，日出事還生。

吳江即吳淞江，又名松陵江，乃太湖支流之最大者。此詞寫吳江夜泊，景色如繪，氣象萬千。昔柳永《望海潮》寫錢塘風光，有句云：「東南形勝，江吳都會，錢塘自古繁華。煙柳畫橋，風簾翠幕，參差十萬人家。雲樹繞隄沙，怒濤卷霜雪，天塹無涯。市列珠璣，戶盈羅綺，競豪奢。」金主亮讀之，有投鞭渡江之志。正嵒此詞與之相角，殊不遜色，即耆卿重生，恐亦將讓一頭地也。正嵒另有《念奴嬌．湖居》云：

> 從生至老，盡人間那有，西湖左右。山繞清波波繞郭，四面屏圍如繡。鞋軟隄蕪，衣輕風絮，要是天成就。若無仙福，也難一日消受。　多少得失興亡，煙雲起滅，早被人看透。跨鶴凌空隨羽化，山比梅花更瘦。鷲懶重飛，猿呼堪應，渾未曾忘舊。琉璃界面，篳蹴毘嵐大風不皺。

此闋寫湖居。「山繞清波波繞郭，四面屏圍如繡」，雖不識字亦知為寫景佳句也。此詞蓋正嵒暮年入清後所撰，故換頭處感慨殊多。「鷲懶重飛，猿呼堪應，渾未曾忘舊」，似寫猿鷲；然繫以「重飛」、「堪應」，又接以「未曾忘舊」，則其不忘情於前朝，隱然可測矣。結句之「毘嵐」，乃梵語 Vairambhaka 之譯音，意即狂風，正嵒自注「大風」。言「篳蹴毘嵐不皺」者，或以喻志意之堅強，擇善之固執，是則正嵒胸中潛藏之愛國情操，亦曉然可悉矣。

《豁堂老人詩餘》中有二首審其內容乃明顯為明亡後作者，其《點絳脣》詞云：

> 南北江山，六朝龍虎稱蟠踞。誰知牧豎，今日來登墓。　強弱如輪，往復何憑據？丁男簿，若還重募，馬汗同牛污。

首二句喻明之得天下，曾龍蟠虎踞，威耀一時；三、四句喻明亡之速。牧豎登墓云云，所用者乃雍門子周說孟嘗君事。(註一九)換頭處之感喟，乃承上闋而來。結二句則隱諷新朝兵徭役之重，衡以「強弱如輪」之規律，恐其亡敗亦有似舊朝也。此詞寫來甚見章法，整首一氣呵成，連貫直下，用典不露斧鑿痕，亦勸亦諷，所以為高。

至其《臨江仙．重陽雨》一首，亦屬晚年作品，其詞云：

老幸偷全兵歉後，湖面山頭，且喜還如舊。多刻清閒多刻壽，天公待我何其厚。　知足光陰無不穀，四季三秋，況值重陽候。莫惜臨時風雨又，黃花應帶三分瘦。

上闋寫一己雖苟全性命於亂世，而幸得多閒多壽之喜。下闋寫題面「重陽雨」，乃由李清照《醉花陰》化出，（註二〇）然論其藻續之刻畫、感情之細膩，似猶遜易安居士一間也。趙尊嶽《明詞彙刊》書中《〈豁堂老人詩餘〉識語》記正嵒嘗云：「人非金石，立見消亡，不若逃形全眞，自遊方外。」此詞正反映正嵒珍惜人生及遯世無悶之思想感情。

伍、結語

綜上所述，則明僧能詞者較少，遠遜兩宋，（註二一）故趙尊嶽《明詞彙刊》所輯得者僅二家。至釋正嵒之生平，尊嶽《〈豁堂老人詩餘〉識語》所記，內容疏略，未足藉以知人論世，余不得已，姑略徵引《新續高僧傳》、《古今圖書集成》及《中國佛學人名辭典》所載相關資料，以補其所未備。趙氏《識語》又謂：或云正嵒即徐繼恩。余則考以清毛奇齡《西河集．洞宗二十九世傳法五雲俍亭挺禪師塔誌銘》一文，知其未是。蓋繼恩生於萬曆四十三年（一六一五），卒於康熙二十三年（一六八四），正喦生於萬曆二十五年（一五九七），卒於康熙九年（一六七〇），兩人生卒年既大相逕庭，而上引資料所記兩人之生平事迹亦大不相侔也。正喦倚聲之作，傳世者雖僅十八闋，惟題材頗廣泛，其中有揭櫫敝屣名利，而歌詠漁、田、隱、樵四樂者；有抨擊時政，力斥稅役之繁苛暴斂者；有詠物及乎洞簫、柳絮，以抒發其憂思離情者；有記載其交游生活，敘述訪友及其友情深篤者；有描摹湖光山色，而於中借題發揮，暗喻愛國情懷者；有哀傷明室云亡，與新朝虐政，而一己則苟全性命而遯世無悶者。正喦之代表詞作，則爲《點絳脣．湖歌》一闋，張德瀛《詞徵》譽此詞「詞極俊爽」，查禮《銅鼓書堂詞話》則稱其「音調超絕」。而其另有《點絳脣．山曲》一闋，寫來亦音聲亢絕，豪氣干雲，足堪比肩。正喦，釋而儒者也。《新續高僧傳》謂其「絜己親師，積功劬學。博通世典，綜貫三乘」；是以其腹笥甚富，文筆亦長，爲詞好用典實，而無斧鑿痕；然間亦有參以白描，屛絕藻繢，寫來自然流暢，清逸有致者。其所爲詞，豪邁處似蘇、辛，沈鬱處似清照，風格多樣，變化萬千。其寫景之佳構，則與柳永在伯仲間。故論其藝術成就，持較有宋著名詞家，應不遑多讓。趙尊嶽《惜陰堂明詞叢書敘錄》云：「正喦、今釋，（註二二）皆禪門尊宿，《徧行》、《豁堂》，超仲殊之舉媢，宗風棒喝，林壑清梵，音教所被，同軌緇素。」趙氏謂正喦「超仲殊之舉媢」，（註二三）惟余則以爲正喦詞作未必能超邁仲殊，然此宋、明兩詞僧之功力，固足堪悉敵也。

（民國八十九年歲次庚辰端午節撰於華梵大學東方人文思想研究所）

【附注】

註一　拙文後收入《第十屆國際佛教教育研討會專輯》，民國八十五年華梵佛學研究所編印，頁七五至九四。

註二　自拙文刊出後，國立中興大學中文研究所研究生謝惠清完成《宋代僧人詞研究》碩士論文。（八十七年度）謝君來函謂其論文之撰作，甚受余之啓迪。又華梵大學東方人文思想研究所碩士生張美鈴擬撰《惠洪詞研究》，潘梨香擬撰《仲殊詞研究》。（八十八年度）二人之論文，均由余指導。

註三　近人研治釋澹歸及其作品，有冼玉清《談澹歸和尚》，載《藝林叢錄》第九編，香港商務印書館印行，頁四四六至四五一；及于今之《澹歸著作補談》，載同書頁四五二至四五四。

註四　晦庵《滿江紅》詞云：「膠擾勞生，待足後，何時是足。據見定，隨家豐儉，便堪龜縮。得意濃時休進步，須知世事多翻覆。漫教人，白了少年頭，徒碌碌。　誰不愛，黃金屋。誰不羡，千鍾祿。奈五行不是，這般題目。枉費心神空計較，兒孫自有兒孫福。也不須，採藥訪神仙，惟寡欲。」余嘗評此詞云：「此詞主旨在結處『惟寡欲』三字。寡欲則不會妄生貪念。蓋佛教徒重五行，不重當世之富貴；修淨土，不修即世之長生。五行者，非儒家仁、義、禮、智、信之謂；亦非術數家金、木、水、火、土之謂。佛家之五行，一布施行，二持戒行，三忍辱行，四精進行，五止觀行。此詞云：『奈五行不是，這般題目。』乃惋惜世人不知修五行，而只知追求黃金屋、千鍾祿也。」

註五　《史記》卷三十二《齊太公世家》第二載：「（周）武王已平商而王天下，封師尚父於齊營丘，東就國。……太公至國脩政，因其俗，簡其禮，通商工之業，便魚鹽之利，而人民多歸齊，齊爲大國。」是太公治齊而致富強之證。

註　六　《國語》韋昭注：「以善金鑄其形狀，而自朝禮之。」此詞末句「願鑄黃金塑」，典出此。

註　七　劉義慶《世說新語》上卷《言語》第二載：「謝太傅寒雪日內集，與兒女講論文義；俄而雪驟，公欣然曰：『白雪紛紛何所似？』兄子胡兒曰：『撒鹽空中差可擬。』兄女曰：『未若柳絮因風起。』公大笑樂。」即此句之本事。

註　八　李昉《太平廣記》卷第四百八十五有許堯佐撰《柳氏傳》。略謂：唐韓翃有姬柳氏，以艷麗稱。韓獲選上第，歸家省親，柳留居長安。安史亂起，柳出家爲尼。後韓爲平盧節度使侯希逸書記，使人寄柳詩曰：「章臺柳，章臺柳，昔日青青今在否？縱使長條似舊垂，亦應攀折他人手。」柳爲蕃將沙吒利所劫，侯希逸部將以計奪還歸韓。後遂以「章臺柳」形容窈窕之美女。

註　九　李賀《還自會稽歌》云：「野粉椒壁黃，濕螢滿梁殿。臺城應教人，秋衾夢銅輦。吳霜點歸鬢，身與塘蒲晚。脈脈辭金魚，羈臣守迍賤。」後遂以吳霜喻白髮。

註一〇　秦觀《淮海居士長短句・千秋歲》云：「水邊沙外，城郭春寒退。花影亂，鶯聲碎。飄零疏酒盞，離別寬衣帶。人不見，碧雲暮合空相對。　憶昔西池會，鵷鷺同飛蓋。攜手處，今誰在？日邊清夢斷，鏡裏朱顏改。春去也，飛紅萬點愁如海。」

註一一　李白《憶秦娥》詞云：「簫聲咽，秦娥夢斷秦樓月。秦樓月，年年柳色，霸陵傷別。　樂遊原上清秋節，咸陽古道音塵絕，音塵絕，西風殘照，漢家陵闕。」見黃昇《唐宋諸賢絕妙詞選》卷一。霸陵即灞陵，在今陝西省西安市東，漢文帝葬於此，乃古時離別之所。

註一二　與鷗結盟爲友，以喻隱退。陸游《劍南詩稿》卷第五十一《夙興》云：「鐘已樓頭動，燈猶帳外殘。霜濃愁枕冷，病起覺衣寬。鶴怨憑誰解，鷗盟恐已寒。君恩等天地，應許納微官。」亦用此典。

註一三　黃鸝即黃鶯。唐孟棨《本事詩・情感》載：唐詩人戎昱與一官妓情屬甚厚，時韓滉欲召置籍中，昱不敢留，作歌詞贈妓，使於筵上歌之，其詞曰：「好去春風湖上亭，柳條藤蔓繫離情。黃鶯久住渾相識，欲別頻啼四五聲。」滉聽後感動，命與妓百縑，即時歸昱。「免被黃鸝罵」句喻永不分離，疑典出此。

註一四　《世說新語》卷中《識鑒》第七載：「張季鷹辟齊王東曹掾，在洛，見秋風起，因思吳中菰菜、蓴羹、鱸魚膾，曰：『人生貴得適意爾！何能羈官數千里以要名爵？』遂命駕便歸。俄而齊王敗，時人皆謂爲見機。」季鷹，張翰字。「憶鱸魚」句，典出此。

註一五　《戰國策》卷第十一《齊》四載：「齊人有馮諼者，貧乏不能自存，使人屬孟嘗君，願寄食門下。孟嘗君曰：『客何好？』曰：『客無好也。』曰：『客何能？』曰：『客無能也。』孟嘗君笑而受之，曰：『諾。』左右以君賤之也，食以草具。居有頃，倚柱彈其劍，歌曰：『長鋏歸來乎？食無魚。』左右以告。孟嘗君曰：『食之比門下之客。』」典出此。

註一六　鄒陽《獄中上書自明》云：「臣聞盛飾入朝者，不以私汙義；砥厲名號者，不以利傷行。故里名勝母，曾子不入；邑號朝歌，墨子回車。今欲使天下寥廓之士，籠于威重之權，脅于位勢之貴，回面汙行，以事諂諛之人，而求親近于左右，則士有伏死堀穴巖藪之中耳，安有盡忠信而趨闕下者哉！」典出此。

註一七　潘岳《秋興賦序》云：「余春秋三十有二，始見二毛。」李善注：「《左氏傳》：『宋襄公曰：「不禽二毛。」』杜預曰：『二毛，頭白有二色也。』」後遂以「潘鬢」謂中年鬢髮初白。史達祖《齊天樂・白髮》詞有云：「秋風早入潘郎鬢，斑斑遽驚如許。」亦用此典。

註一八　《論語・述而》第七載：「子曰：『飯疏食，飲水，曲肱而枕之，樂亦在其中矣！不義而富且貴，於我如浮雲。』」《正義》曰：「此章記孔子樂道而賤不義也。」

註一九　劉向《說苑》第十一《善說》載：「雍門子周以琴見乎孟嘗君。孟嘗君曰：『先生鼓琴，亦能令文悲乎？』……雍門子周曰：『然臣之所爲足下悲者一事也：夫聲敵帝而困秦者，君也；連五國之約，南面而伐楚者，又君也。天下未嘗無事，不從則橫。從成則楚王，橫成則秦帝。楚王秦帝，必報讎於薛矣。夫以秦、楚之強而報讎於弱薛，譬之猶摩蕭斧而伐朝菌也，必不留行矣。天下有識之士，無不爲足下寒心酸鼻者。千秋萬歲之後，廟堂必不血食矣。高臺既已壞，曲池既已塹，墳墓既已平，嬰兒豎子樵採薪蕘者，蹢躅其足而歌其上，衆人見之，無不愀焉爲足下悲之，曰：「夫以孟嘗君尊貴，乃可使若此乎？」』於是孟嘗君泫然泣涕，承睫而未殞。雍門子周引琴而鼓之，徐動宮徵。微揮羽角，切終而成曲。孟嘗君涕浪汗增欷，下而就之曰：『先生之鼓琴，令文立若破國亡邑之人也。』」典出此。

註二〇　李清照《醉花陰》云：「薄霧濃雲愁永晝，瑞腦消金獸。佳節又重陽，玉枕紗廚，半夜涼初透。東籬把酒黃昏後，有暗香盈袖。莫道不消魂，簾捲西風，人比黃花瘦。」正邑詞蓋由此首化出。

註二一　兩宋僧人能詞者，據唐圭璋《全宋詞》所輯，計有壽涯禪師、圓禪師、則禪師、了元、仲殊、淨端、祖可、惠洪、寶月、如晦、法常、晦庵、可旻、淨圓、止禪師、禪峰、元淨、南軒、播臺寺僧，凡十九家。

註二二　今釋即釋澹歸，撰有《徧行堂詞集》者。

註二三　仲殊字師利，承天寺僧，俗姓張名揮，湖北安陸人。曾預鄉薦，其妻嘗投藥食中毒害之，後削髮爲僧。蘇軾與之往還，工詩詞，有《寶月集》。余據《全宋詞》及《詩淵》，輯得其所爲詞凡七十一闋，存目詞十一闋。宋僧能詞，以仲殊所撰最多。

原載《明代文學──復古與革新研討會專輯》

陳振孫之史學述評

陳振孫學識淵贍，畢生治學勤劬，著述雖富，惜多散佚。其治經之業績，拙著《陳振孫之經學及其〈直齋書錄解題〉經錄考證》中已有所論述，（註一）當可知其梗概。至其史學類著作，傳世者有《直齋書錄解題》二十二卷、《白文公年譜》一卷。《解題》與《白譜》，拙著《陳振孫之生平及其著述研究》中亦嘗論說，（註二）尤對《白譜》一卷考證綦詳。振孫史學類著作已散佚者有《史鈔》一百卷、《吳興氏族志》與《吳興人物志》各若干卷。於已佚之三書，拙著《陳振孫之生平及其著述研究》亦嘗細加考證。（註三）故本章於《白譜》及已佚之三書，均不擬重加贅論。

本文之撰作目的，擬僅就《解題》史錄之材料，以探究振孫之史學。《解題》史錄分十六類以著錄史部群書，故本文亦擬分十六項細加闡述，並試從振孫對每類史書之褒貶中，去分析及探索其對各類史籍之認知，與對不同類史籍撰作所提出之要求與標準。至振孫史學之其他識見，當亦可於對《解題》史錄爬梳研治中，去推衍出其條理及其究竟。

以下試分十六項以探究振孫之史學：

壹、正史

振孫於正史中，最推尊者乃太史公之《史記》。《解題》卷四《正史類》「《史記》一百三十卷」條曰：

漢太史令夏陽司馬遷子長撰。……竊嘗謂著書立言，述舊易，作古難。《六藝》之後，有四人焉：摭實而有文采者，左氏也；憑虛而有理致者，莊子也；屈原變《國風》、《雅》、《頌》而爲《離騷》；及子長易編年而爲紀傳，皆前未有其比，後可以爲法，非豪傑之士，其孰能之？

蓋振孫以史遷能自我作古，易編年爲紀傳，前無其匹，後可爲法，故推尊之爲「豪傑之士」。

《解題》卷八《地理類》「《山海經》十八卷」條曰：

漢侍中奉車都尉臣秀所校秘書。……世傳禹、益所作，其事見《吳越春秋》，曰：「禹東巡，登南岳，得金簡玉字，通水之理，遂行四瀆，與益共謀，所至使益疏而記之，名《山海經》。」此其爲說，恢誕不典。司馬遷曰：「言九州山川，《尚書》近之矣。至《禹本紀》、《山海經》所書怪物，余不敢言之也。」可謂名言，孰曰多愛乎！

此又以子長治古史，能典實，不虛誕，故稱其所述爲「名言」。

振孫既推尊太史公，故於後人批評《史記》之失者，多不以爲然，且每加迴護。《解題》卷四《別史類》「《古史》六十卷」條曰：

門下侍郎眉山蘇轍子由撰。因馬遷之舊，上觀《詩》、《書》，下考《春秋》及秦、漢雜錄，爲七本紀、十六世家、三十七列傳。蓋漢世古文經未出，戰國諸子各自著書，或增損古事以自信其說，遷一切信之，甚者或采世俗相傳之語，以易古文舊說，故爲此史以正之。然其稱遷淺近而不學，疏略而多信，遷誠有可議者，而以爲不學淺近，則過矣。

此振孫不以子由批評史遷「不學淺近」爲然也。

《解題》同卷《編年類》「《經世紀年》二卷」條曰：

侍講廣漢張栻敬夫撰。用《皇極經世譜》編，有所發明則著之。其言邵氏以數推知去外丙、仲壬之年，乃合於《尚書》成湯既沒、太甲元年之說。今案孔氏《正義》正謂劉歆、班固不見古文，謬從《史記》，而章衡《通載》乃云以紀年推之，外丙、仲壬合於歲次，《尚書》殘缺，而《正義》之說誤。蓋三代而上，帝王歷年遠而難攷類如此，劉道原所謂疑年者也。然孟子亦有明文，不得云《史記》謬。

此又迴護史遷，謂敬夫「不得云《史記》謬」也。

直齋於班固撰《漢書》，無佳評，僅謂「固父彪叔皮，以司馬氏《史記》太初以後闕而不錄，故作《後傳》數十篇。固以所續未詳，探撰前紀，綴集所聞，以爲《漢書》」耳。而於顏師古注《漢書》則頗稱譽。《解題》卷四《正史類》「《漢書》一百卷」條曰：

漢尚書郎扶風班固孟堅撰，唐秘書監京兆顏師古注。本傳稱字籀，恐當名籀，而以字行也。……

……師古以太子承乾之命，總先儒注解，服虔、應劭而下二十餘人，刪繁補略，裁以己說，遂成一家。世號杜征南、顏監為左氏、班氏忠臣。

是顏籀注《漢書》，既能總先儒之注解，刪繁補略；又能裁以己說，成一家言。於史學之注疏，發凡起例，卓有貢獻。直齋乃推譽之為「班氏忠臣」也。

繼師古而治《漢書》者，至北宋則有《三劉漢書標注》，振孫亦褒揚之。《解題》同卷同類「《三劉漢書標注》六卷」條曰：

侍讀學士清江劉敞原父、中書舍人劉攽貢父、端明殿學士劉奉世仲馮撰。……《漢書》自顏監之後，舉世宗之，未有異其說者，至劉氏兄弟始為此書，多所辨正發明。

三劉之書既不以前人之成就自限，能發前人之所未發，於顏《注》「多所辨正發明」，故振孫亦從而揚譽之。

然振孫於正史之作，亦有貶抑之者。范曄撰《後漢書》，自視甚高，振孫大不以為然。《解題》卷四《正史類》「《後漢書》九十卷」條曰：

宋太子詹事順陽范蔚宗撰，唐章懷太子賢注。案《唐·藝文志》，為後漢史者，有謝承、薛瑩、司馬彪、劉義慶、華嶠、謝沈、袁山松七家，其前又有劉珍等《東觀記》，至蔚宗乃刪取眾書，為一家之作。其自視甚不薄，謂諸傳序、論，精意深旨，實天下之奇作。然頗有略取前人舊文者，注中亦著其所從出。至於論後有贊，尤自以為傑思，殆無一字虛設。自今觀之，幾於贅矣。

是蔚宗取前人舊文，以爲諸傳序、論，而自詡爲「天下之奇作」；又於論後有贊，實贅疣之甚，而「自以爲傑思」。振孫皆深致不滿。

陳壽撰《三國志》，裴松之爲之《注》。於陳《志》、裴《注》，振孫皆有所批評。《解題》同卷同類「《三國志》六十五卷」條曰：

> 晉治書侍御史巴西陳壽承祚撰，宋中書侍郎河東裴松之世期注。壽書初成，時人稱其善敘事，張華尤善之。然乞米作佳傳，以私憾毀諸葛亮父子，難乎免物議矣。王通謂壽有志於史，依大義而黜異端，然要爲率略。松之在元嘉時，承詔爲之《注》，鳩集傳記，增廣異文。大抵本書固率略，而《注》又繁蕪，要當會通裁定，以成一家，而未有奮然以爲己任者。

是承祚乞米作佳傳，又以私憾毀諸葛亮父子，皆不免振孫之鍼砭。至陳《志》率略，裴《注》繁蕪，則更難逃直齋之斧鉞。惟振孫深憾於承祚，尤以陳《志》標魏爲正統一事。《解題》同卷同類「《續後漢書》四十二卷」條，引周益公《序》曰：

> 曹氏代漢，名禪實篡，特新莽之流亞。丕方登禪壇，自形舜、禹之言，固不敢欺其心矣。今隔千載，好惡豈復相沿？而蘇軾記王、彭之說，以爲途人談三國時事，兒童聽者，聞劉敗則顰蹙，聞曹敗則稱快，遂謂君子小人之澤，百世不斬，茲豈人力強致也歟！陳壽身爲蜀人，徒以仕屢見黜，父又爲諸葛亮所髡，於劉氏君臣不能無憾。著《三國志》以魏爲帝，而指漢爲蜀，與孫氏俱謂之主，設心已偏。故凡當時祫祭高帝以下昭穆制度，皆略而弗書。方且乞米於人，欲爲

佳傳，私意如此，史筆可知矣。其死未幾，習鑿齒作《漢晉春秋》，起漢光武，終晉愍帝，以蜀爲正，魏爲篡，謂漢亡僅一二年，則已爲晉。炎興之名，天實命之，是蓋公論也。

案：益公此《序》謂「壽身爲蜀人，徒以仕屢見黜，父又爲諸葛亮所髡，於劉氏君臣不能無憾」。所發議論與直齋同。至益公謂壽「著《三國志》以魏爲帝，而指漢爲蜀，與孫氏俱謂之主，設心已偏」；此項批評亦必爲直齋所首肯。考《解題》卷八《譜牒類》「《帝王系譜》一卷」條曰：「武夷吳逵公路撰。政和壬辰也。自漢迄周顯德，每代略具數語。其論曹操迫脅君后，無復臣禮，逆節已顯。會其病死，故篡竊之惡，漏在身後。昔人謂其不敢危漢者，亦不覈其情耳。此論與愚意吻合。」是直齋素惡曹氏父子篡竊，故不以《三國志》帝魏爲然。意其必與益公同志，嚴斥承祚「設心已偏」，上引一條可作明證。

至振孫於《新》、《舊唐書》，亦多抨擊其失當處。《解題》卷四《正史類》「《新唐書》二百二十五卷」條曰：

翰林學士廬陵歐陽修永叔、端明殿學士安陸宋祁子京撰。……今案《舊史》成於五代文氣卑陋之時，紀次無法，詳略失中，論贊多用儷語，固不足傳世。而《新書》不出一手，亦未得爲全善。本紀用《春秋》例，削去詔令，雖太略，猶不失簡古；至列傳用字多奇澀，殆類虬户銑谿體，識者病之。……溫公《通鑑》多據《舊史》，而唐庚子西直謂《新唐書》敢亂道而不好。雖過甚，亦不爲亡謂也。劉元城亦謂事增文省，正《新書》之失處云。

《解題》此條後所附隨齋批注亦引程大昌之言以評《新唐書》「事增文省」之失，曰：

文簡云：《進唐書表》自言其文減於前，其事多於舊。此正其所爲不逮遷、固者，顧以自衒，何哉！《論語》記夫子與弟子問答，率不過數語，而季氏將伐顓臾，記所詰對甚詳，不如是不足以見體要，各造其極也。今《唐史》務爲省文，而拾取小說、私記，則皆附著無棄，其有官品尊崇而不預治亂，又無善惡可垂鑑戒者悉聚，徒繁無補，殆與古作者不侔。始唐史置局時，其同僚約日著《舊史》所無者三事，則固立於不善矣，弊必至於此。

是《舊唐書》之失在「紀次無法，詳略失中」；《新唐書》之失在「用字多奇澀」。又《新唐書》有「事增文省」之弊，實因唐史置局之初立約不善而造成。故程大昌之批評，深中肯綮，可與直齋所論相發明。

綜上所述，則知振孫對正史撰作之要求，爲能創新，能作古，敘事須典實而不虛誕，立論須端正而不偏失，修辭立其誠，不繁蕪，不率略，紀次有法，詳略得中，切勿以「事增文省」而自礙。此振孫對撰作「正史」之見地也。

貳、別史

《解題》一書，著錄別史書籍僅六種。而振孫所推譽者則有李延壽《南》、《北史》。《解題》卷四《別史類》「《南史》八十卷、《北史》八十卷」條曰：

唐崇賢館學士鄴李延壽撰。初，延壽父大師多識舊事，常以宋、齊、梁、陳，魏、齊、周、隋天下分隔，南謂北爲『索虜』，北謂南爲『島夷』，詳略訾美失傳，思所以改正刊究，未成而沒。延壽追終先志，凡八代，合二書爲百八十篇。其書頗有條理，刪落釀辭，過本書遠甚。

又盛譽呂祖謙之《新唐書略》。《解題》同卷同類「《新唐書略》三十五卷」條曰：

呂祖謙授徒，患《新史》難閱，摘要抹出，而門人鈔之。蓋節本之有倫理者也。

惟於王偁《東都事略》一書則貶斥之。《解題》同卷同類「《東都事略》一百五十卷」條曰：

承議郎知龍州眉山王偁季平撰。其書紀、傳、附錄略具體，但無志耳。附錄用《五代史》例也。淳熙中上其書，得直秘閣。其所紀太簡略，未得爲全善。

據上所論，則振孫於別史類之史籍，其要求爲：須「有條理」，須「刪落釀辭」，然不能「所紀太簡略」，否則其所爲書亦「未得爲全善」。此振孫對「別史」撰作之見地也。

叁、編年

編年類之史籍，《解題》所褒貶者亦甚多，從中可探悉振孫之史學見地。《解題》卷四《編年類》「《漢紀》三十卷」條曰：

漢侍中汝南荀悅仲豫撰。獻帝好典籍，常以班固《漢書》文繁難省，乃令悅依《左氏傳》體以爲《漢紀》，詔尚書給筆劄，辭約事詳，論辨多美。其《自序》曰：「立典有五志焉，曰達道義，章法式，通古今，著功勳，表賢能。」

此褒《漢紀》之「辭約事詳，論辨多美」也。

《解題》同卷同類「《讀書管見》三十卷」條曰：

> 禮部侍郎胡寅明仲撰。以《通鑑》事備而義少，故爲此書。議論宏偉嚴正，間有感於時事。其於熙、豐以來接於紹興權姦之禍，尤拳拳寓意焉。晦翁《綱目》亦多取之。

此褒《讀書管見》敢於批評時政，「議論宏偉嚴正」也。

同卷同類「《通鑑論篤》三卷」條曰：

> 侍講廣漢張栻敬夫撰。取《通鑑》中言論之精確者，表而出之。多或全篇，少至一二語，去取甚嚴，可以見前輩讀書眼目之高。

此褒《通鑑論篤》「去取甚嚴」，以見撰者「讀書眼目之高」也。

同卷同類「《國紀》五十八卷」條曰：

> 吏部侍郎睢陽徐度敦立撰。度，丞相處仁擇之之子也。其書詳略頗得中，而不大行於世。

此褒《國紀》「詳略頗得中」，而惜其書「不大行於世」也。

同卷同類「《續通鑑長編》一百六十八卷」條曰：

> 禮部侍郎眉山李燾仁父撰。《長編》云者，司馬公之爲《通鑑》也，先命其屬爲《叢目》，既成乃修《長編》，然後刪之以爲成書。《唐長編》六百卷，今《通鑑》惟八十卷爾。燾所上

《表》，自言未可謂之《通鑑》，止可謂之《長編》，故其書雖繁蕪而不嫌也。其卷數雖如此，而冊數至餘三百，蓋逐卷又自分子卷，或至十餘。

此褒譽《續通鑑長編》「雖繁蕪而不嫌也」。

同卷同類「《皇王大紀》八十卷」條曰：

胡宏撰。述三王、五帝至周赧王。前二卷自盤古至帝嚳，年不可攷信，姑載其事而已。自堯以後，用《皇極經世》曆，起甲辰，始著年紀。博采經傳，時有論說，自成一家之言。然或取莊周寓言以爲實，及敍邃古之初，終於無徵不信云爾。

此則褒中有貶。既褒此書「博采經傳，時有論說，自成一家之言」；又貶其「或取莊周寓言以爲實，及敍邃古之初，終於無徵不信」也。

同卷同類「《中興小曆》四十一卷」條曰：

熊克撰。克之爲書，往往疏略多牴牾，不稱良史。

此則貶斥其書「疏略多牴牾，不稱良史」也。

同卷同類「《皇朝編年舉要》三十卷、《備要》二十卷、《中興編年舉要》十四卷、《備要》十四卷」條曰：

太學生莆田陳均平甫撰。均，丞相俊卿之從孫。端平初，有言於朝者，下福州取其書，由是得初品官。大抵依倣朱氏《通鑑綱目》。《舉要》者，綱也；《備要》者，目也。然去取無法，詳略失中，未爲善書。

此則貶斥其書「去取無法，詳略失中」也。

同卷同類「《續稽古錄》一卷」條曰：

秘書丞歷陽龔頤正養正撰。以續司馬光前《錄》，而序述繁釀。其記紹熙甲寅事，歸功於韓侂胄。頤正本名敦頤，避崇陵諱改焉。嘗撰《元祐黨籍譜傳》得官。韓氏用事時，賜出身入館，非端士也。此書正以右韓也。

此則貶斥其書「序述繁釀」。至謂頤正「右韓」，則出於振孫之政治立場與見地也。

綜上所述，則振孫評論編年類史籍，其所要求者乃「辭約事詳，論辨多美」，故稱讚胡寅之書「議論宏偉嚴正」，徐度《國紀》「詳略頗得中」；批評《中興小曆》「疏略多牴牾」，而《續稽古錄》之文又「序述繁釀」也。至撰史時，資料之取捨，則須眼界高而去取嚴，若陳均所撰諸史，「去取無法，詳略失中」，振孫皆貶斥之，謂其「未爲善書」。此振孫對編年史之要求與見地也。

肆、起居注

《解題》卷四《起居注類》有小序，曰：

《唐志．起居注類》，實錄、詔令皆附焉。今惟存《穆天子傳》及《唐創業起居注》二種，餘皆不存。故用《中興館閣書目》例，與實錄共爲一類，而別出詔令。

是《新唐書．藝文志》，其於《起居注類》附實錄、詔令之書，而《中興館閣書目》則將《起居注類》與實錄共為一類，而別出詔令。《解題》用《中興館閣書目》例，故其書卷五別出《詔令類》。

《解題》卷四《起居注類》「《穆天子傳》六卷」條曰：

晉武帝時汲冢所得書，其體制與起居注正同，郭璞為之注。起居注者，自漢明德馬皇后始，漢、魏以來因之。

是振孫以為起居注類之書，始自後漢明德馬后所撰《明帝起居注》。其實此說未必然。《隋書》卷三十三《志》第二十八《經籍》二《史》曰：

起居注者，錄紀人君言行動止之事。《春秋傳》曰：「君舉必書，書而不法，後嗣何觀？」《周官》，內史掌王之命，遂書其副而藏之，是其職也。漢武帝有《禁中起居注》，後漢明德馬后撰《明帝起居注》，然則漢時起居，似在宮中，為女史之職。然皆零落，不可復知。今之存者，有漢獻帝及晉代已來《起居注》，皆近侍之臣所錄。晉時，又得汲冢書，有《穆天子傳》，體制與今起居正同，蓋周時內史所記王命之副也。

是起居注類之書始自《穆天子傳》，而以起居注命名之書，漢武時有《禁中起居注》，其成書猶在《明帝起居注》前。振孫謂起居注「自漢明德皇后始」，其說誤。惟振孫於起居注類之書，多感不愜意。《解題》卷四《起居注類》「《唐創業起居注》五卷」條曰：

唐工部尚書晉陽溫大雅彥弘撰。所載自起義至受禪，凡三百五十七日。其述神堯不受九錫，反復之語甚詳。愚嘗書其後曰：「《新史》稱除隋之亂，比跡湯武。湯武未易比也，唐之受命正與漢高帝等爾。其不受九錫，足以掃除魏、晉以來欺天罔人之態，而猶不免曰受隋禪者，乃以尊立代王之故，曾不若以子嬰屬吏之爲明白洞達也。」

此振孫不滿溫大雅，亦不以《新唐書》將唐高祖比跡湯武爲然，祇認爲「唐之受命正與漢高帝等爾」；又批評唐高祖雖不受九錫，「猶不免曰受隋禪」也。

同卷同類「《唐則天實錄》二十卷」條曰：

吳兢撰。……武氏罪大惡極，固不應復入唐廟，而題主猶有「聖帝」之稱。至開元中，禮官有言乃去之。武氏不應有實錄，猶正史之不應有本紀，皆沿襲《史》、《漢》呂后例。惟沈既濟之論爲正，而范氏《唐鑑》並用之。《唐鑑》中宗嗣聖元年書至二十一年（案神龍元年），黜武后光宅至長安並不用。

此謂武則天「罪大惡極」，故「不應有實錄，猶正史之不應有本紀」；並以《唐鑑》用沈既濟之論，「黜武后光宅至長安並不用」爲正。

同卷同類「《唐玄宗實錄》一百卷」條曰：

題元載撰。……史稱事多漏略，拙於取棄，不稱良史。

此又詆斥《唐玄宗實錄》「事多漏略，拙於取棄」也。

至蔡卞、林希等重修《神宗實錄》，振孫於此書更抨擊特甚。《解題》同卷同類「《宋神宗實錄》

朱墨本二百卷」條曰：

> 元祐中，兵部侍郎青社趙彥若元攷、著作郎成都范祖禹淳甫、豫章黃庭堅魯直撰。紹聖中，中書舍人莆田蔡卞元度、長樂林希子中等重修。其朱書繫新修，黃字繫刪去，墨字繫舊文，其增改刪易處則又有籤貼，前史官由是得罪。卞，王安石之婿，大抵以安石《日錄》爲主。陳瓘所謂「尊私史而壓宗廟」者也。

蓋蔡卞所重修此書「以安石《日錄》爲主」，其書「尊私史而壓宗廟」，故振孫深表不滿。

振孫於宋高宗、孝宗《實錄》，亦評作「最爲缺典」，且致憾於南宋實錄院之修史制度。同卷同類「《孝宗實錄》五百卷」條曰：

> 嘉泰二年，修撰傅伯壽等撰進。中興以來，兩朝五十餘載事跡，置院既久，不以時成；涉筆之臣，乍遷忽徙，不可殫紀。及有詔趣進，則匆遽鈔錄，甚者一委吏手，卷帙猥多，而紀載無法，疏略牴牾，不復可稽據。故二《錄》比之前世，最爲缺典，觀者爲之太息。

是南宋實錄院制度極不完善，史官「乍遷忽徙」，工作「一委吏手」，故高、孝《實錄》各五百卷，雖「卷帙猥多，而紀載無法，疏略牴牾，不復可稽據」。是以二《錄》「最爲缺典」，乃理所當然之事。

綜上所述，可知振孫對歷朝之起居注多表不滿，尤咎病於實錄院制度之不健全。至其所要求撰作起居注者，爲：㈠不隨意比附前人；㈡記事須詳盡，取捨須審慎；㈢涉筆之臣須專任其職；㈣切勿純以私史爲撰作實錄之依據。至謂「武氏不應有實錄」，此則出於視李唐爲正統之思想。蓋北宋淪亡，張邦昌、劉豫相繼稱帝。「武氏不應有實錄」，亦猶張邦昌、劉豫不應有實錄也。此振孫論起居注之見地也。

伍、詔　令

《解題》卷五《詔令類》所著錄之書僅八種。其中以「《東漢詔令》十一卷」條所記，最足體現振孫之史學見地。該條曰：

> 《東漢詔令》十一卷，宗正寺主簿鄞樓昉暘叔編。大抵用林氏舊體，自爲之《序》。帝王之制，具在百篇，後世不可及矣，兩漢猶爲近古。愚未冠時，無書可觀，雖二史亦從人借。嘗於班《書》志、傳錄出諸詔，與紀中相附，以便覽閱。既仕於越，乃得見林氏書，而樓氏書近出，其爲好古博雅，斯以勤矣。惟平、獻二朝，莽、操用事，如《錫莽》及《廢伏后》之類，皆當削去，莽時尤多也。

案：此條謂「大抵用林氏舊體」者，殆指用宋人林虙所編之《西漢詔令》十二卷體。振孫以爲《尚書》乃詔令之祖，故有「帝王之制，具在百篇，後世不可及矣」之說。「帝王之制」，即詔令也。又盛稱樓氏「好古博雅」，勤於編務。至此條末處云：「惟平、獻二朝，莽、操用事，如《錫莽》及《廢伏后》之類，皆當削去，莽時尤多也。」斯則振孫愼辨忠奸，主張述造須嚴於取棄，斯猶其於《起居注》

力主「武氏不應有實錄」。此振孫論詔令之見地也。

陸、僞史

振孫於僞史類書籍，褒崇者少，而貶斥者衆。《解題》卷五《僞史類》「《新修南唐書》十五卷」條曰：

寶謨閣待制山陰陸游務觀撰。采獲諸書，頗有史法。

此褒譽陸書有史法也。

同卷同類「《陰山雜錄》十六卷」條曰：

不著名氏。莆田《鄭氏書目》云趙志忠撰。志忠者，遼中書舍人，得罪於宗眞，挺身來歸。歐公《歸田錄》云：「志忠本華人，自幼陷虜，爲人明敏，在虜中舉進士至顯官。歸國，能述虜中君臣世次、山川風物甚詳。」今觀此書，可概見矣。

此譽趙書「能述虜中君臣世次、山川風物甚詳」。

然對下列諸書，則多有所指斥。同卷同類「《南唐近事》二卷」條曰：

工部郎江南鄭文寶撰。《序》云：「三世四十年，起天福己酉，終開寶乙亥。」然泛記雜事，實小說、傳記之類耳。

此責鄭書泛記雜事，其書非信史，「實小說、傳記之類耳」。

同卷同類「《江表志》三卷」條曰：

鄭文寶撰。《序》言：「徐鉉、湯悅所錄事多遺落，無年可編。」然前《錄》固爲簡略，而猶以年月紀事，今此書亦止雜記，如事實之類爾。《近事》稱太平興國二年丁丑，今稱庚戌者，大中祥符三年也。

此又責《江表志》「亦止雜記，如事實之類」，非「志」也。廣棪案：此「志」乃如《三國志》之「志」，即史也。轉不如徐、湯所撰之《江南錄》「猶以年月紀事」也。

同卷同類「《湖南故事》十卷」條曰：

不知作者。記馬氏至周行逢事。……文辭鄙甚。

此則責《湖南故事》一書「文辭鄙甚」也。

同卷同類「《天下大定錄》一卷」條曰：

殿中丞通判桂州王舉撰。景祐間人。始高季興，終劉繼元。其所記疏略，獨江南稍詳。書本十卷，今但爲一卷，恐非全書也。

此又責王書「所記疏略」也。

綜上所述，是振孫所要求於撰僞史者，其書須有史法，須記載翔實，而不應疏略與文辭鄙陋；更不應僅泛記雜事，令其書類乎小說、傳記，有史之名而失史之實。此振孫對僞史撰作之見地也。

柒、雜史

雜史類書籍，《解題》著錄不少。然振孫所撰此類書籍解題，每多作內容、卷帙之鋪述，而鮮作優劣之抑揚。其中如卷五《雜史類》「《後魏國典》三十卷」條曰：

唐太常少卿元行沖撰。行沖以系出拓跋，乃撰《魏典》三十篇，文約事詳，學者尚之。

此推譽行沖之書「文約事詳」也。

同卷同類「《建炎以來朝野雜記甲乙集》共四十卷」條曰：

李心傳撰。上自帝系、帝德、朝政、國典，下及見聞瑣碎皆錄之。蓋南渡以後野史之最詳者。

此推譽心傳之書爲南宋「野史之最詳者」。

同卷同類「《大唐補記》三卷」條曰：

南唐程匡柔撰。《序》言：「懿宗朝有焦璐者撰《年代紀》，述神堯，止宣宗。」匡柔襲三百年曆，補足十九朝。起咸通戊子，止癸巳，附璐書中。乾符以後備存《補記》。末有《後論》一篇，文辭雖拙，論議亦正。

此則批評匡柔書之《後論》「文辭雖拙，論議亦正」也。

同卷同類「《朱梁興創遺編》二十卷」條曰：

梁宰相馮翊敬翔子振撰。自廣明巢賊之亂，朱溫事跡，迄於天祐弒逆，大書特書，不以爲愧也。

> 其辭亦鄙俚。

此則指斥敬翔之書於黃巢、朱溫之弒逆「大書特書，不以爲愧」，而「其辭亦鄙俚」。

綜上所述，是振孫認爲撰作雜史類之書，須文約事詳，議論公正；而切忌忠奸不辨，喪失立場；至文辭鄙俚拙劣，亦嚴加貶斥。此振孫對撰作雜史之見地也。

捌、典故

《解題》著錄典故類之書頗富贍，且間寓褒貶。《解題》卷五《典故類》「《尊號錄》一卷」條曰：

> 丞相安陸宋庠公序撰。大意以爲「徽號夸詡非古，而我祖宗往往謙遜不居，猶願超然遠覽，盡屏前號」。其愛君以德者歟？至神宗遂卻不受，至於今行之。

此褒宋庠能如此撰書，乃「愛君以德」也。

同卷同類「《四明尊堯集》一卷」條曰：

> 司諫延平陳瓘瑩中撰。專辨王安石《日錄》之誣僭不孫，與配食坐像之爲不恭。瓘初在諫省，未以安石爲非，合浦所著《尊堯集》猶回隱不直，末乃悔之，復爲此書。以謂蔡卞專用《日錄》以修《神宗實錄》，薄神考而厚安石，尊私史而壓宗廟，以是編類其語，得六十五條，總而論之。坐此羈管台州。

此褒揚陳瓘能「辨王安石《日錄》之誣僭不孫，與配食坐像之爲不恭」也。

同卷同類「《續通典》二百卷」條曰：

翰林學士承旨大名宋白太素等撰。咸平三年奉詔，四年九月書成。起唐至德初，迄周顯德末。王欽若言杜佑《通典》上下數千載，爲二百卷，而其中四十卷爲開元禮。今之所載二百餘年，亦如前書卷數，時論非其重複。

此貶斥《續通典》記事之「重複」也。

同卷同類「《本朝事實》三十卷」條曰：

右承議郎李攸撰。雜錄故事，不成條貫統紀。

此貶責攸書「雜錄故事，不成條貫統紀」也。是則振孫以爲撰作典故類史籍者，必須忠君體國，明辨是非。所編之史書須具「條貫統紀」而不「重複」。

又同卷同類「《國朝通典》二百卷」條曰：

不著名氏，或言魏鶴山所爲，似方草創未成書也。凡通典、會要，前《志》及《館閣書目》皆列之類書。按通典載古今制度沿革，會要專述典故，非類書也。

是振孫認爲通典與會要乃屬典故類之書，而非類書。此振孫對撰作典故類史籍之見地也。

玖、職　官

職官類之史書，振孫收藏亦富，《解題》著錄時頗有褒貶。《解題》卷六《職官類》「《官品纂要》十卷」條曰：

唐樂安任戩撰。以官品令爲主，而階職、勳爵隨品具列，歷代沿革頗著其要。戩，舉進士不第，爲此書當太和丁未。

是戩此書記官品秩然有序，記沿革「頗著其要」也。

同卷同類「《職官分紀》五十卷」條曰：

富春孫逢吉彥同撰。大抵本《職林》而增廣之，其條例精密，事實詳備矣。

是逢吉此書能「條例精密，事實詳備」，故振孫褒之也。

同卷同類「《齊齋臺諫論》二卷」條曰：

尚書霅川倪思正父撰。嘉定初更化，矯韓氏用事之弊，於是爲《論》三篇，言爲之鷹犬者，罪在臺諫。已而其弊自若也，則又爲《續論》六篇，言其情狀益精詳。凡爲臺諫之所以得，所以失者，至矣，盡矣。

是倪思此書言臺諫之得失「至矣，盡矣」，振孫乃從而譽之。

至《唐六典》及《金國官制》諸書，振孫則貶斥殊甚。同卷同類「《唐六典》三十卷」條曰：

題御撰，李林甫等奉敕注。……今案《新書·百官志》皆取此書，即太宗貞觀六年所定官令也。《周官》六職視《周禮》六典，已有邦土、邦事之殊，不可攷證；《唐志》內外官與周制迥然不同，而強名「六典」，可乎？善乎范太史祖禹之言曰：「既有太尉、司徒、司空，而又有尚書省，是政出於二也；既有尚書省，而又有九寺，是政出於三也。」本朝裕陵好觀《六典》，元豐官制盡用之，中書造命，門下審覆，尚書奉行，機事往往留滯，上意頗以爲悔也。

是振孫甚不滿唐代政制，以其政出多門，貽誤機事也。而於《唐六典》，即對其書之命名亦不以爲然。

同卷同類「《金國官制》」條曰：

虜雍僞大定年所頒。竊取唐及本朝舊制，以文其腥膻之俗，馬非馬，驢非驢，龜茲王所謂贏者耶！

宋、金既爲敵國，而此書乃竊取唐、宋舊制以文其腥膻。「馬非馬，驢非驢」，故振孫給予劣評。此頗可考見振孫之民族觀念固甚強烈也。

綜上所述，則振孫以爲撰作職官類史籍者，其書須「條例精密，事實詳備」，且於歷代沿革「頗著其要」；切忌竊取舊制，隨意襲用，「馬非馬，驢非驢」，則終致貽誤政事。此振孫對職官類史籍撰作之見地也。

拾、禮　注

《解題》著錄禮注類之書，凡四十餘種。振孫於此類著作，亦有評論其得失、優劣者。《解題》卷六《禮注類》「《開元禮》一百五十卷」條曰：

唐集賢院學士蕭嵩、王仲丘等撰。唐初有《貞觀》、《顯慶禮》，儀注不同，而《顯慶》又出於許敬宗希旨傅會，不足施用。開元十四年，通事舍人王嵒請刪《禮記》舊文，而益以今事。張說以爲《禮記》不可改易，宜折衷《貞觀》、《顯慶》以爲唐禮。乃詔徐堅、李銳、施敬本撰述，蕭嵩、王仲丘繼之。書成，唐之五禮之文始備，於是遂以設科取士。《新史・禮樂志》大略采摭著于篇。然唐初已降凶禮於五禮之末，至《顯慶》遂削去《國恤》一篇。則敬宗諂諛諱惡，鄙陋亡稽，卒不能正也。

此批評許敬宗「諂諛諱惡，鄙陋亡稽」，並削去《國恤》一篇之失也。

同卷同類「《天聖鹵簿圖記》十卷」條曰：

翰林學士常山宋綬公垂撰。始太祖朝，鹵簿以繡易畫，號「繡衣鹵簿」。眞宗時，王欽若爲《記》二卷，闕於繪事，弗可詳識。綬與馮元、孫奭受詔質正古義，傅以新制，車騎、人物、器服之品，皆繪其首者，名同飾異，亦別出焉。天聖六年十一月上之。其考訂援證，詳洽可稽。

此則推崇綬所撰書有「考訂援證，詳洽可稽」之優點也。

《解題》著錄禮注之書，亦有考及北宋開國之初天子躬行大饗禮之沿革始末者。同卷同類「《大饗明堂記》二十卷、《紀要》二卷」條曰：

宰相河汾文彥博寬夫等撰。國朝開創以來，三歲親郊，未嘗躬行大饗之禮。皇祐二年二月，詔以季秋擇日有事於明堂，而罷冬至郊祀。直龍圖閣王洙言：「國家每歲大饗，止於南郊寓祭，不合典禮。古者明堂、宗廟、路寢同制；今大慶殿即路寢也，九月親祀，當於大慶殿行禮。」詔用其言。禮成，命彥博及次相宋庠、參預高若訥編修爲《記》，上親製《序》文。已而彥博以簡牘繁多，別爲《紀要》。首載聖訓，欲以大慶爲明堂禮官之議，適與聖意合云。

是大饗禮始未躬行，至皇祐二年二月，以王洙上言，九月親祀，仁宗方於大慶殿行大饗禮也。

綜上所述，是《解題》於北宋初天子躬行大饗禮始末，頗有考述。又認爲禮注類書籍，其編撰者須「考訂援證，詳洽可稽」，而不能任意刪削，以蹈許敬宗「諂諛諱惡、鄙陋亡稽」之失。此振孫對禮注類史籍撰作之見地也。

拾壹、時令

《解題》著錄時令類書籍，前有小序，曰：

前史，時令之書皆入《子部・農家類》。今案：諸書上自國家典禮，下及里閭風俗悉載之，不專農事也。故《中興館閣書目》別爲一類，列之史部，是矣。今從之。

蓋振孫以時令類書籍，不專記農事，故不宜入《子部・農家類》，乃改據《中興館閣書目》例，而列之《史部・時令類》。如是處置，實事求是，最爲適宜。

時令之書，《解題》著錄者僅十二種。振孫最推譽者爲杜臺卿《玉燭寶典》。《解題》卷六《時令類》「《玉燭寶典》十二卷」條曰：

隋著作郎博陵杜臺卿少山撰。以《月令》爲主，觸類而廣之，博采諸書，旁及時俗，月爲一卷，頗號詳洽。開皇中所上。

由是可知，編撰時令類書籍，須博采群書，以詳洽爲允。此類書籍既上自國典，而旁及時俗，所載資料又不專記農事，故振孫列之《史部・時令類》。能作如此分類，既不依倚襲用前史，而又具明辨細察，實事求是之功效。此振孫對撰作時令類書籍之見地也。

拾貳、傳記

振孫於傳記類之書，凡著錄於《解題》者，多不甚愜意，《解題》卷七《傳記類》「《黃帝內傳》一卷」條曰：

《序》云：「籛鏗遊衡山，得之石室，劉向校中秘書傳於世。」誕妄不經，方士輩所託也。

同卷同類「《梁四公記》一卷」條曰：

唐張說撰。……其所記多誕妄，而四公名姓，尤怪異無稽，不足深辨。

此振孫對上述二書之「誕妄不經」及「怪異無稽」，皆有所非議也。

同卷同類「《錦里耆舊傳》八卷、《續傳》十卷」條曰：

前應靈縣令平陽句延慶昌裔撰。……其詞蕪穢。

同卷同類「《上庠後錄》十二卷」條曰：

三山周士貴撰。記中興太學事，頗疏略。

此則非議上述二書之「疏略」與「蕪穢」也。

振孫一貫醜詆王安石新政，故於《熙寧日錄》一書，尤深予痛斥。同卷同類「《熙寧日錄》四十卷」條曰：

丞相王安石撰。本朝禍亂萌于此書，陳瓘所謂「尊私史而壓宗廟」者。其彊愎堅辯，足以熒惑主聽，鉗制人言。當其垂死，欲秉畀炎火，豈非其心亦有所愧悔歟！既不克焚，流毒遺禍至今爲梗，悲夫！

於此條中，振孫一謂「本朝禍亂萌于此書」，再謂「既不克焚，流毒遺禍至今爲梗」。其厭惡痛恨之情，溢於詞表矣。

同卷同類「《韓文公歷官記》一卷」條曰：

新安張敦頤撰。頗疏略。其最誤者，《序》言擒吳元濟、出牛元翼爲一事。此大謬也。爲裴度行軍司馬，在憲宗元和時；奉使鎮州王庭湊，在穆宗長慶時。

此則批評張書所記事既「疏略」，而又「大謬」也。

於傳記類諸書中，《解題》所略爲推譽者僅二本。同卷同類「《平蜀實錄》一卷」條曰：

左藏庫副使康延澤撰。平蜀之役，延澤以內染院使爲鳳州路馬軍都監。王全斌等既得罪，延澤亦貶唐州團練使。按本傳載蜀軍二萬七千人，諸將慮其爲全師雄內應，欲盡殺之。延澤請簡老

> 弱疾病七千人釋之，餘以兵衛浮江而下，諸將不能用。此書敘述甚詳。

此推譽康書「敘述甚詳」也。

同卷同類「《青唐錄》一卷」條曰：

> 右班殿直李遠撰。元符中取邈川、青唐，已而皆棄之。遠，紹聖武舉人，官鎮洮，奉檄軍前，記其經歷見聞之實，燦然可觀。

此又推譽李書所記經歷見聞之實，「燦然可觀」也。

綜上所述，是振孫認爲傳記類之書，記事須詳盡，而忌疏略；須精確，而忌妄誕；用詞須省淨，而忌蕪穢；如所撰之書，有如《熙寧日錄》者，則認爲可秉畀炎火，焚之惟恐不及，無爲造禍於當時，而流毒於後世。此振孫對撰作傳記類書籍之見地也。

拾叁、法　令

《解題》著錄法令之書，振孫亦每加褒貶。《解題》卷七《法令類》「《役法撮要》一百八十九卷」條曰：

> 提舉編修宰相京鏜等慶元六年上。自紹興十七年正月以後，至慶元五年七月以前，爲五十五門，又八十二小門，門爲一卷外，爲參詳目錄等。卷雖多而文甚少。其書於州縣差役，極便於引用。

同卷同類「《營造法式》三十四卷、《看詳》一卷」條曰：

將作少監李誡編修。初熙寧中始詔修定，至元祐六年成書。紹聖四年命誡重修，元符三年上，崇寧二年頒印。前二卷爲《總釋》，其後曰《制度》，曰《功限》，曰《料例》，曰《圖樣》，而壕寨石作，大小木雕鏃鋸作、泥瓦、彩畫刷飾，又各分類，匠事備矣。

振孫於上述二書，皆予以褒譽也。

同卷同類「《嘉泰條法事類》八十卷」條曰：

宰相天台謝深甫子肅等嘉泰二年表上。初吏部七司有《條法總類》，《淳熙新書》既成，孝宗詔倣七司體，分門修纂，別爲一書，以「事類」爲名，至是以《慶元新書》修定頒降。此書便於檢閱引用，惜乎不併及《刑統》也。

是振孫對此書之優劣，大褒而小貶之。

同卷同類「《刑名斷例》十卷」條曰：

不著名氏。以《刑統》、《敕令》總爲一書，惜有未備也。

此則貶斥其書有未備者也。

綜上所述，振孫認爲法令類之書，須內容詳備，文辭省淨，便於檢閱與引用者方爲上乘。如《嘉泰條法事類》、《刑名斷例》等書，因有所未備，振孫猶覺可惋也。此振孫對法令類書籍撰作之見地也。

拾肆、譜　牒

振孫於譜牒之學，曾於《解題》卷八《譜牒類》「《姓源韻譜》一卷」條中考述其源流曰：

古者賜姓別之，黃帝之子得姓者十四人，是也；後世賜姓合之，漢高帝命婁敬、項伯爲劉氏，是也。惟其別之也則離析，故古者論姓氏，推其本同；惟其合之也則亂，故後世論姓氏，識其本異。自五胡亂華，百宗蕩析，夷夏之裔與夫冠冕輿臺之子孫，混爲一區，不可遽知。此周、齊以來譜牒之學所以貴於世也歟？

是振孫以爲古者賜姓，始自黃帝。黃帝賜姓以別，後世賜姓以合。惟其別也則離析，故古者論姓氏推其本同；合則亂，故後世論姓氏識其本異。又以爲自五胡亂華，百宗蕩析，不可遽知，故周、齊以來譜學貴於世也。是振孫於譜學源流變衍，甚爲瞭解也。

振孫於譜牒之書，其《解題》鮮加褒貶，僅「《皇朝百族譜》四卷」條曰：

長沙丁維皋撰。周益公爲之《序》，時紹興末也。僅得百二十有三家，其闕遺尚多，未有能續裒集者。

是振孫頗致憾此書資料多所闕遺，而後人未有能續裒集之者也。

振孫於譜牒之書，最珍視者似爲《元和姓纂》。《解題》卷八《譜牒類》「《元和姓纂》十卷」條曰：

唐太常博士三原林寶撰。元和中，朔方別帥天水閻某者，封邑太原以爲言。上謂宰相李吉甫曰：「有司之誤，不可再也。宜使儒生條其源系，考其郡望，子孫職任，並總緝之。每加爵邑，則令閱視。」吉甫以命寶，二十旬而成。此書絕無善本，頃在莆田以數本參校，僅得七八，後又得蜀本校之，互有得失，然粗完整矣。

是振孫以「此書絕無善本」，故「以數本參校」，而「僅得七八」，「後又得蜀本校之」，始「粗完整」。則其珍視此書，且歷經數校而不厭煩如此。

振孫於譜牒書籍，頗重視其編纂方法。蓋姓氏繁多，倘無善法以纂輯之，則查檢之際每感困難，且失其書之妙用。前引「《姓源韻譜》一卷」條曰：

唐張九齡撰。依《春秋正典》、柳氏《萬姓錄》、《世本圖》捃摭諸書，纂爲此《譜》，分四聲以便尋閱。

是此書將姓氏分四聲以編纂，其法至善，故振孫特表出之。

同卷同類「《姓解》三卷」條曰：

雁門邵思撰。以偏旁字類爲一百七十門，二千五百六十八氏。景祐二年序。

是此書用偏旁字分一百七十門，以類二千五百六十八氏，以簡御繁，蓋法之善者也。

同卷同類「《千姓編》一卷」條曰：

不著名氏。……以《姓苑》、《姓源》等書，撮取千姓，以四字爲句，每字爲一姓，題曰《千姓編》。三字亦三姓也。逐句文義亦頗相屬，殆《千字文》之比云。

是此書效《千字文》之法以編就，甚具條理，而「逐句文義亦頗相屬」，故其體制亦佳。

綜上所述，則振孫於譜學之源流衍變頗具瞭解，又認爲譜牒書籍之編纂，須具良方善法，以增其效用；其於林寶《元和姓纂》一書，曾以數本參校，庶令其書粗得完整。此皆振孫之譜學見地也。

拾伍、目　錄

振孫以目錄學見長，故《解題》著錄目錄之書，於其優劣利病，每加評騭，且多能深入肯綮。其推譽之書，如卷八《目錄類》「《金石錄》三十卷」條曰：

> 東武趙明誠德甫撰。其所藏二千卷，蓋倣歐陽《集古》，而數則倍之。本朝諸家蓄古器物款式，其考訂詳洽，如劉原父、呂與叔、黃長睿多矣，大抵好附會古人名字，如「丁」字，即以爲祖丁；「舉」字，即以爲伍舉；「方鼎」，即以爲子產；「仲吉匜」，即以爲偪姞之類。邃古以來，人之生世夥矣，而僅見於簡冊者幾何？器物之用於人亦夥矣，而僅存於今世者幾何？迺以其姓字、名物之偶同而實焉，余嘗竊笑之。惟其附會之過，併與其詳洽者皆不足取信矣。惟此書《跋尾》獨不然，好古之通人也。明誠，宰相挺之之子。其妻易安居士李氏爲作《後序》，頗可觀。

是趙書詳洽而不附會，故振孫推譽之，又稱其撰者爲「好古之通人」。

同卷同類「《晁氏讀書志》二十卷」條曰：

昭德晁公武子止撰。其《序》言：「得南陽公書五十篋，合其家舊藏，得二萬四千五百卷。其守榮州，日夕讎校，每終篇輒論其大指。時紹興二十一年也。」其所發明有足觀者。南陽公，未知何人，或云井度憲孟也。

是晁《志》於著錄之書，皆「論其大指」，且「其所發明有足觀者」，振孫因而亦予推譽。故其所撰《書錄解題》，多取資於《讀書志》也。

同卷同類「《鄭氏書目》七卷」條曰：

莆田鄭寅子敬以所藏書爲七錄，曰經，曰史，曰子，曰藝，曰方技，曰文，曰類。寅，知樞密院僑之子，博文彊記，多識典故。端平初召爲都司，執法守正，出爲漳州以沒。

是鄭《目》以七錄之法著錄藏書，其著錄突破四部，而分類亦有創意，故振孫注意及之。考《解題》卷十四《音樂類》小序曰：

劉歆、班固雖以《禮》、《樂》著之《六藝略》，要皆非孔氏之舊也。然《三禮》至今行於世，猶是先秦舊傳；而所謂《樂》六家者，影響不復存矣。竇公之《大司樂》章既已見於《周禮》，河間獻王之《樂記》亦已錄於《小戴》，則古樂已不復有書。而前《志》相承，迺取樂府、教坊、琵琶、羯鼓之類，以充《樂》類，與聖經並列，不亦悖乎！晚得鄭子敬氏《書目》獨不然，其爲說曰：「儀注、編年，各自爲類，不得附於《禮》、《春秋》，則後之樂書，固不得列於

《六藝》。」今從之，而著於《子錄．雜藝》之前。

觀是，則知「儀注、編年，各自爲類，不得附於《禮》、《春秋》，則後之樂書，固不得列於《六藝》」之主張，乃創自鄭寅。《解題．史錄》有《編年類》、《禮注類》，不附於經；又不立《樂類》，而於《子錄》另立《音樂類》以著錄「後之樂書」；如此處理，實深受鄭寅之影響與啓迪。故振孫《解題》對鄭寅每加褒譽也。

振孫於目錄書中，頗貶斥《博古圖說》與《宣和博古圖》，以二書傅會牽合故也。《解題》卷八《目錄類》「《博古圖說》十一卷」條曰：

秘書郎邵武黃伯思長睿撰。有《序》。凡諸器五十九品，其數五百二十七；印章十七品，其數二百四十五。案李丞相伯紀爲長睿志墓，言所著《古器說》四百二十六篇，悉載《博古圖》。今以《圖說》考之，固多出於伯思，亦有不盡然者。又其名物亦頗不同，錢、鑑二品至多，此所載二錢、二鑑而已。《博古》不載印章，而此印章最夥。蓋長睿沒於政和八年，其後修《博古圖》頗采用之，而亦有所刪改云爾。其書大抵好傅古人名字，說已見前。

同卷同類「《宣和博古圖》三十卷」條曰：

宣和殿所藏古器物，圖其形製而記其名物，錄其款識。品有《總說》，以舉其凡。而物物考訂，則其目詳焉，然亦不無牽合也。

是此二書或傅會，或牽合，考核雖詳，然均有失其眞者，振孫不以爲然也。

至《中興館閣書目》及《館閣續書目》二書，振孫則指責其疏謬與草率。同卷同類「《中興館閣書目》三十卷」條曰：

秘書監臨海陳騤叔進等撰。淳熙五年上之。中興以來，庶事草創，網羅遺逸，中秘所藏，視前世獨無歉焉，殆且過之。大凡著錄四萬四千四百八十六卷，蓋亦盛矣。其間考究疏謬，亦不免焉。

同卷同類「《館閣續書目》三十卷」條曰：

秘書丞吳郡張攀從龍等撰。嘉定十三年上。以淳熙後所得書，纂續前錄，草率尤甚。凡一萬四千九百四十三卷。

是此二書，或網羅雖富，而考究不免疏謬；或雖纂續前錄，而草率尤甚；故振孫皆斥責之也。

綜上所述，是振孫於目錄之書，力主考證詳洽而發明足觀，認爲大凡著錄書籍，不妨如鄭寅《書目》之有創意而能求突破。惟撰作解題則須力避附會與牽合，勿蹈疏謬與草率。此振孫對編撰目錄類書籍所提出之意見也。

拾陸、地　理

《解題·史錄》著錄地理類書籍最爲富贍，振孫對此類書籍亦每有褒貶。至其最所褒譽之地理類書籍，乃屬能記述詳明而刊刻精緻者。《解題》卷八《地理類》「《皇朝方域志》二百卷」條曰：

東陽布衣王希先撰。凡前代謂之《譜》，十六譜爲八十卷；本朝謂之《志》，爲一百二十卷。《譜》敍當時事實，而注以今之郡縣；《志》述今日疆理，而系於古之州國。古今參考，《譜》、《志》互見，地理學之詳明者，無以過此矣。嘉熙二年上于朝，得永免文解。其父玲，本建寧人，己未進士，試詞科不中，頗該洽。希先述其遺稿，以成此書。

同卷同類「《襄陽志》四十卷」條曰：

郡守朐山高夔命教授吳興劉宗、幕官上蔡任涝編纂。爲書既詳備，而刊刻亦精緻，圖志之佳者。

上述二書以記述詳明，而刊刻精緻，故見譽於直齋也。

至地志書能創通義例，分門別類，亦爲振孫所喜愛。同卷同類「《永嘉譜》二十四卷」條曰：

禮部侍郎郡人曹叔遠器遠撰。曰《年譜》、《地譜》、《名譜》、《人譜》。時紹熙三年，太守宛陵孫楙屬器遠裒集，創爲義例如此。

同卷同類「《吳興統記》十卷」條曰：

攝湖州長史左文質撰。分門別類，古事頗詳。《序》稱甲辰歲者，本朝景德元年也。

是上述二書或創通義例，或分門別類，其撰作形式均有所創新，故亦爲振孫所推崇。

惟振孫於地理類書籍，亦有指斥其缺點並深表不滿意者。同卷同類「《桂林志》一卷」條曰：

靜江教授江文叔編。時乾道五年，張維爲帥。撰次疏略，刊刻草率，亦不分卷次。

同卷同類「《吳興志》二十卷」條曰：

樞密院編修郡人談鑰元時撰。嘉泰元年也。其爲書草率，未得爲盡善。

同卷同類「《高郵志》三卷、《續修》十卷」條曰：

興化縣主簿孫祖義撰。郡守趙不慚刻之，淳熙四、五年間也。其書在圖志中最爲疏略。嘉定中，守汪綱再修，稍詳定矣。

是上述三書均以撰次疏略、草率，而爲振孫貶斥也。

綜上所述，則振孫認爲編撰地理書，以詳明爲上，並應創通義例，於形式上求突破，而切忌撰次疏略，刊刻草率。此振孫於地志撰作之見地也。

至振孫一生喜遊歷，讀《解題》卷八《地理類》「《天台山記》一卷」條，即可略悉其好尚。至振孫喜讀地志書，其目的有二：一以發思古之幽情，二以作臥遊之助。同卷同類「《晉陽事跡雜記》十卷」條曰：

唐河東節度使李璋纂。《序》言四十卷，《唐志》亦同。今删爲十卷，蓋治平中太原府所刻本也，從莆田李氏借錄。自南渡以來，關河阻絕，圖志泯亡，得見一二僅存者，猶足以發傷今思古之歎。然唐并州治晉陽、太原二縣，國初克復，徙治陽曲，而墟其故。二縣後皆併省，則唐之故跡，皆不復存矣。

此蓋振孫藉讀地理書，「以發傷今思古之歎」者也。

同卷同類「《續成都古今集記》二十二卷」條曰：

知府事王剛中居正撰。寔紹興三十年。余嘗手寫《洛陽名園記》，而題其後曰：「晉王右軍聞成都有漢時講堂，秦時城池、門屋、樓觀，慨然遠想，欲一遊目，其《與周益州帖》，蓋數致意焉。近時呂太史有感於宗少文臥遊之語，凡昔人紀載人境之勝，錄爲一編。其奉祠亳社也，自以爲譙、沛眞源，恍然在目，而兗之太極、嵩之崇福、華之雲臺，皆將臥遊之。噫嘻！弧矢四方之志，高人達士之懷，古今一也。顧南北分裂，蜀在境内，雖遠，患不往爾，往則至矣。亳、兗、嵩、華，視蜀猶邇封也，欲往，其可得乎？然則太史之情，其可悲也已！余近得此《記》，手寫一通，與《東京記》，《長安》、《河南志》，《夢華錄》諸書並藏，而時自覽焉，是亦臥遊之意云爾。」于時歲在己丑，蜀故亡恙也。後七年而有虜禍，秦、漢故跡，焚蕩無遺，今其可見者，惟此二《記》耳，而板本亦不可復得矣。嗚呼，悲夫！

此振孫藉讀地理書以作臥遊之助也。蓋南宋之世，神州土壤，半淪敵手。振孫欲遊而無從，故不覺於《解題》中發其憂幽悲憤之思，以表達其愛國懷土之情矣。

以上分十六項介紹振孫評論各類史籍撰作之見地，其於褒貶之際，每表見其史學與史才。惟史有四長，至振孫之史德與史識，則於其評論古今人物中每可得而見之。

振孫極勇於批評古今人物，前文中引述及其評司馬遷、王莽、曹操、陳壽、顏師古、武則天、許敬宗、宋庠、王安石、蔡卞、龔頤正、鄭寅諸人，當可知其梗概。惟《解題・史錄》中如斯之評論所在多有，茲仍不妨再選取若干例，分述如下：

振孫評論之古今人物，約分三類。

其第一類爲政治人物，如上述之王莽、曹操、武則天、王安石等是也。《解題》卷六《職官類》「《唐六典》三十卷」條有評及宋神宗者，此條曰：

題御撰，李林甫等奉敕注。……本朝裕陵好觀《六典》，元豐官制盡用之，中書造命，門下審覆，尚書奉行，機事往往留滯，上意頗以爲悔云。

是謂神宗頗警覺感悟，知錯而能有悔改之意也。

振孫最不贊同新政，其於主持新政之小人如蔡京、呂惠卿輩皆抨擊至烈。《解題》卷五《雜史類》「《國史後補》五卷」條曰：

蔡絛撰。絛，京之愛子。京末年事皆出絛。絛兄攸既叛父，亦與絛不咸。此書大略爲其父自解，而滔天之惡，終有不能隱蓋者。其間所載宮闈禁密，非臣庶所得知，亦非臣庶所宜言。既出絛筆，事遂傳世，殆非人力也。

此抨擊蔡京「滔天之惡，終有不能隱蓋者」。

《解題》卷六《職官類》「《縣法》一卷」條曰：

北京留守溫陵呂惠卿吉甫撰。曰：法令、詞訟、刑獄、簿歷、催科、給納、災傷、盜賊、勸課、教化，凡十門。爲縣之法，備於此矣。雖今古事殊，而大體不能越也。惠卿，小人之雄，於材術固優；然法令居首，而教化乃居其末，不曰俗吏，而謂之何哉！

此又醜詆呂惠卿爲「俗史」，爲「小人之雄」也。

惟對敢於反對新政，屢建軍功之游師雄，振孫則褒譽之。《解題》卷七《傳記類》「《元祐分疆錄》卷三」條曰：

直龍圖閣京兆游師雄景叔撰。元祐初，議棄西邊四寨，執政召師雄問之，對曰：「先帝棄之可也，主上棄之則不可。且示弱夷狄，反益邊患。」爭之甚力，不聽，卒棄之。四寨者：葭蘆、米脂、浮屠、安疆也。夏人以事出望外，萌侵侮之心，連年犯順，皆如師雄所料。此書前三卷記當時論辨本末，後一卷行實，不知何人作也。是歲，師雄被命行邊，請以便宜行事。夏人與鬼章謀寇熙河，師雄說劉舜卿出師，种誼遂破洮州，擒鬼章以獻，其功偉矣。元祐諸老固欲休兵息民，師雄言既不行，功復不賞，殆以專反熙、豐，失于偏滯，終成紹述之禍，亦有以也。

此稱讚師雄能說劉、种出師以破洮州，「擒鬼章以獻，其功偉矣」；又惋惜其因「專反熙、豐，失于偏滯」，而「終成紹述之禍」也。

其第二類爲學術人物，如上述司馬遷、顏師古等是也。振孫於史遷撰《史記》，師古注《漢書》，皆給予極高之評價。惟於魏收撰《魏書》，則評爲「以史招怨」。《解題》卷四《正史類》「《後魏書》一百三十卷」條曰：

北齊中書令兼著作郎鉅鹿魏收伯起撰。始，魏初鄧彥海撰《代記》十餘卷；其後，崔浩典史爲編年體，李彪始分作紀、表、志、傳。收搜採遺亡，綴續後事，備一代史籍上之。時論言收著史不平，詔與諸家子孫共加論討，前後訴者百有餘人，衆口諠然，號爲「穢史」。僕射楊愔、高德正與收皆親，抑塞訴辭，遂不復論。今《紀》闕二卷，《傳》闕二十二卷，又三卷不全，《志》闕《天象》二卷。收既以史招怨，齊亡之歲，竟遭發冢棄骨之禍。

是魏收因「著史不平」，故其所撰《魏書》，時號「穢史」，且終致「以史招怨」，「竟遭發冢棄骨之禍」也。

司馬光撰《涑水記聞》，記及呂夷簡數事；司馬伋因呂氏子孫諱之，而毀其板，振孫大不以爲然。《解題》卷五《雜史類》「《涑水記聞》十卷」條曰：

司馬光撰。此書行於世久矣，其間記呂文靖數事，呂氏子孫頗以爲諱，蓋嘗辨之，以爲非溫公全書，而公之曾孫侍郎伋季思遂從而實之，上章乞毀板。識者以爲譏。

是振孫於司馬伋之畏懼權貴，不忠事實，且隱瞞眞相，引以爲譏也。

至林希之依附章惇，首鼠兩端，振孫亦抨擊之。同卷同類「《林氏野史》八卷」條曰：

同知樞密院長樂林希子中撰。希不得志於元祐，起從章惇，甘心下遷西掖，草諸賢謫詞者也。而此書記熙寧、元豐以來事，頗平直，不類其所爲。或言此書作於元祐之前，其後時事既變，希亦隨之，書藏不毀。久而時事復變，其孫懋於紹興中始序而行之耳。

是希雖著《林氏野史》，「記熙寧、元豐以來事，頗平直」，然其「起從章惇，甘心下遷西掖，草諸賢謫詞」，則屬人而無品，見利忘義之輩，故振孫亦指摘其未是。

惟洪遵一門多士，趙珣恂恂儒者，謝諤君子樂易，對上述學術人物，振孫則推而尊之。《解題》卷六《職官類》「《翰苑群書》三卷」條曰：

學士承旨鄱陽洪遵景嚴撰。自李肇而下十一家，及《年表》、《中興後題名》共爲一書，而以其所錄《遺事》附其末，總爲三卷。遵後至簽樞，父皓、兄邁、弟适，四人入翰苑，可謂盛矣。

同書卷七《傳記類》「《陝西聚米圖經》五卷」條曰：

閤門通事舍人雄州趙珣撰。珣父振，博州防禦使，久在西邊。珣訪得五路徼外山川道里，康定二年爲此書。韓魏公經略言於朝，詔取其書，召見。執政呂許公、宋莒公言用兵以來，策士之言以千數，無如珣者。擢涇原都監，定川之敗死焉。珣，勁特好學，恂恂類儒者，人皆惜之。

同卷同類「《孝史》五十卷」條曰：

太學博士新喻謝諤昌國撰集。曰《君紀》五、《后德》一、《宗表》五、《臣傳》三十五、《文類》二、《夷附》一。諤後至御史中丞，淳熙名臣，樂易君子也。

上述三條乃推尊洪遵、趙珣、謝諤者也。

第三類爲評論不同類型之人物，如汪季良、李繁、滕賡、鄭翁歸、何異等。《解題》卷五《典故類》「《平陽會》四卷」條曰：

通直郎知平陽縣汪季良子駟撰。平陽號難治，爲浙東「三陽」之冠，季良治有聲。迺以一邑財計，自《兩稅》而下，爲二十一篇，終於《歲會》，旁通沿革，本末大略備矣。又爲《外篇》

五條，如砧基副本、催科檢放及書手除科敷之類，以爲此財用所從出也。季良，端明應辰之孫，佳士且能吏也。得年不永，士論惜之。

此評季良爲「佳士」，且屬「能吏」也。

同書卷七《傳記類》「《鄴侯家傳》十卷」條曰：

唐亳州刺史京兆李繁撰。繁，宰相泌之子。坐事下獄，知且死，恐先人功業泯滅，從吏求廢紙拙筆爲傳。按《中興書目》有柳玭《後序》，今無之。繁嘗爲通州，韓退之《送諸葛覺詩》所謂「鄴侯家多書，插架三萬軸」者也，其曰：「行年餘五十，出守數已六；屢爲丞相言，雖懇不見錄。」則韓公于繁亦拳拳矣。《新》、《舊》史本傳稱繁無行，漏言裴延齡以誤陽城，師事梁肅而烝其室，殆非人類。然則韓公無乃溢美，而所述其父事，庸可盡信乎！

此又劣評李繁之「無行」，烝人之室，「殆非人類」也。

同卷同類「《滕公守台錄》一卷」條曰：

不著名氏。睢陽滕膺子勤爲台州户曹，方臘之亂，仙居人呂師囊應之，攻城甚急。膺佐太守備禦，卒全一城，郡人德之，至今廟食。《行狀》、《事實》，見此編。膺後至直秘閣、京西漕而終。

此評滕膺「佐太守備禦，卒全一城」，故「郡人德之，至今廟食」也。

同卷同類「《夾漈家傳》一卷」條曰：

莆田鄭翁歸述其父樵漁仲事跡。樵死時，翁歸年八歲，安貧不競，頃佐莆郡時猶識之。

此評翁歸能述其父事跡，又「安貧不競」也。

同書卷八《地理類》「《何氏山莊次序本末》一卷」條曰：

尚書崇仁何異同叔撰。其別墅曰三山小隱。「三山」者，浮石山、巖石山、玲瓏山，其實一山也。周回數里，敘其景物次序爲此編。自號月湖，標韻清絕，如神仙中人，膺高壽而終。其山聞今蕪廢矣。

此又評何異爲人「標韻清絕，如神仙中人」也。

綜上所述，則振孫評論古今人物，均能一秉董狐之筆，不畏權勢，而作忠實確切之批評，其史德與史識之高卓，殊令人欽仰不已也。

【附注】

註一　見該書第三章《陳振孫之經學》，頁二五至九五。

註二　見該書第五章《陳振孫之主要著作—〈直齋書錄解題〉》，頁三一五至五一七；第六章《陳振孫之其他著作》第一節《白文公年譜》，頁五一九至五四四。

註三　見該書第六章《陳振孫之其他著作》第十四節《直齋之佚書與佚文》，頁六二二至六三六。

陳振孫之子學述評

今人陳樂素先生撰《〈直齋書錄解題〉作者陳振孫》一文，（註一）文中「二、述作」項下有謂：

直齋於學，以經爲主，而並好文史。

旨哉！樂素之言也。今考振孫之著述，於經則有《書解》、《易解》、《繫辭錄》，於史則有《直齋書錄解題》、《白文公年譜》、《史鈔》、《吳興氏族志》、《吳興人物志》，於文則有《玄眞子漁歌碑傳集錄》、《華勝寺碑記》、《玉臺新詠集後序》、《崇古文訣序》、《寶刻叢編序》、《陳忠肅公祠堂記》、《皇祐新樂圖記題識》、《吳興張氏十詠圖跋及詩》、《律呂之說定於太史公考》、《貢法助法考》、《重建碧瀾堂記》，（註二）雖上述著述有所散佚，然樂素謂振孫於學「以經爲主，而並好文史」，則殆得其眞。

振孫於子學無專著，故其成就不逮經、史、文學遠甚。惟振孫子學之文章，則尚存有《關尹子跋》及《易林跋》。《關尹子》一書，《解題》著錄於《道家類》，《易林》一書則著錄於《卜筮類》。倘能深考振孫此二篇跋文，亦可從中揣摩出直齋治子之心法。茲不吝辭費，先迻錄二文，並於適當處略下案語，以作考論。

振孫《關尹子跋》全文，首見今人張心澂《僞書通考》一九五七年十一月三版修訂本《子部·道家類》中。振孫所以撰作此《跋》，其主要目的乃在證實宋時流傳《關尹子》一書之非眞。其《跋》約可分四段，首段云：

周關令尹喜，蓋與老子同時，啓老子著書言道德者。按《漢志》有《關尹子》九篇，而《隋》、《唐》及《國史志》皆不著錄，意其書亡久矣。

案：《關尹子跋》此段文字，與《解題》卷九《道家類》「《關尹子》九卷」條所著錄者，無一字相異。考振孫於此段伊始，所言關尹「啓老子著書言道德」事，殆據司馬遷之《史記》。《史記》卷六十三《老子韓非列傳》第三載：「老子脩道德，其學以自隱無名爲務。居周久之，見周之衰，迺遂去。至關，關尹令喜曰：『子將隱矣，彊爲我著書。』於是老子迺著書上、下篇，言道德之意，五千餘言而去，莫知其所終。」此即振孫立說之本也。至振孫言《漢志》著錄此書，而《隋》、《唐志》及《國史志》皆不著錄，亦有所依據。（註三）因自隋、唐以來，史志皆不著錄此書，故振孫乃「意其書亡久矣」。由上述考論觀之，是振孫之治子書，倘有所立說，必依據於典籍；至其辨子書眞僞之法，則考之於史志著錄而察其流變，又多方比勘以明其眞相，然後加以推判。是則振孫治子學之態度，其謹嚴與矜愼，殆可知矣。

《關尹子跋》次段云：

徐藏子禮得之於永嘉孫定。首載劉向校定《序》，篇末有葛洪《後序》。未知孫定從何傳授，殆皆依託也。《序》亦不類向文。

案：此段續考徐藏所得之《關尹子》而評其非眞，其證據有二：一是此書來歷不明，蓋「未知孫定從何傳授」；二是其書《序》文可疑，因「《序》亦不類（劉）向文」。明人宋濂《諸子辨》亦考及此書，《諸子辨》曰：「《關尹子》一卷，周關令尹喜所撰。喜與老聃同時，著書九篇，頗見之《漢志》，自後諸史無及之者，意其亡已久矣。今所傳者，以《一宇》、《二柱》、《三極》、《四符》、《五鑑》、《六匕》、《七釜》、《八籌》、《九藥》爲名，蓋徐藏子禮得于永嘉孫定，未知定又果從何而得也。前有劉向《序》，稱蓋公授曹參，參薨，書葬；孝武帝時，有方士來上，淮南王安祕而不出；向父德治淮南王事，得之。文既與向不類，事亦無據，疑即定之所爲也。」據《諸子辨》此條所述，可知宋濂所考論，多據振孫《跋》語而略作發揮，然濂疑此書「即定之所爲」，則未必是。《四庫全書總目》卷一百四十六《子部》五十六《道家類》「《關尹子》一卷」條即駁斥之，謂：「定爲南宋人，而《墨莊漫錄》載黃庭堅詩『尋詩訪道魚千里』句，已稱用《關尹子》語，則未必出於定，或唐、五代間方士解文章者所爲也。」是宋濂疑定所爲，其說固未易成立也。

《關尹子跋》第三段云：

今考其書，時取釋氏及神仙方伎家，如「識想起滅」暨「嬰兒蕊女」、「金樓絳宮」之類，周時或無是語也。至「豆中攝鬼」，「杯中釣魚」，又似漢、晉間左慈、郭景純事。豈本書存而附益之歟？抑假託者歟？

案：此段振孫列舉此書「時取釋氏及神仙方伎家」之「語」，及有「似漢、晉間左慈、郭景純」之「事」等實例，以證明其書爲假託，或書存而後人有所附益。《諸子辨》亦以爲然，宋濂曰：「間讀其書，多法釋氏及神仙方伎家，而藉吾儒言文之。如『變識爲智』、『一息得道』、『嬰兒蕊女』、『金樓絳宮』、『青蛟白虎』、『寶鼎紅爐』、『誦咒土偶』之類，聃之時無是言也，其爲假託，蓋無疑者。或妄謂二家之說時祖于此，過矣。」是《諸子辨》所舉例證，雖有溢出振孫《跋》語之外者，然其肯定此書爲假託，則與振孫所說全同。倘謂宋濂作論深受振孫所影響，應無可疑也。

《關尹子跋》第四段云：

然文詞峻潔，闡揚道意，深得二氏肯綮，非冥契玄解者不能作也。謂爲關令書則不可必爾。丁丑夏日志。

案：末段結處回應前文，認爲今本《關尹子》確非關令書。然此書雖屬僞作，而仍有其學術價值，故振孫給與頗高之評價。《四庫全書總目》「《關尹子》一卷」條所評亦謂：「其書雖出於依託，而核其詞旨，固遠出《天隱》、《無能》諸子上，不可廢也。」則紀昀所評，幾與振孫同調矣。

綜上所述，可知振孫撰作此《跋》，其目的固在辨證《關尹子》一書之非眞，由是亦可推知振孫之治子學，絕未忽略辨僞求眞之工序。至振孫辨子書之眞僞，其所采用之方法亦有跡可尋。蓋先考之史志，以探求其書存亡之實況；又考其書傳授之蹤跡，以推判其中有否依託之可能；再考究其書之文體，及書中之用語與記事，以辨析其書之眞僞。倘其書亡佚已久，且未悉其傳授蹤跡，而文體又不類作者，至書中之用語及記事又顯與撰人之時代不符。統上數點以推，則其書之非眞固無所遁形，並可定讞其爲必僞矣。

《易林跋》一文，則見載於朱彝尊《經義考》卷六「《易林變占》」條，該條於「陳振孫曰」下載：

又名《大易通變》。唐會昌景寅越五雲谿王俞序。凡四千九十六卦，蓋一卦可以變六十四也。舊見沙隨程氏所紀：「紹興初，諸公以《易林》筮時事，奇驗。」求之多年，寶慶丁亥始得其書於莆田，錄而藏之。皆韻語古雅，頗類《左氏》所載《繇辭》。間嘗筮之，亦驗。獨恨多脫誤，無他本是正。嘉熙庚子自吳門歸霅川，偶爲鄉守王寺丞侑道之，因以家藏本見假，雖復多脫誤，而用兩本參互相校，十頗得八九，於是兩家所藏皆成全書。其間亦多重複，或數爻共一繇，莫可稽究。校畢，歸其書王氏，而誌其校正本末於此。淳祐辛丑五月。

案：此《跋》蓋寫就於宋理宗淳祐元年辛丑（一二四一）五月，其時振孫剛解浙西提舉任，返歸故里未久，此據《跋》中「嘉熙庚子自吳門歸霅川」一句可推知。嘉熙庚子，即嘉熙四年（一二四〇）；吳門，即平江府，乃浙西提舉治所之地；霅川，即吳興，振孫故里也。振孫治此書，頗重視其效用，故或以此書筮時事；亦注意其書所用之文體，謂其書「皆韻語古雅，頗類《左氏》所載《繇辭》」；最後則以書中多脫誤，乃借王侑家藏本參校，結果「十頗得八九，於是兩家所藏皆成全書」。是則振孫治子學，既重視其書之效用，又注意其書所用之文體。至書中有所脫誤，則再三校讎之，必得其善而後已。

綜上所考，則振孫治子學之心法，乃除探究其書之義理、效用、文體外，尤重視參用辨僞、校讎諸法，以考訂其書之眞僞與訛脫也。

以下試分七項以探討振孫之子學。

壹、儒家

振孫治儒家之學，頗重視其學之授受源流。《解題》卷九《儒家類》著錄：

《孔子家語》十卷，孔子二十二世孫孔猛所傳，魏散騎常侍王肅爲之注。肅闢鄭學，猛嘗受學於肅。肅從猛得此書，與肅所論多合，從而證之，遂行於世。

是《家語》一書，傳自孔猛，猛從肅受學，故肅得其書而爲之注，以作闢鄭之資。此漢、魏間《家語》一書之授受源流也。

《解題》同卷同類又著錄：

《皇極經世書》十二卷，邵雍堯夫撰。其學出於李之才挺之，之才受之穆脩伯長，脩受之种放明逸，放受之陳摶。蓋數學也。……其子伯溫爲之《敍系》，具載《先天》、《後天》、《變卦》、《反對》諸圖；又爲《易學辨惑》一篇，敘傳授本末眞僞。

是邵雍一派，乃《易》學之數學派。其學創始於陳摶，歷种放、穆脩、李之才，而傳至邵雍，雍又傳其子伯溫。此北宋康節一派學術之授受源流也。

振孫對於儒家類之書，就其《解題》著錄者觀之，則頗推許劉向《新序》及呂祖謙《少儀外傳》二書。《解題》卷九《儒家類》著錄：

《新序》十卷，漢護都水使者、光祿大夫劉向子政撰。舜、禹以來迄于周，嘉言善行，往往在焉。其書最爲近古。

又著錄：

《少儀外傳》二卷，呂祖謙撰。雜取經傳嘉言善行，切於立身應世者，皆博學切問之事也，而大要以謹厚爲本。

蓋上述二書，皆記錄先聖之嘉言懿行，甚有裨益於立身應世。又以前書「最爲近古」，後書「以謹厚爲本」，故振孫皆推譽之。

惟楊簡慈湖之學，則深受振孫所抨擊。《解題》同卷同類著錄：

《先聖大訓》六卷，龍圖閣學士慈谿楊簡敬仲撰。取《禮記》、《家語》、《左傳》、《國語》而下諸書，凡稱孔子之言，皆類爲此編。然聖人之言，旨意未易識也。「喪欲速貧，死欲速朽」，自門弟子已不能知其有爲而言，況於百氏所記，其間淺陋依託，可勝道哉！多聞闕疑，庶乎其弗畔也。

此乃抨擊《先聖大訓》一書，因其書以「百氏所記」、「淺陋依託」之言，視爲「聖人之言」，殊失「多聞闕疑」之旨也。

《解題》同卷同類著錄：

《慈湖遺書》三卷，楊簡撰。前二卷雜說，末一卷遺文。慈湖之學，專主乎心之精神，是謂聖一。語其誨人，惟欲發明本心而有所覺。然其稱學者之覺，亦頗輕於印可。蓋其用功偏於上達，受人之欺而不疑。竊嘗謂誠明一理，焉有誠而不明者乎？當淳熙中，象山陸九淵之學盛行於江西，朱侍講不然之。朱公於前輩不肯張無垢，於同流不肯陸象山，爲其本原未純故也。象山之後，一傳而慈湖遂如此。甚矣，道之不明，賢知者過之也！

此又痛斥慈湖「專主乎心之精神」之學，且上及其師陸象山，以爲象山之學「其本原未純」，而慈湖誨人，「惟欲發明本心而有所覺」，「其用功偏於上達，受人之欺而不疑」也。

至《孔叢子》一書之撰人，振孫則有所考證。《解題》卷九《儒家類》著錄：

《孔叢子》七卷，孔氏子孫雜記其先世系言行之書也。《小爾雅》一篇，亦出於此。《中興書目》稱漢孔鮒撰，一名《盤盂》。案《孔光傳》，夫子八世孫鮒，魏相順之子，爲陳涉博士，死陳下，則固不得爲漢人。而其書紀鮒之沒，第七卷號《連叢子》者，又記太常臧而下數世，迄於延光三年季彥之卒，則又安得以爲鮒撰。案《儒林傳》所載爲博士者，又曰孔甲，顏注曰：「將名鮒，而字甲也。」今考此書稱子魚名鮒，陳人，或謂之子鮒，或稱孔甲，然則顏監未嘗見此書耶？《藝文志》有孔甲《盤盂》二十六篇，本注謂黃帝史，或曰夏帝孔甲，似皆非也。其書蓋田蚡所學者，與孔鮒初不相涉也。《中興書目》乃曰「一名《盤盂》」，不知何據？豈以《漢志》所謂孔甲，即陳王博士之孔甲邪？

案：此書《中興館閣書目》稱「漢孔鮒撰」，惟鮒爲「陳涉博士，死陳下」，絕非漢人；又此書記孔臧而下數世，迄於漢光武帝「延光三年」（一二四）孔季彥之卒，則此書絕非鮒撰，固甚明也。故振孫以爲此書，「蓋田蚡所學者，與孔鮒初不相涉」，則《中興書目》之說，已被振孫所推翻而未能成立。

貳、道 家

振孫於道家莊、老備極推崇。《解題》卷四《正史類》著錄：

《史記》一百三十卷，漢太史令夏陽司馬遷子長撰。……竊謂著書立言，述舊易，作古難。《六藝》之後有四人焉：摭實而有文采者，左氏也；憑虛而有理致者，莊子也；屈原變《國風》、《雅》、《頌》而爲《離騷》；及子長易編年而爲紀傳，皆前未有其比，後可以爲法，非豪傑特起之士，其孰能之？

是振孫推譽莊書爲「憑虛而有理致」，又稱莊子爲「豪傑特起之士」也。

有關莊子之時代及郭象之注《莊》，振孫亦有說。《解題》卷九《道家類》著錄：

《莊子》十卷，蒙漆園吏宋人莊周撰。案《史記》與齊宣、梁惠同時，則亦當與孟子相先後矣。

又著錄：

《莊子注》十卷，晉太傅主簿河南郭象子玄撰。案本傳，向秀解義未竟而卒，頗有別本遷流，象竊以爲己注，乃自注《秋水》、《至樂》二篇，又易《馬蹄》一篇，其餘點定文句而已。其後秀義別出，故今有向、郭二《莊》，其義一也。

是振孫以爲莊子之時代，「當與孟子相先後」；又謂郭象竊向秀解義以爲己注，而「自注《秋水》、《至樂》」，「又易《馬蹄》一篇」；則今見之郭注《莊子》，固非全竊向秀者也。

振孫於老子書，其推譽之情，亦不在莊書之下。《解題》同卷同類著錄：

《老子解》二卷，葉夢得撰。其說曰：「孔子稱竊比於我老、彭，孟子闢揚、墨，而不及老氏。老氏之書，孔、孟所不廢也。」

又著錄：

《老子新解》二卷，蘇轍撰。東坡《跋》曰：「使戰國有此書，則無商鞅、韓非；使漢初有此書，則孔、老爲一；使晉、宋間有此書，則佛、老不爲二。」

上所引雖屬東坡、夢得譽《老》之言，亦必爲振孫所首肯者也。

至兼注《易》、《老》之王弼，其注《老子》一書，振孫亦有所評論，《解題》同卷同類著錄：

《老子注》二卷，魏王弼撰。魏、晉之世，玄學盛行，弼之談玄，冠於流輩，故其注《易》，亦多玄義。晁説之以道曰：「弼本深於《老子》，而《易》則未也。其於《易》，多假諸《老子》之旨，而《老子》無資於《易》，其有餘不足之跡可見矣。」

是王弼假《老》而注《易》，其注《老》則無資於《易》；是其《老學》之成就，在《易學》上也。

《亢倉子》、《文子》、《鶡冠子》等書之眞僞，振孫皆嘗考之。《解題》同卷同類著錄：

《亢倉子》三卷，何粲注。首篇所載，與《莊子・庚桑楚》同。「亢倉」者，「庚桑」聲之變也，其餘篇亦皆依託。唐柳子厚辨其非劉向、班固所錄，是矣。今《唐志》有王士元《亢倉子》二卷，注云：「天寶元年，詔號《莊子》爲《南華眞經》；《列子》，《沖虛》；《文子》，《通玄》；《亢倉子》，《洞靈眞經》。然《亢倉子》，求之不獲。襄陽處士王士元謂《莊子》作《庚桑子》，《太史公》、《列子》作《亢倉子》，其實一也。乃取諸子文義類者補其亡。」然則今之《亢倉》，士元爲之也。宗元，唐人，豈偶不之知耶？

又著錄：

《文子》十二卷，題默希子注。案《漢志》有《文子》九篇，老子弟子，與孔子同時，而稱周平王問，似依託者也。又案《史記・貨殖傳》徐廣注：「計然，范蠡師，名鈃。」裴駰曰：「計然，葵邱濮上人，姓辛氏，字文子。」默希子引以爲據。然自班固時已疑其依託，況又未必當時本書乎？至以文子爲計然之字，尤不可攷信。柳子厚亦辨其爲駁書，而亦頗有取焉。默希子，不著名氏，晁公武曰：「唐徐靈府自號也。」

又著錄：

《鶡冠子》三卷，陸佃解。案《漢志》：「鶡冠子，楚人，居深山，以鶡爲冠。」今書十九篇，韓吏部稱十有六篇，故陸謂非其全也。韓公頗道其書。至柳柳州則曰：「盡鄙淺言也，好事者僞爲其書，反用《鵩賦》以文飾之。」其好惡不同如此。自今攷之，柳說爲長。

是直齋以爲《亢倉子》，其書依託，襄陽處士王士元「取諸子文義類者補其亡」而爲之者；《文子》書，亦似依託，而默希子「以文子爲計然之字」，尤不可攷信；至《鶡冠子》，韓愈「頗道其書」，柳宗元則以爲「好事者僞爲其書，反用《鵩賦》以文飾之」，「自今考之，柳說爲長」也。

叁、法家

振孫於《解題》中，所著錄法家類之書僅爲《管子》、《商子》、《愼子》、《韓子》四家。其有所考證者，以《管子》、《愼子》二家爲最詳。

振孫治《管子》，則殊不以《漢書・藝文志》列於道家爲然。《解題》卷十《法家類》著錄：

《管子》二十四卷，齊相管夷吾撰，唐房玄齡注。案《漢志》，《管子》八十六篇，列於道家。《隋》、《唐志》著之法家之首。今篇數與《漢志》合，而卷視《隋》、《唐》爲多。管子似非法家，而世皆稱管、商，豈以其操術用心之同故耶？然以爲道則不類，今從《隋》、《唐志》。

是管子雖「似非法家」，然「以爲道則不類」，若不得已，振孫寧「從《隋》、《唐志》」，著之法家。

至愼到，振孫辨其非瀏陽人。《解題》同卷同類著錄：

> 《愼子》一卷，趙人愼到撰。……案莊周、荀卿書皆稱田駢、愼到。到，趙人；駢，齊人，見《史記・列傳》。今《中興館閣書目》乃曰瀏陽人。瀏陽在今潭州，吳時始置縣，與趙南北了不相涉，蓋據書坊所稱，不知何謂也。

是愼到，趙人。瀏陽與趙，「南北了不相涉」，《中興館閣書目》謂到，瀏陽人。蓋受書坊所紿也。

肆、名　家

《解題》著錄名家類書籍，計有《公孫龍子》、《鄧析子》、《尹文子》、《人物志》、《廣人物志》五種。振孫評《公孫龍子》，以爲「其說淺陋迂僻」，「首敘孔穿事，文意重複」，《解題》卷十《名家類》著述：

> 《公孫龍子》三卷，趙人公孫龍爲白馬非馬，堅白之辨者也。其爲說淺陋迂僻，不知何以惑當時之聽。《漢志》十四篇，今書六篇。首敘孔穿事，文意重複。

是振孫於公孫龍書，即其學說及文筆，均深表不滿矣。

於《尹文子》，振孫則考及尹文其人當「先公孫龍」，而斥仲長氏之誤。《解題》同卷同類著錄：

《尹文子》三卷，齊人尹文撰。《漢志》：「齊宣王時人，先公孫龍。」今本稱仲長氏撰定，魏黃初末得於繆熙伯；又言與宋鈃、田駢同學於公孫龍，則不然也。龍書稱尹文，乃借文對齊宣王語，以難孔穿，其人當在龍先。班《志》言之是矣。

是振孫據《公孫龍子・跡府》篇稱引尹文對齊宣王事，以證尹文乃齊宣王時人，故「其人當在龍先」，而仲長氏誤也。

伍、墨家、縱橫家

振孫於《墨子》，則斥爲「邪說詖行」，故韓愈謂「孔、墨相爲用」，振孫大不以爲然，而獨表彰孟子能衛道以闢揚、墨。《解題》卷十《墨家類》著錄《墨子》一書，曰：

《墨子》三卷，宋大夫墨翟撰。孟子所謂邪説詖行，與揚朱同科者也。韓吏部推尊孟氏，而《讀墨》一章，乃謂孔、墨相爲用，何哉？……方揚、墨之盛，獨一孟子訟言非之，諄諄焉惟恐不勝。今揚朱書不傳，《列子》僅存，其餘墨氏書傳於世者亦止於此。《孟子》越百世益光明，遂能上配孔氏，與《論語》並行。異端之學，安能抗吾道哉！

是振孫固視《墨子》爲「異端之學」也。

《解題》卷十《縱橫家類》則僅著錄《鬼谷子》一書，曰：

《鬼谷子》三卷，戰國時，蘇秦、張儀所師事者，號鬼谷先生，其地在潁川陽城，名氏不傳於世。此書《漢志》亦無有，《隋》、《唐志》始見之，《唐志》則直以爲蘇秦撰。不可考也。

《隋志》有皇甫謐、樂壹二家注，今本稱陶弘景注。

是振孫謂鬼谷先生名氏不傳，而以爲其書之眞僞不可考。

陸、農家

《解題》卷十《農家類》，前有小序，曰：

農家者流，本於農稷之官，勤耕桑以足衣食。神農之言，許行學之。漢世《野老》之書，不傳於後。而《唐志》著錄，雜以歲時、月令及相牛馬諸書，是猶薄有關於農者。至於錢譜、相貝、鷹、鶴之屬，於農何與焉？今既各從其類。而花果栽植之事，猶以農圃一體，附見於此，其實則浮末之病本者也。

是振孫頗重農家，以爲其學「勤耕桑以足衣食」。惟於兩《唐志》將「錢譜、相貝、鷹、鶴」之書亦著錄於《農家類》，則甚表不滿，認爲此類書「於農何與焉」？而於著錄花果栽植類書籍，則斥爲「浮末之病本者」。

《解題》著錄農家類書籍凡三十七種，而其最推崇者厥爲《齊民要術》一書。《解題》著錄云：

《齊民要術》十卷，後魏高陽太守賈思勰撰。起自耕農，終於醯醢資生之業，靡不畢書，凡九十三篇。其曰：「治生之道，不仕則農。」蓋名言也。

是振孫重農並推譽賈書之證。

振孫於蠶事亦甚爲重視，《解題》既著錄孫光憲《蠶書》二卷，又著錄《秦少游蠶書》，云：

《秦少游蠶書》一卷，見少游《淮海集》第六卷。《序》略曰：「予閒居，婦善蠶，從婦論蠶，作《蠶書》。考之《禹貢》，揚、梁、幽、雍不貢繭物，兗篚織文，徐篚玄纖縞，荆篚玄纁璣組，豫篚纖纊；青篚檿絲，皆繭物也。而桑土既蠶，獨言於兗，然則九州蠶事，兗爲最乎？予游濟、河之間，見蠶者豫事時作，一婦不蠶，比屋詈之，故知兗人可爲蠶師。今予所書，有與吳中蠶家不同者，皆得之兗人也。」

是秦少游《蠶書》所記者乃兗人之養蠶術，其中「有與吳中蠶家不同者」。然「九州蠶事，兗爲最」，故少游此書實具其參考價值。

《解題》卷十《農家類》中亦著錄有花果栽植之書，然振孫多不中意而有所批評，所著錄如：

《冀王宮花品》一卷，題景祐元年滄州觀察使記。以五十種分爲三等九品，而「潛溪緋」、「平頭紫」居正一品，「姚黃」反居其次，不可曉也。

此則批評其書品第間之失宜也。

又著錄：

《洛陽貴尚錄》一卷，殿中丞新安丘濬道源撰。專爲牡丹作也。其書援引該博，而迂怪不經。

此批評丘書雖「援引該博」，惟「迂怪不經」也。

又著錄：

《越中牡丹花品》二卷，僧仲休撰。其《序》言：「越之所好尚惟牡丹，其絕麗者三十二種。始乎郡齋，豪家名族，梵宇道宮，池臺水榭，植之無間。來賞花者，不問親疏，謂之看花局。澤國此月多有輕雲微雨，謂之養花天。里語曰：『彈琴種花，陪酒陪歌。』末稱：『丙戌歲八月十五日移花日序。』」丙戌者，當是雍熙三年也。越在國初繁富如此，殆不減洛中。今民貧至骨，種花之風遂絕。何今昔之異耶？其故有二：一者鏡湖爲田，歲多不登；二者和買土著，數倍常賦。勢不得不貧也。

是越在北宋雍熙間，植花賞花，至爲繁富，其盛處「殆不減洛中」；惟迄南宋，則「民貧至骨，種花之風遂絕」。何今昔之異耶？蓋花果栽植，「浮末之病本者也」！振孫深惡痛絕之情可見。

柒、雜家

振孫於雜家類之書，最推崇者乃司馬光所撰《徽言》三卷，《解題》卷十《雜家類》著錄：

《徽言》三卷，司馬光手鈔諸子書，題其末曰：「余此書，類舉人所鈔書，然舉人所鈔獵其辭，余所鈔覈其意；舉人志科名，余志道德。」其書「迂叟年六十八」，蓋公在相位時也。方機務塡委，且將屬疾，而好學不厭，克勤小物如此。所鈔自《國語》而下六書，其目三百一十有二，小楷端重，無一筆不謹，百世之下，使人肅然起敬。

是振孫既重溫公之書，尤重溫公其人也。

至李涪《刊誤》、李匡乂《資暇集》、丘光庭《兼明書》、蘇鶚《蘇氏演義》諸書，以其能「考究書傳，訂正名物，辨證訛謬，有益見聞」，振孫亦給予好評，《解題》同卷同類著錄：

《刊誤》二卷，唐國子祭酒李涪撰。《資暇集》二卷，唐李匡乂濟翁撰。《兼明書》二卷，唐國子太學博士丘光庭撰。《蘇氏演義》十卷，唐光啓進士武功蘇鶚德祥撰。此數書者皆考究書傳，訂正名物，辨證訛謬，有益見聞。尤梁谿以家藏本刻之當塗。

惟於黃朝英《緗素雜記》十卷，其書雖亦「辨正名物」，然其學「迂僻」，振孫則嚴斥之。《解題》同卷同類著錄：

《緗素雜記》十卷，建安黃朝英士俊撰。有陳與者爲之《序》，言甲辰六試禮部不利。蓋政、宣中士子也。其書亦辨正名物，而學頗迂僻。言《詩》「芍藥」、「握椒」之義，鄙褻不典。王氏之學，前輩以資戲笑，而朝英以爲得詩人深意，其識可見矣。

蓋朝英治王安石字學，振孫素惡荊公，故謂其「學頗迂僻」，又斥其「言《詩》『芍藥』、『握椒』之義，鄙褻不典」也。

葉適《習學記言》「義理未得爲純明正大」，至其篤信並推崇《子華子》而不悟其爲僞，振孫亦力辨其失。《解題》同卷同類著錄：

《習學記言》五十卷，寶文閣學士龍泉葉適正則撰。自《六經》、諸史、子以及《文鑑》皆有論說，大抵務爲新奇，無所蹈襲。其文刻削精工，而義理未爲純明正大也。自孔子之外，古今百家隨其淺深，咸有遺論，無得免者。而獨於近世所傳《子華子》篤信推崇之，以爲眞與孔子同時，可與《六經》並考，而不悟其爲僞也。且既曰：「其書甚古，而文與今人相近。」則亦知之矣。遠自《七略》，下及《隋》、《唐》、《國史》諸志、李邯鄲諸家書目皆未之有，豈不足以驗其非古，出於近世好事能文者之所爲，而反謂：「孟、荀以來無道之者，蓋望而棄之也。」不亦惑乎！

案：《子華子》一書之非眞，振孫於《解題》卷十《雜家類》「《子華子》十卷」條辨之明矣，（註四）葉適不悟其書爲僞，反謂其人「眞與孔子同時」，其書「可與《六經》並考」，故振孫於此條中，歷舉諸證以辨其失當也。

程敦厚爲人凶險，所撰《義林》一卷，《解題》卷十《雜家類》猶著錄之，曰：

《義林》一卷，眉山程敦厚子山撰。其上世，東坡外家也。子山爲人凶險，與眉守邵溥有隙，以匹絹爲匿名書，誣以罪狀，抵帥蕭振。振逮溥繫獄鞫之。或教溥一切誣服，得不以鍛鍊死獄。上朝議，以匿名不當受，而制司非得旨不應擅逮繫郡守，遂兩罷之。溥雖得弗問，而終無以自明，憤訴于天。子山之居極爲壯麗，一夕燼於火。後附秦檜至右史，後復得罪，謫知安遠縣以沒。

敦厚以匿名書誣人罪狀，又附秦檜至右史，是其爲人固不足道。振孫均詳記其事，以貲知人論世；然猶著錄其書，蓋不欲以人廢言耶？

捌、小說家

振孫於小說家之書，多輕鄙不屑之甚。《解題》卷十一《小說家類》著錄《神異記》、《十洲記》，即評「二書詭誕不經，皆假託也」；其著錄《洞冥記》，亦謂「凡若是者，藏書之家備名數而已，無之不足爲損，有之不足爲益」；至其著錄洪邁《夷堅志》四百二十卷，更抨擊曰：「遊戲筆端，資助談柄，猶賢乎已可也，未有卷帙如此其多者，不亦謬用其心也哉！」

惟振孫於小說類之書，則頗推崇《封氏見聞記》及《老學庵筆記》，《解題》同卷同類著錄：

《封氏見聞記》二卷，唐吏部郎中封演撰。前記典故，末及雜事，頗有可觀。

《老學庵筆記》十卷，陸游務觀撰。生識前輩，年登耄期，所記所聞，殊可觀也。

殆以二書記聞可觀，故見重於振孫也。

至歐陽修撰《歸田錄》之方法，亦爲振孫重視。《解題》同卷同類著錄：

《歸田錄》二卷，歐陽修撰。……公自爲《序》，略曰：「《歸田錄》者，朝廷之遺事，史官之所不記，與夫士大夫談笑之餘而可錄者，錄之以備閒居之覽也。」又曰：「唐李肇《國史補序》云：『言報應、敘鬼神、述夢卜、近怪異，悉去之；記事實、探物理、辨疑惑、示勸戒、采風俗、助談笑，則書之。』余之所錄，大抵以肇爲法，而小異於肇者，不書人之過惡，以爲職非史官，而掩惡揚善，君子之志也。覽者詳之。」

是歐公撰《歸田錄》之法，一依李肇之「言報應、敘鬼神、述夢卜、近怪異，悉去之；記事實、探物理、辨疑惑、示勸戒、采風俗、助談笑，則書之」，而其異於肇者，即爲「不書人之過惡」，及「掩惡揚善」。振孫於此條中，詳引歐《序》以爲言，固可推知歐公此撰書之法，必爲振孫所珍視也。

振孫於小說，凡其書不著名氏者，則多方設法以考其撰人。如《延漏錄》一書，振孫用內證法加以考證，則疑其書爲章望之作，或章氏後人「當時場屋有聲者」所作。《解題》同卷同類著錄：

《延漏錄》一卷，不著名氏。其間稱伯父郇公，知其爲章得象之姪也。後題此書，疑章望之作，然未敢必。望之者，字表民，用郇公廕入官，歐陽公爲作《字說》者也。以宰相嫌，遂不仕。《錄》中又記皇祐中與滕元發同試，滕首冠而已被黜。藉令非望之，亦當時場屋有聲者，章氏雋才固多也。

《槁簡贅筆》二卷，初亦不知何人作，惟經振孫多方考證，則知爲章淵所撰。《解題》同卷同類著錄：

《槁簡贅筆》二卷，承議郎章淵伯深撰。始得此書於程文簡氏，不知何人作，文簡題其後，以其中稱「先丞相申公」，知其爲章子厚子孫也。余又以其書考之，言「先祖光祿，元祐三年省試，東坡知舉，擢爲第一」，則又知其爲援之孫也。後以問諸章，始得其名字。其人博學有文，以場屋待士薄，如防寇盜，用廕入仕，遂不就舉。居長興，故《序》稱若溪草堂。淵自號懲室子。《序》言錄爲五卷，今此惟分上、下卷。

至《碧雲騢》一書，或題梅堯臣撰，振孫不以爲然，亦細考其作者。《解題》同卷同類著錄：

《碧雲騢》一卷，題梅堯臣撰。以廄馬爲書名，其說曰：「世以旋毛爲醜，此以旋毛爲貴，雖貴矣，病可去乎？」其不遜如此，聖俞必不爾也。所記載十餘條，公卿多所毀訐，雖范文正亦所不免。或云實魏泰所作，託之聖俞，王性之辨之甚詳，而《邵氏聞見後錄》乃不然之。

是此書或云魏泰所作，而託之梅聖俞，振孫所見與王性之同也。

晁公武《郡齋讀書志》著錄《脞說》一書，誤題張唐英君房撰，振孫則力辨其非。《解題》同卷同類著錄：

《乘異記》三卷，南陽張君房撰。咸平癸卯序，取「晉之《乘》」之義也。君房又有《脞說》，家偶無之。晁公武《讀書志》以《脞說》爲張唐英君房撰。又言君房著《名臣傳》、《蜀檮杌》、《雲笈七籤》行於世。按君房，祥符、天禧以前人，楊大年《改閑忙令》所謂「紫微失卻張君房」者，即其人也。嘗爲御史屬，坐鞫獄貶秩，因編修《七籤》，得著作佐郎。《七籤序》自言君房蓋其名，非字也。唐英字次功，熙、豐年間人，丞相張商英天覺之兄，作《名臣傳》、《蜀檮杌》者，與君房了不相涉，不知晁何以合爲一人也，其誤明矣。

是張唐英字次功，不字君房，神宗熙、豐間人；張君房，眞宗祥符、天禧間人；且「《七籤序》自言君房蓋其名，非字也」。則張唐英、張君房二人，了不相涉，晁《志》「合爲一人」，其誤甚明矣。

《解題》同卷同類著錄：

《傳奇》六卷，唐裴鉶撰。高駢從事也。尹師魯初見范文正《岳陽樓記》，曰：「傳奇體爾。」然文體隨時，要之理勝爲貴，文正豈可與傳奇同語哉！蓋一時戲笑之談耳。《唐志》三卷，今六卷，皆後人以其卷帙多而分之也。

案：「文體隨時，要之理勝爲貴」，此或振孫研治小說而提出相關之文學理論耶？

玖、神仙家

振孫於神仙家多致不滿，其痛斥杜光庭非有道之士（註五），又指責白玉蟾「得罪亡命，蓋姦妄流」。（註六）是故其於神仙類之書，少所許可。即一向被認爲劉向撰之《列仙傳》二卷，亦疑爲贗作，謂「似非向書，西漢人文章不爾也」。而魏伯陽所撰《周易參同契》三卷，則僅言「其書因《易》以言養生，後世言修鍊者祖之」而已。

惟以下四書，乃稍獲振孫之好評，《解題》卷十二《神仙類》著錄：

《參同契考異》一卷，朱熹撰。以其詞韻皆古奧難通，讀者淺聞，妄輒更改，比他書尤多舛誤，合諸本更相讎正，其諸同異皆並存之。

此稱朱子所作之《考異》具讎正舛誤，同異並存之功也。

《雲笈七籤》一百二十四卷，集賢校理張君房撰。凡經法、符籙、修養、服食以及傳記，無不畢錄。祥符中，君房貶官，會推崇聖祖，朝廷以秘閣道書付杭州，俾戚綸等校正。王欽若薦君房專其事，銓次爲此書。

此則稱《雲笈七籤》內容豐贍，於「凡經法、符籙、修養、服食以及傳記，無不畢錄」也。

《悟眞篇集注》五卷，天台張伯端平叔撰。一名用成。熙寧中遇異人於成都，所著五七言詩及《西江月》百篇，末卷爲禪宗歌頌，以謂學道之人不通性理，獨修金丹，則性命之道未全。有葉士表、袁公輔者，各爲之注。

此頗推許伯端書末卷禪宗歌頌之部，以其主張學道之人須通理性，如「獨修金丹，則性命之道未全」。

《道樞》二十卷，曾慥端伯撰。慥自號至游子，采諸家金丹、大藥、修鍊、般運之術，爲百二十二篇。初無所發明，獨黜采御之法，以爲殘生害道云。

此雖評《道樞》二十卷，「初無所發明」，惟仍稱其書「獨黜采御之法，以爲殘生害道」爲可貴也。

拾、釋　氏

振孫於釋氏之書，評價不高，於其教義，亦未見推許。惟振孫於一己所藏之釋氏類書，於著錄之時，則頗重視其書與版本。《解題》卷十二《釋氏類》著錄：

《石本金剛經》一卷，南唐保大五年壽春所刻。乾道中劉岑季高再刻於建昌軍。不分三十二分，相傳以爲最善。

《遺教經》一卷，佛涅槃時所說。唐碑本。以下三種同。

《阿彌陀經》一卷，唐陳仁稜所書。刻於襄陽。

《金剛經》一卷，唐武敏之所書。在長安。

《金剛經》一卷，唐鄔彤所書。在吳興墨妙亭。

以上所著錄之佛經，有唐碑本、南唐保大五年刻本、乾道中刻本，均應爲善本。而陳仁稜、武敏之、鄔彤諸人，亦必一代之書法家也。

佛經來華，每須梵華對翻，其書有一譯以至多譯者，振孫頗能留意及之。《解題》同卷同類著錄：

《六譯金剛經》一卷，此《經》前後六譯，各有異同，有弘農楊顒者集爲此本。太和中，中貴人楊永和集右軍書，刻之興唐寺。

是此書集前後六譯而成，振孫著錄甚翔實也。

至譯經有潤文者，振孫亦記其事。《解題》同卷同類著錄：

《萬行首楞嚴經》十卷，唐天竺般刺密諦、烏長國彌迦釋迦譯語，宰相房融筆受，所謂譯經潤文者也。

是此《經》本般刺密諦、彌迦釋迦二人所譯，而房融筆受並潤色其文字也。

佛經中亦有集注之本，其中張戒集注《楞伽經》，振孫則給予好評。《解題》同卷同類著錄：

《楞伽經》四卷，有宋、魏、唐三譯。宋譯四卷，唐譯七卷，正平張戒集注。蓋以三譯參校研究，得舊注本，莫知誰氏，頗有倫理，亦多可取，句讀遂明白。其八卷者，分上、下也。是此集注之書，有倫理，多可取，句讀明白，故振孫乃揭其佳處以諗讀者。

拾壹、兵家

振孫治兵家之書，於《六韜》謂「其辭鄙俚」，於《黃石公三略》謂其「傅會依託」，於《李衛公問對》更斥其「假託」，「文辭淺鄙尤甚」，則其於兵家類之書多不中意可知。《解題》卷十二《兵家類》「《李衛公問對》三卷」條中且評及《武經》七書，其著錄曰：

《李衛公問對》三卷，唐李靖對太宗。亦假託也，文辭淺鄙尤甚。今武舉以七書試士，謂之《武經》。其間《孫》、《吳》、《司馬法》或是古書，《三略》、《尉繚子》亦有可疑，《六韜》、《問對》僞妄明白，而立之學官，置師弟子伏而讀之，未有言其非者，何也？何薳《春渚紀聞》言：其父去非爲武學博士，受詔校七書，以《六韜》、《問對》爲疑，白司業朱服。服言：「此書行之已久，未易遽廢。」遂止。後爲徐州教授，與陳師道爲代，師道言：「聞之東坡，世所傳王通《元經》、關子明《易傳》及李靖《問對》皆阮逸僞撰，逸嘗以草示奉常公云。」奉常公者，老蘇也。

是七書中，僅《孫》、《吳》、《司馬法》或是古書可據，《黃石公三略》、《尉繚子》均「可疑」，而《六韜》、《問對》更「僞妄明白」。故振孫頗致怨於武舉將此七書試士，尤批評以《武經》「立之學官，置師弟子伏而讀之」，而「未有言其非者」。振孫且明引何薳《春渚紀聞》以證《問對》乃北宋人阮逸所僞撰，蓋逸嘗以草示蘇洵。是《武經》七書，多在振孫貶斥之列。

至於《陰符經》，振孫亦謂爲非古書。《解題》同卷同類著錄：

《陰符玄機》一卷，即《陰符經》也。監察御史新安朱安國注。此書出於李筌，云得於驪山老姥。舊《志》皆列於《道家》，安國以爲兵書之祖，要之非古書也。

大抵振孫於唐太宗以前所撰之兵書，多疑其僞託不足據也。

拾貳、曆象

振孫對歷代曆象類書籍之批評，可謂毀譽參半。振孫評應㞭《天象義府》爲「傅會」、「矯誣」，（註七）評楊忠輔《統天曆》所附《神殺》一篇爲「陰陽拘忌」、爲「俚俗」（註八），評《金大明曆》爲「疏淺無足取」。（註九）至對《開禧曆》，亦曾作頗嚴厲之批評，《解題》卷十二《曆象類》著錄：

《開禧曆》三卷、《立成》一卷，大理評事鮑澣之撰進，時開禧三年。詔附《統天曆》推算，至今頒曆，用《統天》之名，而實用此曆。當時緣金人閏月與本朝不同，故於此曆加五刻。天道有常，而造術以就之，非也。大抵中興以來，雖屢改曆，而日官淺鄙，不知曆象之本，但模襲前曆，而於氣朔皆一時遷就爾。

振孫於此條中，不惟批評《開禧曆》強加五刻，以遷就金人閏月與宋朝不同；又批評南宋中興以來，日官淺鄙，不知曆象之本，僅知模襲前曆以作遷就之失當。

惟於下列曆書，振孫則頗見推譽。《解題》同卷同類著錄：

《天經》十九卷，同州進士王及甫撰進。不知何人。其書定是非，協同異，由博而約，儒者之善言天者。

《統天曆》一卷，冬官正楊忠輔撰，丞相京鏜表進。其《曆議》甚詳，至於星度，明言不曾測驗，無候簿可以立術，最爲不欺。

《數術大略》九卷，魯郡秦九韶道古撰。前世算術，自《漢志》皆屬曆譜家。要之數居六藝之一，故今《解題》列之《雜藝類》。惟《周髀經》爲蓋天遺書，以爲曆象之冠。此書本名《數術》，而前二卷《大衍》、《天時》二類，於治曆測天爲詳，故亦置之於此。秦博學多能，尤邃曆法，凡近世諸曆皆傳於秦。所言得失，亦悉著其語云。

案：《天經》一書，評論得當，博約得體；《統天曆》，其《曆議》最詳，言星度最爲不欺；而秦九韶則邃於曆法，其所撰《數術大略》，於近世諸曆至具影響，故振孫皆給予佳評。

拾叁、陰陽家

振孫於陰陽家之書，至不滿意。其評《廣濟陰陽百忌曆》諸書，或謂爲「不經」，（註一〇）或譏其「鄙俚」，（註一一）其厭惡之情乃有溢於辭表者。至陰陽家書所言，振孫亦不之信。《解題》卷十二《陰陽家類》著錄：

《五星命書》一卷，不著名氏。歌訣頗詳，然未必驗也。

《怡齋百中經》一卷，東陽術士曹東野撰。自言：「今世言五星者，皆用唐《顯慶曆》曆法，更本朝，前後無慮十餘變，而《百中經》猶守舊曆，安得不差？於是用見行曆法推算。」其說如此，未之能質也。

是又振孫不信陰陽家書之證。

惟《解題．陰陽家類》前有小序，從中可窺見振孫對陰陽家學術源流亦有獨特之見地。其著錄曰：

自司馬氏論九流，其後劉歆《七略》、班固《藝文志》，皆著陰陽家。而「天文」、「曆譜」、「五行」、「卜筮」、「形法」之屬，別爲《數術略》。其論陰陽家者流，蓋出於羲和之官，欽若昊天，曆象日月星辰。拘者爲之，則牽於禁忌，泥於小數。至其論數術，則又以爲羲和、卜史之流。而所謂《司星子韋》三篇，不列於「天文」，而著之「陰陽家」之首。然則陰陽之與數術，亦未有以大異也。不知當時何以別之？豈此論其理，彼具其術耶？今《志》所載二十一家之書皆不存，無所考究，而《隋》、《唐》以來子部，遂闕「陰陽」一家。至董逌《藏書志》始以「星占」、「五行」書爲陰陽類。今稍增損之，以「時日」、「祿命」、「遁甲」等備「陰陽」一家之闕，而其他數術，各自爲類。

是振孫考《漢志》，認爲其《諸子略》有陰陽家，而又別爲《數術略》，二者皆同出於「羲和之官」；且《司馬子韋》三篇本天文之書，而《漢志》不列於《數術》，「而著於『陰陽家』之首」。由是振孫乃推判陰陽之與數術，「亦未有以大異」；又推判二者之相異，不過陰陽家「論其理」，而數術家「具其術」。是則陰陽之與數術，同源而異流耳。振孫有此一說，道前人之未嘗道，亦足以發潛德之幽光矣。

拾肆、卜筮、形法

振孫於卜筮之書，最當意者厥爲焦延壽《易林》十六卷，振孫既爲之撰《跋》，又著錄於《解題》，歷稱此書「凡四千九十六卦，其辭假出於經史，其意雅通於神祇」；又謂「南渡諸人以《易林》筮國事，多奇驗」，而己「間嘗筮之，亦驗」。是振孫篤信《易林》，用以筮事可知。

惟於其他卜筮書則不然。《解題》卷十二《卜筮類》著錄：

《京氏參同契律曆志》一卷，虞翻注。專言占象而不可盡通。字亦多誤，未有別本校。

是虞翻所注此書，以其「專言占象而不可盡通」之故，乃不爲振孫所推許。

至形法類之書，振孫亦有嫌其鄙俗依託，如郭景純《續葬書》一卷，《解題》即作如上之批評。(註一二)惟《狐首經》一卷，雖亦後人依託，振孫則頗爲稱道。《解題》卷十二《形法類》著錄：

《狐首經》一卷，不著名氏。稱郭景純序，亦依託也。胡汝嘉始序而傳之。其文亦雅馴，言頗有理。《陰陽備用》中全載。

是振孫以此書「文亦雅馴，言頗有理」，故推譽之也。

拾伍、醫　書

振孫於醫書之蒐求甚爲重視，《解題》中著錄者多達八十七種，惟其中部分醫書，既「別未有發明」，且「淺俚無高論」，固不免振孫之譏評。（註一三）然醫書中之精品，振孫則給予較高之評價。《解題》卷十三《醫書類》著錄：

《傷寒論》十卷，漢長沙太守南陽張機仲景撰。建安中人。其文辭簡古奧雅。又名《傷寒卒病論》，凡一百一十二方。古今治傷寒者，未有能出其外也。

《本草衍義》十卷，通直郎寇宗奭撰。援引辨證，頗可觀采。

《傷寒微旨論》二卷，不著作者。《序》言元祐丙寅，必當時名醫也。其書頗有發明。

上引三書，或以「文辭簡古奧雅」，或「援引辨證，頗可觀采」，或「頗有發明」，故振孫皆肯定其成就。

振孫研治醫書，於其書之源流及歷代注者之情況，均甚爲措意。《解題》同卷同類著錄：

《黃帝內經素問》二十四卷，黃帝與岐伯問答。《三墳》之書無傳，尚矣，此固出於後世依託，要是醫書之祖也。唐太僕令王砅注，自號啓元子。案：《漢志》但有《黃帝內》、《外經》，至《隋志》乃有《素問》之名，又有全元起《素問注》八卷。嘉祐中，光祿卿林億、國子博士高保衡承詔校定、補注，亦頗采元起之說附見其中，其爲篇八十有一。王砯，寶應中人也。

是《黃帝內經》，宋世所見者固出依託，然其書《漢志》嘗著錄，唐太僕令王砯曾作注；至《素問》一書，《隋志》已有其名，全元起有注，嘉祐間林億、高保衡又有補注。振孫均考之甚詳明。

於《難經》，振孫亦有考。《解題》同卷同類著錄：

《難經》二卷，渤海秦越人撰，濟陽丁德用補注。《漢志》亦但有《扁鵲內》、《外經》而已。《隋志》始有《難經》，《唐志》遂題云秦越人，皆不可考。德用者，乃嘉祐中人也。《序》言：「太醫令呂廣重編此《經》，而楊元操復爲之注，覽者難明，故爲補之，且間爲之圖。」八十一難，分爲十三篇，而首篇爲《診候》，最詳，凡二十四難。蓋脈學自扁鵲始也。「難」，

當作去聲讀。

是《難經》，《隋志》始行著錄，《唐志》題秦越人撰，宋前已有楊元操注；嘉祐間，以覽者難明，丁德用又復作補注。

至宋仁宗之仁民澤物，校訂及摹印板行醫書，振孫則大爲褒譽與表彰。《解題》同卷同類著錄：

《外臺秘要方》四十卷，唐鄴郡太守王燾撰。自爲《序》，天寶十一載也。其書博采諸家方論，如《肘後》、《千金》，世尚多有之；至於《小品》，深師崔氏、許仁則、張文仲之類，今無傳者，猶間見於此書。大凡醫書之行於世，皆仁廟朝所校定也。按《會要》：「嘉祐二年，置

校正醫書局于編修院，以直集賢院掌禹錫、林億校理，張洞校勘，蘇頌等並爲校正。後又命孫奇、高保衡、孫兆同校正。每一書畢，即奏上，億等皆爲之《序》，下國子監板行。并補注《本草》，修《圖經》。《千金翼方》、《金匱要略》、《傷寒論》，悉從摹印。天下皆知學古方書。」嗚呼！聖朝仁民之意溥矣。

觀是，則仁宗仁民之意實至溥矣！

拾陸、音　樂

振孫重古樂而輕俗樂，因是，《解題》卷十四《音樂類》前所撰小序，已力斥《隋志》、《新》、《舊唐志》以俗樂充《樂類》之不當；即陳暘《樂書》二百卷，其書因「雅、俗、胡部音器、歌舞，下及優伶、雜戲，無不備載」，振孫亦評其「蕪穢」。

振孫對以下樂書亦至感不滿，《解題》同卷同類著錄：

《琴經》一卷，託名諸葛亮。淺俚之甚。

《琴曲詞》一卷，不知作者。凡十一曲，辭皆鄙俚。

《大晟樂書》二十卷，大中大夫開封劉炳子蒙撰。「大晟」者，本方士魏漢津妄出新意，以祐陵指節定尺律，傅會身爲度之說。炳爲大司樂，精爲緣飾。又有《圖譜》一卷。

是前二書鄙俚之甚，而後書則傅會、緣飾，故振孫皆一一揭示其弊病而批評之。

振孫於樂書較表推許與敬重者，厥爲《琴史》與《皇祐新樂圖記》二書，《解題》同卷同類著錄：

《琴史》六卷，吳郡朱長文伯原撰。唐、虞以來迄于本朝，琴之人與事備矣。

《皇祐新樂圖記》三卷，屯田員外郎阮逸、光祿寺丞胡瑗撰。凡十二篇，首載詔旨，次及律、度量衡、鍾磬、鼓鼎、鸞刀，圖其形製，刊板頒之天下。虎丘寺有本，當時所頒，藏之名山者也。其末志頒降歲月，實皇祐五年十二月二十一日，用蘇州觀察使印，長、貳押字。余平生每見承平故物，未嘗不起敬，因錄藏之，一切依元本摹寫，不少異。

蓋《琴史》一書，綜輯唐、虞以來琴之人與事，內容富贍可觀；《皇祐新樂圖記》則仁廟所頒降者，承平故物，故不免振孫推許並表敬重之意。

振孫於仁宗景祐、皇祐間二度制樂事，亦曾就《景祐廣樂記》、《大樂演義》二書，詳加考論。《解題》同卷同類著錄：

《景祐廣樂記》八十卷，翰林院侍講學士馮元等撰。闕八卷。景祐元年，判太常寺燕肅建言鍾律不調，欲以王朴《律準》更加攷詳。詔宋祁與集賢校理李照共領其事。照言朴律太高，比之古樂，約高五律，遂欲改定大樂，制管鑄鍾，并引校理聶冠卿爲檢討官。又詔元等修撰《樂書》，爲一代之典。三年七月書成，然未幾，照樂廢不用。

《大樂演義》三卷，成都房審權撰。皇祐中，宋祁、田況薦益州進士房庶曉音律，上其《樂書補亡》三卷。庶自言得古本《漢書》，云：「度起於黃鍾之長，以子穀秬黍中者，一黍之起，積一千二百，黍之廣度之九十分，黃鍾之長，一爲一分。」今本脫「之起，積一千二百黍」八字，故前世累黍爲尺以制律。是律生於尺，非尺生於律也。且「一爲一分」者，蓋九十分之一也，後世誤以一黍爲一分，非是。當以秬黍中者一千二百實管中，黍盡得九十分，爲黃鍾之長九寸，加一以爲尺，則律定矣。惟范鎮是之。時胡瑗、阮逸制樂已有定議，遂格不行，詳見《國史・律曆志》。審權，庶之子也，元豐四年爲此書，以述父之意。其後元祐初，范蜀公老矣，自爲新樂，奏之於朝，蓋用其說云。

是振孫曾就《景祐廣樂記》，以考景祐元年燕肅建言用王朴《律準》攷詳鐘律，亦考及馮元等修撰《樂書》，爲一代之典事；其後又就《大樂演義》一書，考及皇祐中房庶上言定律事，因以胡瑗、阮逸已有定議，遂格而不行。是則振孫於朝廷制樂之大典，亦甚留意也。

拾柒、雜　藝

振孫於雜藝之事，最輕視書法家，認爲書法家不擅小學，「偏旁之未審，何取其爲法書」？甚者指其「玩物喪志，本無足云」，其輕忽之意可知。

振孫對同時人周越之書法，亦給予「俗甚」之劣評。《解題》卷十四《雜藝類》著錄：

《古今法書苑》十卷，主客郎中臨淄周越撰。越與兄起皆有書名，起書未見，越書間有之，俗甚。

惟於黃伯思《法帖刊誤》一書，則評價較高。《解題》同卷同類著錄：

《法帖刊誤》二卷，黃伯思長睿撰。《淳化法帖》出於待詔王著去取，時秘府墨跡眞贋雜居，著不能辨也。但欲備晉、宋間名蹟，遂至以江南人一手僞帖竄入其間，鄙惡之甚。米南宮辨之，十已得七八；至長睿益精詳矣。

蓋振孫既致怨於王著之不愼去取，「遂至以江南人一手僞帖竄入」《淳化法帖》中，伯思能隨米芾後而刊誤精詳，故振孫推許之也。

振孫於名畫論著，頗不重視張彥遠《歷代名畫記》，蓋嫌其傲也。《解題》同卷同類著錄：

《歷代名畫記》十卷，唐張彥遠撰。彥遠家世藏法書、名畫，收藏鑒識，自謂有一日之長。既作《法書要錄》，又爲此《記》，且曰：「有好事者傳余二書，書畫之事畢矣。」

是振孫頗不以彥遠高自標許爲然也。

於《益州名畫錄》一書，振孫則嘗辨《中興館閣書目》著錄此書之誤，《解題》同卷同類著錄：

《益州名畫錄》三卷，黃休復撰。《中興書目》以爲李略撰，而謂休復書今亡。案：此書有景祐三年《序》，不著名氏，其爲休復所錄甚明。又有休復自爲《後序》，則固未嘗亡也。未知題李略者，與此同異？

是《中興館閣書目》謂「休復書今亡」，固不符於事實。

振孫於品水煎茶一事，則屬當道本行。《解題》同卷同類著錄：

《煎茶水記》一卷，唐涪州刺史張又新撰。本刑部侍郎劉伯芻稱水之與茶，宜者凡七等。又新復言得李季卿所筆錄陸鴻漸《水品》凡二十，歐公《大明水記》嘗辨之，今亦載卷末。余足跡所至不廣，於水品僅嘗三四，若惠山泉甘美，置之第二不忝，特未知康王谷水何如爾。其次，吳淞第四橋水亦不惡。虎丘劍池殊未佳，而在第四，已不可曉。至於雪水，清甘絕佳，而居其末，尤不可曉也。大抵水活而後宜茶，活而不清潔猶不宜，故乳泉、石池，漫流者爲上，爲其活且潔也。若夫天一生水，烝爲雲雨，水之活且潔者，何以過此？余嘗用淨器承雨水，試以烹煎，不減雪水，故知又新之說妄也。

據上所載，則振孫於陸羽《水品》之品水高下，殊未能信服。至其於《解題》中謂「大抵水活而後宜茶，活而不清潔猶不宜」；又謂「余嘗用淨器承雨水，試以烹煎，不減雪水」；此不惟屬經驗之談，亦茶道當行之語也。

拾捌、類書

振孫於類書，亦多未當其意。惟振孫於類書何時立類於史志，及其成書之源流，則知之較審。《解題》卷十四《類書類》著錄：

《語麗》十卷，梁湘東王功曹參軍朱澹遠撰。……案前《志》有雜家而無類書，《新唐書・志》始別出爲一類。此書乃猶列雜家，要之實類書也。

《修文殿御覽》三百六十卷，北齊尚書左僕射范陽祖珽孝徵等撰。案《唐志》，類書在前者有《皇覽》、《類苑》、《華林遍略》等六家，今皆不存，則此書當爲古今類書之首。是則史志立類書一類，蓋始自《新唐志》；而類書類之書籍，祖珽撰《修文殿御覽》之前，已有《皇覽》等六家矣。此類書修撰之始也。

振孫於本朝詔命修撰類書之事，則至爲注意，《解題》中均詳予記述。《解題》同卷同類著錄：

《太平御覽》一千卷，翰林學士李昉、扈蒙等撰。以前代《修文御覽》、《藝文類聚》、《文思博要》及諸書，參詳條次修纂。本號《太平總類》。太平興國二年受詔，八年書成，改名《御覽》。或言國初古書多未亡，以《御覽》所引用書名故也；其實不然，特因前諸家類書之舊爾。以《三朝國史》攷之，館閣及禁中書總三萬六千餘卷，而《御覽》所引書多不著錄，蓋可見矣。

是《太平御覽》一書成於宋太宗太平興國八年，所據以修纂者乃《修文御覽》、《藝文類聚》、《文思博要》諸書。惟《太平御覽》中所引書名，實皆因諸家類書之舊，殊非「國初古書多未亡」，故不可據依《太平御覽》以考北宋國初古書之存佚也。

同卷同類著錄：

《冊府元龜》一千卷，景德二年命資政殿學士王欽若、知制誥楊億修歷代君臣事跡，八年而成。總五十部，部有《總序》；一千一百四門，門有小序。賜名製《序》。所采正經史之外，惟取《戰國策》、《國語》、《韓詩外傳》、《呂氏春秋》、《管》、《晏》、《韓子》、《孟子》、《淮南子》及《修文殿御覽》。每門具進，上親覽，摘其舛誤，多出手書，或詔對，指示商略。

是《冊府元龜》一書成於眞宗景德八年，其書所采資料除正經、正史外，尙取《戰國策》、《國語》等書。此書之修撰，眞宗至爲關注，除「賜名製《序》」外，每門具進，均親加御覽，且親自「摘其舛誤」，「或詔對，指示商略」。

同卷同類又著錄：

《天和殿御覽》四十卷，侍讀學士臨川晏殊等天聖中受詔，取《冊府元龜》，掇其要者，分類爲二百十五門。天和者，禁中便殿也。

是《天和殿御覽》修撰於仁宗天聖中，其書乃就《冊府元龜》掇要而成，僅四十卷，故不逮《元龜》遠矣。

振孫於倪思所撰類書二種則頗見重視。《解題》同卷同類著錄：

《遷史刪改古書異辭》十二卷，倪思撰。以遷《史》多易經語，更簡嚴爲平易體，當然也。然易辭而失其義，書事而與經異者多，不可以無攷，故爲是編。經之外與他書異者，亦并載焉。

《馬班異辭》三十五卷，倪思撰。以班史仍《史記》之舊而多刪改，大抵務趨簡嚴，然或刪而遺其事實，或改而失其本意。因其異，則可以知其筆力之優劣，而又知作史述史之法矣。

是倪思所撰前書乃就《史記》刪改古書異辭而作考證，大凡「易辭而失其義，書事而與經異」，並「經之外與他書異者」皆考之；後書則考《史》、《漢》異辭，且因其異而論馬、班「筆力之優劣」，並從中探求「作史述史之法」。是倪氏此二書之撰作，有其匠心獨運而具功力之處，故振孫雖無甚褒譽，惟亦未見其有所貶抑也。

綜上所述，則振孫之子學，庶幾可窺其概略矣。

【附註】

註一　見載民國三十五年十一月二十日《大公報・文史周刊》第六期。

註二　請參考拙著《陳振孫之生平及其著述研究》第六章《陳振孫之其他著作》，頁五一九至六二六。

註三　《漢書》卷三十《藝文志》第十《諸子略・道家》著錄：「《關尹子》九篇。名喜，為關吏，老子過關，喜去吏而從之。」惟《隋志》、兩《唐志》及《宋國史藝文志》均不著錄此書。

註四　《解題》卷十《雜家類》著錄：「《子華子》十卷，稱晉人程本字子華，與孔子同時。考前世史志及諸家書目，並無此書，蓋假託也，《館閣書目》辨之當矣。《家語》有孔子遇程子，傾蓋贈束帛之事。而《莊子》亦載子華子見昭僖侯一則，此其姓字之所從出。昭僖與孔子不同時也。《莊子》固寓言，而《家語》亦未可考信。班固《古今人表》亦無之。使果有其人，遇合於夫子，班固豈應見遺也？其文不古，然亦有可觀者，當出於近世能言之流，為此以玩世爾。」

註五　《解題》卷十二《神仙類》著錄：「《王氏神仙傳》一卷，杜光庭撰。當王氏有國時，爲此書以媚之。謂光庭有道，吾不信也。」

註六　《解題》卷十二《神仙類》著錄：「《群仙珠玉集》一卷，其《序》曰：『西華眞人以金丹、刀圭之訣傳張平叔，作《悟眞篇》，以傳石得之、薛道光、陳泥丸，至白玉蟾。』玉蟾者，葛其姓，福之閩清人。嘗得罪亡命，蓋姦妄流也。余宰南城，有寓公稱其人云：『近嘗過此，識之否？』余言：『不識也。此輩何可使及吾門！』李士寧、張懷素之徒，皆殷監也，是以君子惡異端。」

註七　《解題》卷十二《曆象類》著錄：「《天象義府》九卷，宜黃布衣應垕撰。其書考究精詳，論議新奇，而多穿鑿附會。象垂於天，其曰某星主某事者，人寔名之也。開闢之初，神聖在御，地天之通未絕，其必有得於仰觀俯察之妙者，故曰：『天垂象，聖人則之。』夫天豈諄諄然命之乎？如必一切巧爲之說，而以爲天意寔然，則幾於矯誣矣。」

註八　《解題》卷十二《曆象類》著錄：「《統天曆》一卷，冬官正楊忠輔撰，丞相京鏜表進。其《曆議》甚詳，至於星度，明言不曾測驗，無候簿可以立術，最爲不欺。紹熙五年也。其末有《神殺》一篇，流於陰陽拘忌，則爲俚俗。寧宗慶元《統天》。」

註九　《解題》卷十二《曆象類》著錄：「《金大明曆》一卷，金大定十三年所爲也。其術疏淺，無足取。積年三億以上，其拙可知。然《統天》、《開禧》改曆，皆緣朝論以北曆得天爲疑，貴耳賤目，由來久矣，寔不然也。」

註一〇　《解題》卷十二《陰陽家類》著錄：「《廣濟陰陽百忌曆》二卷，稱唐呂才撰。有《序》。案：才序陰陽書，其三篇見於本傳，曰《祿命》，曰《卜宅》，曰《葬》，盡掃世俗拘滯之論，安得復有此曆？本初固已假託，後人附益，尤不經。」

註一一　《解題》卷十二《陰陽家類》著錄：「《珞琭子》一卷，此書祿命家以爲本經。其言鄙俚，閭巷賣卜之所爲也。」

註一二　《解題》卷十二《形法類》著錄：「《續葬書》一卷，稱郭景純。鄙俗依託。」

註一三　《解題》卷十三《醫書類》著錄：「《傷寒證類要略》二卷、《玉鑑新書》二卷，汴人平堯卿撰。專爲傷寒而作，皆仲景之舊也，亦別未有發明。」又著錄：「《紹興校定本草》二十二卷，醫官王繼先等奉詔撰。紹興二十九年上之，刻板修內司。每藥爲數語辨說，淺俚無高論。」

陳振孫研治史學之主張

陳振孫撰《直齋書錄解題》一書，以目錄學成就蜚聲於時而揚名後世。目錄學蓋史學之一環，故振孫畢生治學亦篤嗜史學。《解題》卷五《詔令類》「《東漢詔令》十一卷」條載：

愚未冠時，無書可觀，雖二史亦從人借。嘗於班《書》志、傳錄出諸詔，與紀中相附，以便覽閱。

二史，指《史記》、《漢書》。據《解題》此條所述，則振孫少時即好研史。其後，周密《志雅堂雜鈔》卷下記振孫所著書有《史鈔》一種，（註一）其書蓋屬就群史錄出相關資料，「以便覽閱」之作。直至宋理宗淳祐十年（一二五〇），振孫雖年屆古稀，致仕家居，則仍勤於撰史。周密《齊東野語》卷十五「《張氏十詠圖》」條即記其事。周書略云：

先世舊藏《吳興張氏十詠圖》一卷，乃張子野圖其父維平生詩，有十首也。……此事不詳於郡志，而張維之名亦不顯，故人少知者。會直齋陳振孫貳卿方修《吳興志》，討摭舊事，見之大喜，遂傳其《圖》，且詳考顛末，爲之《跋》云：「……自慶曆丙戌後十八年，子野爲《十詠圖》，當治平甲辰；……又後一百七十七年，當淳祐己酉，其《圖》爲好古博雅君子所得。會余方緝《吳興人物志》，見之如獲拱璧，因細考而詳錄之，庶幾不朽於世。」

據《齊東野語》所載，是振孫至垂暮之年，仍刻意蒐求史料，以編輯《吳興人物志》。則振孫畢生之好史，治史，由髫而耋，未嘗少輟，就上述徵引資料所記，殆可覘之。

至振孫之史學著作亦頗富贍，惜多已散佚。如上述《史鈔》一書，乾隆《安吉州志》卷十五著錄作一百卷，同治《安吉縣志》因之，惟及今已蹤跡全無矣。《吳興人物志》一書亦未之見。而振孫另有《吳興氏族志》，元人韋居安《梅磵詩話》卷上載：

> 沈作喆字明遠，吳興人，守約丞相之姪，自號寓山。登紹興進士第，嘗爲江右漕屬。作《哀扇工》詩，擬怒洪帥魏道弼，捃深文劾之，坐奪三官。……陳直齋《吳興氏族志》云：「《哀扇工》詩，罵而非諷，非言者之罪也。」其詩不傳。

是直齋有《吳興氏族志》之證。惟《吳興氏族志》一書，自元之後，似未再睹其蹤跡。振孫之史學著作，今仍可得而讀之者，《白文公年譜》其一也。此書有南宋趙善書刊本、清汪立名一隅草堂本、《四庫全書》本等，余前撰《陳振孫之生平及其著述研究》已論述之矣。（註二）如前所述，目錄學既隸史學之範疇，則《解題》一書固應被視爲振孫之史學專著，尤以《解題》中史錄之部爲然。《白文公年譜》與《解題》二書，均屬振孫所撰而現存之史籍，竊以爲吾人欲探究振孫之治史主張，最足依憑及乞靈者，即此二書。

茲首據《解題》及《白文公年譜》，亦參以相關資料，分治史態度、治史方法及撰史要求三項，以探究振孫之治史主張如左。

壹、治史態度

所謂治史態度，猶章學誠所指之史德也。《文史通義》卷三《內篇》三《史德》載：

> 德者何？謂著書者之心術也。夫穢史者所以自穢，謗書者所以自謗，素行爲人所羞，文辭何足取重。

章氏以「著書者之心術」以釋史德，並指斥治史者如「素行爲人所羞」，則其「文辭何足取重」，所言最爲切理。蓋治史之士倘不能先端正其心術，則其下筆之際，不免阿世諂諛，或放言醜詆，則其所撰之史，不過「穢史」或「謗書」耳，又何足取重於世。讀《解題》一書，每發現振孫極重史德，即甚重視治史者之態度。茲將振孫於《解題》、《白文公年譜》及相關資料中言及治史態度者略加歸納，分以下四點申述之。

一、主張愛君恤民，明辨忠奸

振孫一生忠君，不忘故國。自宋室南渡，北土淪於敵手。愛國之士大夫面對家仇國恨，每難爲懷。振孫眷念故國之情，常於《解題》字裡行間抒發之。《解題》卷五《典故類》「《三朝訓鑑圖》十卷」條云：

學士李淑、楊偉等修纂。慶曆八年，偉初奉旨檢討三朝事跡，乞與淑共編，且乞製《序》。皇祐元年書成。頃在莆田，有售此書者，亟求觀之，則已爲好事者所得，蓋當時御府刻本也。卷爲一冊，凡十事；事爲一圖，飾以青赤。亟命工傳錄，凡字大小、行廣狹、設色規模，一切從其舊。斂袵鋪觀，如生慶曆、皇祐間，目睹聖明作述之盛也。

此條之慶曆、皇祐，皆仁宗年號。振孫眷眷不忘北宋盛世，斯其證也。《解題》卷八《地理類》「《晉陽事跡雜記》十卷」條云：

唐河東節度使李璋纂。……蓋治平中太原府所刻本也。……自南渡以來，關河阻絕，圖志泯亡，得見一二僅存者，猶足以發傷今思古之歎。

治平，英宗年號。振孫以「自南渡以來，關河阻絕，圖志泯亡」，故偶得見治平舊刻，遂不免「發傷今思古之歎」。是振孫撰書每難忘國族枯榮，於斯可睹。

振孫既以忠君愛國爲其治史之態度，故於史官，凡能忠君者則揚譽之，而叛國者則抨擊之。《解題》卷五《典故類》「《尊號錄》一卷」條云：

丞相安陸宋庠公序撰。大意以爲「徽號夸詡非古，而我祖宗往往謙遜不居，猶願超然遠覽，盡屏前號」。其愛君以德者歟！至神宗遂卻不受，至於今行之。

此條記宋庠能「愛君以德」，故揚譽之。《解題》卷四《正史類》「《後漢書》九十卷」條云：

宋太子詹事順陽范蔚宗撰。……蔚宗乃以怨望反逆，至於滅族，其與遷、固之人禍天刑不侔矣。

此條記范曄「怨望反逆」，故抨擊之；並謂「其與遷、固之人禍天刑不侔」，蓋以二者不能相提並論也。

振孫之體恤民隱，見於其日常任官治事之間。周密《齊東野語》「義絕合離」條曾載其事曰：

莆田有楊氏，訟其子與婦不孝，官爲逮問，則婦之翁爲人毆死，楊亦預焉。坐獄未竟，而值覃霈得不坐，然婦仍在楊氏家。有司以大辟既已該宥，不復問其餘，小民無知亦安之，不以爲怪也。其後，父又訟其子及婦，軍判官姚珤以爲雖有讎隙，既仍爲婦，則當盡婦禮，欲併科罪。陳伯玉振孫時以倅攝郡，獨謂：「父子天合，夫婦人合；人合者，恩義有虧則已矣，在法休離，皆許還合；而獨於義絕不許者，蓋謂此類。況兩下相殺，又義絕之尤大者乎！初間，楊罪既脫，合勒其婦休離，有司既失之矣。若楊婦盡禮於舅姑，則爲反親事讎，稍有不至，則舅姑反得以不孝罪之矣。當離不離，則是違法。在律違律，爲婚既不成婚，即有相犯，並同凡人。今婦合比附此條，不合收坐。」時皆服其得法之意焉。

此條乃記振孫充興化軍通判時事也。振孫明於理而不泥於法，脫楊氏子與婦於囹圄，故「時皆服其得法之意焉」。

明人王鏊《姑蘇志》卷四十二《宦績門》亦載：

陳振孫，字伯玉，安吉人。博通今古。爲浙西提舉，仰體祖宗恤民之意，舉行（藥）萬户，停廢醋庫，邦人德之。

行藥萬戶與停廢醋庫二事，皆振孫任浙西提舉時之德政，其造福於百姓匪鮮矣。

振孫具恤民之史德，亦見於《解題》所載。《解題》卷五《典故類》「《會稽和買事宜錄》七卷」條著錄：

浙東帥鄱陽洪邁景盧、提舉常平三山鄭湜補之集。初承平時，預買令下，守越者無遠慮，凡一路州縣所不受之數悉受之，故越之額特重。以匹計者十四萬六千九百，居浙東之半。人戶百計規免，皆詭爲第五等戶，而四等以上戶之害日益甚。於是有爲畝頭均科之說者，帥鄭丙少嘉、憲邱崇宗卿、張詔君卿頗主之，由淳熙十一年以後略施行，而議者多以刱科五等戶爲不便。參政李彥穎秀叔、尚書王希呂仲行先後帥越皆言之，而王晝八事尤力。會光廟亦以爲貽貧弱之害，戶部尚書葉翥叔羽奏乞先減四萬四千餘匹，止以十萬爲額，而後議均數。詔從之，仍令侍從集議，皆乞闕併詭挾。遂詔邁、湜措置，既畢，以施行次第類成此書。時紹熙元年也。

振孫於此條中，詳述會稽一地百姓慘受和買政策之荼毒，文中有「害日益甚」、「貽貧弱之害」諸語，足證其爲禍之烈。幸統治者尚能體恤民困，妥加措置。至洪邁、鄭湜於事畢後能「類成此書」，尤屬撰書治史者具備恤民態度之表現，故振孫特予揭載。是振孫力主治史者須知恤民，《解題》此條所載，實爲一有力之旁證。

仕宦之善惡良否，對國對民至足影響。振孫既愛君恤民，故於《解題》中每明辨臣子之忠奸，並論及治史者對此應具之態度。《解題》卷七《傳記類》「《元祐分疆錄》三卷」條云：

直龍圖閣京兆游師雄景叔撰。元祐初，議棄西邊四寨，執政召師雄問之。對曰：「先帝棄之可也，主上棄之則不可。且示弱夷狄，反益邊患。」爭之甚力，不聽，卒棄之。四寨者：葭蘆、米脂、浮屠、安疆也。夏人以事出望外，萌侵侮之心，連年犯順，皆如師雄所料。此書前三卷記當時論辨本末，後一卷行實，不知何人作也。是歲，師雄被命行邊，請以便宜行事。夏人與鬼章謀寇熙河，師雄説劉舜卿出師，种誼遂破洮州，擒鬼章以獻，其功偉矣。元祐諸老固欲休兵息民，師雄言既不行，功復不賞，殆以專反熙、豐，失于偏滯，終成紹述之禍，亦有以也。

師雄，治平二年進士。

是師雄忠公體國，洞燭機先，獻策擒酋，厥功至偉；後以專反熙、豐新政而罹黨禍，故振孫甚惜之。而《解題》卷四《編年類》「《續稽古錄》一卷」條則云：

秘書丞歷陽龔頤正養正撰。以續司馬光前《錄》，而序述繁釀。其記紹熙甲寅事，歸功於韓侂胄。頤正本名敦頤，避崇陵諱改焉。嘗撰《元祐黨籍譜傳》得官。韓氏用事時，賜出身入館，非端士也。此書正以右韓也。

此條記侂胄僭妄無軌，時弄威福，而頤正不辨忠奸，竟撰史右韓，故振孫斥其爲「非端士」。至《解題》卷五《詔令類》「《東漢詔令》十一卷」條云：

宗正寺主簿鄞樓昉暘叔編。大抵用林氏舊體，自爲之《序》。……惟平、獻二朝，莽、操用事，如《錫莽》及《廢伏后》之類，皆當削去，莽時尤多也。

又同書卷四《起居注類》「《唐則天實錄》二十卷」條云：

吳兢撰。案《志》，魏元忠等撰，劉知幾、吳兢删正。今惟題兢撰。武氏罪大惡極，固不應復入唐廟，而題表猶有「聖帝」之稱。至開元中，禮官有言乃去之。武氏不應有《實錄》，猶正史之不應有《本紀》。皆沿襲《史》、《漢》呂后例。惟沈既濟之論爲正，而范氏《唐鑑》用之。

案：莽、操肆行簒弑，不臣之甚；武后取唐自代，罪大惡極。振孫認爲史官當明辨其奸，並應削去《錫莽》及《廢伏后》等詔令，而「武氏不應有《實錄》」。

綜上所述，是振孫以「愛君恤民」、「明辨忠奸」爲其治史態度，其深具史德固曉然矣。

二、主張作忠實記錄，黜異端而反誕妄

史學之標的在求眞，故要求史家之治史態度在尋求歷史眞相，有所著述，絕不應作絲毫之隱瞞與歪曲，以欺天罔人，而應就歷史之眞相，作出忠實之記錄。《解題》卷七《傳記類》「《青唐錄》一卷」條云：

右班殿直李遠撰。元符中取邈川、青唐，已而皆棄之。遠，紹聖武舉人，官鎭洮，奉檄軍前，記其經歷見聞之實，燦然可觀。

是李遠治史態度正確，所撰《青唐錄》能「記其經歷見聞之實」，絕不歪曲隱瞞，故振孫稱其書「燦然可觀」。

然歷代史官多有未能恪守忠於歷史之立場，故其所撰之史，有以私憾毀人者，《解題》卷四《正史類》「《三國志》六十五卷」條云：

> 晉治書侍御史巴西陳壽承祚撰。……壽書初成，時人稱其善敘事，張華尤善之。然乞米作佳傳，以私憾毀諸葛亮父子，難乎免物議矣。

亦有以私意竄改國史者，《解題》卷四《起居注類》「《唐太宗實錄》四十卷」條云：

> 案《藝文志》有《今上實錄》二十卷，敬播等撰，房玄齡監修。……今本惟題中書令許敬宗奉敕撰。蓋敬宗當高宗時用事，以私意竄改國史，《中興書目》言之詳矣。

且有希旨傅會，諂諛諱惡者。《解題》卷六《禮注類》「《開元禮》一百五十卷」條云：

> 唐集賢院學士蕭嵩、王仲丘等撰。唐初有《貞觀》、《顯慶禮》，儀注不同。而《顯慶》又出於許敬宗希旨傅會，不足施用。……然唐初已降凶禮於五禮之末，至《顯慶》遂削去《國恤》一篇，則敬宗諂諛諱惡，鄙陋亡稽，卒不能正也。

更有尊私史而壓宗廟者。《解題》卷七《傳記類》「《熙寧日錄》四十卷」條云：

> 丞相王安石撰。本朝禍亂萌于此書，陳瓘所謂「尊私史而壓宗廟者」。

同書卷五《典故類》「《四明尊堯集》一卷」條亦云：

> 司諫延平陳瓘瑩中撰。專辨王安石《日錄》之誣僭不孫，與配食坐像之爲不恭。……以謂蔡卞專用《日錄》以修《神宗實錄》，薄神考而厚安石，尊私史而壓宗廟，以是編類其語，得六十

五條，總而論之。

據上所載，則振孫於陳壽、許敬宗、王安石、蔡卞諸家所修之史，皆作嚴厲之批評，顯見其治史力主應作忠實紀錄之立場與態度，而其於以私意隨便篡改歷史者，則表現出無限之鄙夷與厭惡。振孫另一有關治史態度之建議，則爲黜異端而反誕妄。此點實爲振孫治學一貫之主張，其治經之態度亦常如此，余前撰《陳振孫之經學及其〈直齋書錄解題〉經錄考證》一書言之詳矣。（註三）《解題》卷四《正史類》「《三國志》六十五卷」條云：

晉治書侍御史巴西陳壽承祚撰。……王通謂壽有志於史，依大義而黜異端。

陳壽撰史，能「依大義而黜異端」，故振孫乃引王通之言而盛讚之。

至批評史著之誕妄不經，《解題》中屢言及之。該書卷四《正史類》「《宋書》一百卷」條云：

齊太子家令吳興沈約休文撰。……至其所創《符瑞》一志，不經且無益，其贅甚矣。

又卷七《傳記類》「《黃帝內傳》一卷」條云：

《序》云：「籛鏗遊衡山得之石室，劉向校中秘書，傳於世。」誕妄不經，方士輩所託也。

同卷同類「《梁四公記》一卷」條云：

唐張說撰。案《館閣書目》稱梁載言纂。……其所記多誕妄，而四公名姓尤怪異無稽，不足深辨。

據上所引，則振孫對誕妄不經之治史態度，尤深惡痛絕可知。

三、主張治史力求創新，尚有成績亦須謙遜

振孫治學態度，力求創新。其於治經，已作如是之提倡，故於治史亦然。《解題》卷四《正史類》「《史記》一百三十卷」條云：

漢太史令夏陽司馬遷子長撰。……竊嘗謂著書立言，述舊易，作古難。《六藝》之後有四人焉：摭實而有文采者，左氏也；憑虛而有理致者，莊子也；屈原變《國風》、《雅》、《頌》而爲《離騷》；及子長易編年而爲紀傳，皆前未有其比，後可以爲法，非豪傑特起之士，其孰能之？

左、莊、屈、馬，其著書治學，能作古，能創新，其成功實匪易，故振孫稱此四人爲「豪傑特起之士」；又從而譽其著述爲「前未有其比，後可以爲法」，則振孫重視創新作古之治史態度可知。

至朱子治學，亦重創見與發明。朱子所創新說，有謂《山海經》、《淮南子》二書皆緣解《天問》而作者，振孫深善其論。《解題》卷八《地理類》「《山海經》十八卷」條云：

漢侍中奉車都尉臣秀所校秘書。秀，即劉歆也。晉郭璞注。今本錫山尤袤延之校定。世傳禹、益所作，其事見《吳越春秋》，曰：「禹東巡，登南岳，得金簡玉字，通水之理，遂行四瀆，與益共謀，所至，使益疏而記之，名《山海經》。」此其爲說，恢誕不典。司馬遷曰：「言九州山川，《尚書》近之矣。至《禹本紀》、《山海經》所書怪物，余不敢言之也。」可謂名言，孰曰多愛乎！故尤《跋》明其爲非禹、伯翳所作，而以爲先秦古書無疑，然莫能名其爲何人也。洪慶善補注《楚辭》，引《山海經》、《淮南子》以釋《天問》。而朱晦翁則曰：「古今說《天

問》者，皆本此二書，今以文意考之，疑此二書本皆緣解《天問》而作。」可以破千載之惑。

振孫此條盛推朱子之新說，以爲「可以破千載之惑」，則振孫重視治史須創新作古，斯又一證。

惟治學能創新發明，猶須濟之以謙遜。范曄撰《後漢書》九十卷，能成一家之言矣，然作態驕矜，出語狂悖，故振孫深非之。《解題》卷四《正史類》「《後漢書》九十卷」條云：

宋太子詹事順陽范蔚宗撰，唐章懷太子李賢注。案《唐・藝文志》，爲後漢史者，有謝承、薛瑩、司馬彪、劉義慶、華嶠、謝沈、袁山松七家，其前又有劉珍等《東觀記》，至蔚宗乃刪取眾書，爲一家之作。其自視甚不薄，謂諸傳序、論，精意深旨，實天下之奇作。然頗有略取前人舊文者，注中亦著其所從出。至於論後有贊，尤自以爲傑思，殆無一字虛設。自今觀之，幾於贅矣。

是振孫殊不視范《書》爲「奇作」，爲「傑思」，而總評其書「幾於贅矣」，蓋深非其驕悖也。

至劉軻撰《牛羊日曆》，又立言不遜，振孫亦痛斥之。《解題》卷七《傳記類》「《牛羊日曆》一卷」條云：

唐劉軻撰。牛，指僧孺；羊，謂虞卿、漢公也。是不遜甚矣。

案：虞卿姓楊，字師皋；其弟漢公，字用乂，兩《唐書》均有傳。軻以其兄弟姓楊，而以「羊」易之，是不遜之甚也。撰史者而出言不遜，則失其治史應有之恭謹態度，故振孫大不以爲然也。

四、主張修史應認真負責，且須按時完成

宋室播遷後，高宗、孝宗之際，朝廷修史多不能按時完成，振孫深以爲憾。《解題》卷四《起居注類》「《孝宗實錄》五百卷」條云：

嘉泰二年，修撰傅伯壽等撰進。中興以來，兩朝五十餘載事跡，置院既久，不以時成；涉筆之臣，乍遷忽徙，不可殫紀。及有詔趣進，則匆遽鈔錄，甚者一委吏手，卷帙猥多，而紀載無法，疏略牴牾，不復可稽據。故二《錄》比之前世，最爲缺典，觀者爲之太息。

此條所記之二《錄》，乃指高宗、孝宗兩《實錄》。蓋其時修史無善法，修撰官每玩忽其事，有詔趣進，則一委吏手，故所成實錄，「疏略牴牾」，「最爲缺典」，振孫爲之太息，對修史者之不認眞，不負責，其書「不以時成」，均引以爲咎。

貳、治史方法

治史之士均須精研及掌握治史之方法，始能進行史籍之撰著，否則記載無法，其疏略牴牾必多。振孫深明此義，所撰《白文公年譜》一書，其《跋》語有云：

白公《文集》行於世者，皆有《年譜》，與《集》並行，得以考其平生之出處、歲月之後先。吳門所刊《白氏長慶集》，首載李璜德劭所爲《譜》，參政樓公稱之，以屬諫議李公訪求而刻焉。紹定庚寅，余始得其本而觀之，既曰「譜」矣，而不繫年，其疏略抵捂有不可枚舉者；攻媿號博洽，不知何獨取此。家居無事，因取《新》、《舊史》、《實錄》等書，及諸家傳記所載，參稽互考，別爲此《譜》。自其始生之年，以及考終之歲，次第審訂，粗得詳確。猶恨孤學謏聞，未必能逃目睫之譏，不敢傳之他人，惟以自備觀覽而已。孟夏十有二日《譜》成，直齋陳振孫伯玉父。

案：振孫所以撰《白文公年譜》之故，蓋不滿意李璜不明史法，所爲之《譜》既不繫年，而又疏略抵捂也。至《跋》中云：「因取《新》、《舊史》、《實錄》等書，及諸家傳記所載，參稽互考，別爲此《譜》。自其始生之年，以及考終之歲，次第審訂。」則可知振孫治此《譜》之法也。振孫治史極重史法，於《解題》中亦屢屢言及之。茲就《解題》略予爬梳整理，並將振孫治史方法及其相關識見與主張，分項闡述如左：

一、主張多方面勤搜資料，並須熟習資料

治史須依靠資料，而資料之來源在於撰史者日夜匪懈之勤搜。《解題》卷八《地理類》「《輿地圖》十六卷」條云：

王象之撰。《紀勝》逐州爲卷，《圖》逐路爲卷。其搜求亦勤矣，至西蜀諸郡尤詳。

考象之除撰此《輿地圖》外，另撰有《輿地紀勝》二百卷，二書均以詳贍見稱，且所記於「西蜀諸郡尤詳」。象之所以能致此效績者，首在能勤搜資料，故振孫極推譽之。

至勤搜資料之法，則須向多方面而作甄擇，《解題》中每論及之。《解題》卷四《編年類》「《皇王大紀》八十卷」條云：

胡宏撰。述三王、五帝至周赧王。……博采經傳，時有論説，自成一家之言。

此言搜求資料，可博采經傳。此一法也。

《解題》卷八《地理類》「《續廬山記》四卷」條云：

南唐守廣陵馬玕錄山中碑記之文，以續前錄。

此言搜求資料，可採錄碑記之文。此又一法也。

《解題》卷六《職官類》「《唐職林》三十卷」條云：

石埭尉維揚馬永錫明叟撰。以《唐六典》爲主，而附以《新史》所載事實，頗采傳記、歌詩之屬。

此言搜求資料，除采錄官修史籍外，又可兼采人物傳記、歌詩之屬。此又一法也。

《解題》卷七《傳記類》「《唐末汎聞錄》一卷」條云：

題常山閻自若撰。記五代及諸僭僞事。其《序》自言：「乾德中，得於先人及舅氏聞見。」且曰：「傳者難驗，見者易憑，考之史策，不若詢之耆舊也。」

此言搜求資料，須力求第一手史料。第一手史料每來自撰史者個人之見聞，其價值較諸紙上材料爲高。此條云：「考之史策，不若詢之耆舊也。」即指出第一手史料之重要。搜求資料「詢之耆舊」，此又一法也。

惟資料既得，撰史者仍有研讀史料、熟習史料之一程。此乃搜集資料後之延續工作，亦治史方法之一端。《解題》卷五《詔令類》「《中興綸言集》二十八卷」條云：

左司郎中莆田鄭寅子敬撰。寅，知樞密院僑之子，靖重博洽，藏書數萬卷，於本朝典故尤熟。

同書卷八《目錄類》「《鄭氏書目》七卷」條云：

莆田鄭寅子敬以所藏書爲七錄，曰經，曰史，曰子，曰藝，曰方技，曰文，曰類。寅，知樞密院僑之子，博聞彊記，多識典故。

鄭寅「藏書數萬卷」，搜羅資料既豐富，又加之以能「博聞彊記，多識典故」，「於本朝典故尤熟」，則其研讀資料與熟習資料皆曾深下工夫。故所著書，振孫皆珍而重之，且推譽其人爲「靖重博洽」也。

二、主張對資料應嚴加去取，並須加以辨僞與考證

治史須依靠資料，倘一無依傍，史學亦無從治起。然資料有眞僞，有優劣，故使用之前，必須嚴加去取，別白考證。振孫治史，亦重斯法。茲就其所撰《白文公年譜》，略舉二例以證明之。

《白文公年譜》「開成五年庚申」條云：

三月三十日有《燕罷感事吟詩》云：「病與樂天相伴住，春隨樊子一時歸。」按：《不能忘情吟序》云：「妓有樊素者，年二十餘，綽綽有歌舞態，善唱《楊柳曲》，人多以曲名之。」其辭曰：「素事主十年，凡三千有六百日。」公年五十八，自刑部侍郎分司歸洛，至六十八而得疾，於是十年矣，當是初歸洛時得之。公嘗有《楊柳枝詞》八首，又有《楊柳枝二十韻》，自注云：「《楊柳枝》，洛下新聲也。洛之小妓有善歌者，詞章音韻，聽可動人，故賦之。」

《本事集》云：「白尚書姬人樊素善歌，小蠻善舞，嘗爲詩云：『櫻桃樊素口，楊柳小蠻腰。』白公年邁，而小蠻方豐艷，因爲《楊柳枝》以寄意，曰：『一樹春風萬萬枝，嫩於金色軟於絲。永豐坊裡東南角，盡日無言屬阿誰。』」如《本事集》之說，則樊素、小蠻爲二人；以《集》考之，不見此二句詩，亦無所謂小蠻者，而「柳枝」即樊素也。《舊譜》引公詩：「『兩枝楊柳小樓中，嫋娜多年伴醉翁。』兩枝楊柳，必非一人。又有《九日代羅樊二妓招舒著作》云：『羅敷斂雙袂，樊姬獻一盃。』意所謂兩枝楊柳者。」然皆臆說，未必然也。

案：《本事集》記白居易有姬人樊素、小蠻二人，並引詩爲說，然其說不可靠。振孫一再徵引白詩及白詩詩序與詩中自注，以證明白姬僅樊素一人。而《本事集》所引「櫻桃樊素口，楊柳小蠻腰」二詩句，不見於白《集》，以證明《本事集》所引詩句純屬杜撰。振孫不輕信資料，使用時皆嚴加去取，別白辨證。此其一例也。

同書「貞元二十年甲申」條載：

又《燕子樓詩序》云：「予爲校書郎，時遊徐、泗間。張尚書宴予，酒酣，出盼盼以佐歡。歡甚，予因贈詩云：『醉嬌勝不得，風裊牡丹花。』」意亦在此年。燕子樓事，世傳爲張建封。按：建封死在貞元十六年，且其官爲司空，非尚書也。尚書乃其子愔，《麗情集》誤以爲建封爾。此雖細事，亦可以正千載傳聞之謬。

案：此條乃據居易《燕子樓詩序》以正《麗情集》之謬。蓋居易爲校書郎時，張建封已逝，且建封生前所任官亦非尙書，任尙書者乃其子愭耳。振孫不輕信《麗情集》所載，嚴加辨證，遂得「以正千載傳聞之謬」，此又一例也。如斯之例，《白文公年譜》中尙多，不勝枚舉矣。

《解題》書中亦有論及前人於所采用資料每嚴加去取者。該書卷四《編年類》「《通鑑論篤》三卷」條云：

侍講廣漢張栻敬夫撰。取《通鑑》中言論之精確者，表而出之。多或全篇，少至一語，去取甚嚴，可以見前輩讀書眼目之高。

此條盛稱張栻撰《通鑑論篤》一書，中引《通鑑》言論，而能「去取甚嚴」，足證其「讀書眼目之高」。《解題》亦有記及振孫之重視考證及辨僞，彼對所得書籍資料絕不輕易相信。該書卷八《地理類》「《至道雲南錄》三卷」條云：

左侍禁知興化軍辛怡顯撰。李順之亂，餘黨有散入蠻中者，怡顯往招安之，繼賜蠻酋告敕而歸，遂爲此《錄》。天禧四年自序。或云此書妄也，余在莆田視《壁記》無怡顯名字，恐或然。

莆田，興化軍治所。振孫於理宗寶慶三年丁亥（一二二七）充興化軍通判，及讀《壁記》無怡顯名字，故知辛氏未嘗於眞宗天禧年間知興化軍，由是亦足以辨證此書之僞及其所記怡顯招安事爲妄也。

據上所引《白文公年譜》及《解題》所述，可知振孫治史，於資料之應用皆力主嚴加別白去取，若有所疑，則必加以考證與辨僞也。

三、主張記載史事須有可靠之資料作依據

振孫主張記載史事須有依據，《解題》中多有可取證之資料。《解題》卷五《雜史類》「《次柳氏舊聞》一卷」條云：

李德裕撰。記柳芳所聞於高力士者，凡十七條。上元中，芳謫黔中，力士徙巫州，芳從力士問禁中事，德裕父吉甫從芳子冕聞之。

是德裕撰此書實有依據。其書記禁中事，得之其父李吉甫；而吉甫聞於柳冕，冕聞於柳芳，而柳芳乃親聞於高力士者。故《次柳氏舊聞》所記玄宗朝禁中事，可稱信史。

至胡宏撰《皇王大紀》，記事無徵，則不可攷信，故振孫申斥之。《解題》卷四《編年類》「《皇王大紀》八十卷」條云：

胡宏撰。述三王、五帝至周赧王。前二卷自盤古至帝嚳，年不可攷信，姑載其事而已。自堯以後，用《皇極經世》曆，起甲辰，始著年紀。……然或取莊周寓言以爲實，及敘邃古之初，終於無徵不信云爾。

張栻《經世紀年》，據邵雍《皇極經世》以推三代以上帝王歷年，振孫以爲年遠難攷，不足依憑，亦不之信。《解題》卷四《編年類》「《經世紀年》二卷」條曰：

侍講廣漢張栻敬夫撰。用《皇極經世譜》編，有所發明則著之。其言邵氏以數推知去外丙、仲壬之年，乃合於《尚書》成湯既沒、太甲元年之說。今案孔氏《正義》正謂劉歆、班固不見《古文》，謬從《史記》，而章衡《通載》乃云以紀年推之，外丙、仲壬合於歲次，《尚書》

殘缺，而《正義》之説誤。蓋三代而上，帝王歷年遠而難攷類如此，劉道原所謂疑年者也。至劉恕撰《疑年錄》、《年略錄》，深「懼後人以疑事爲信書，穿鑿滋甚」，一切「從實」記載，則振孫甚以爲是。《解題》同卷同類「《疑年錄》一卷、《年略譜》一卷、《雜年號》附」條云：

劉恕撰。謂春秋起周平、魯隱，《史記·本紀》自軒轅，《列傳》首伯夷，《年表》起共和。共和至魯隱，其間七十一年，即與春秋相接矣。先儒敘庖犧、女媧，下逮三代，享國之歲，衆說不同，懼後人以疑事爲信書，穿鑿滋甚，故周厲王以前三千五百一十九年爲《疑年錄》，而共和以下至元祐壬申一千九百一十八年爲《年略譜》，大略不取正閏之說，而從實紀之。

綜上所引《解題》四條，可知振孫認爲撰史「無徵不信」，反對「以疑事爲信史」；又認爲年遠難攷者不足依憑，一切須「從實紀之」。足證振孫主張記載史事須有堅實可靠之資料爲依據也。

四、主張編撰史書須有方法與法則

治學須有善法，治史、撰史亦然。《解題》著錄群書，於史錄之部評論史籍優劣，每考論及該書之編撰方法。《解題》卷四《編年類》「《續通鑑長編》一百六十八卷」條云：

禮部侍郎眉山李燾仁父撰。《長編》云者，司馬公之爲《通鑑》也，先命其屬爲《叢目》，既成，乃修《長編》，然後刪之以爲成書。《唐長編》六百卷，今《通鑑》惟八十卷爾。燾所上《表》自言未可謂之《通鑑》，止可謂之《長編》，故其書雖繁蕪而不嫌也。其卷數雖如此，而冊數至餘三百，蓋逐卷又自分子卷，或至十餘。

此條言仁父之書依溫公《通鑑》長編之法而修撰，其法至善，故「其書雖繁蕪而不嫌也」。

《解題》同卷同類「《通鑑綱目》五十九卷」條云：

侍講新安朱熹元晦撰。始司馬公《通鑑》有《目錄舉要》，其後胡給事安國康侯又修為《舉要補遺》。朱晦翁因別為義例，表歲以首年，因年以著統，大書以提要，而分注以備言，自為之《序》，乾道壬辰也。大書者為綱，分注者為目，綱如經，目如傳。此書嘗刻於溫陵，別其綱謂之提要，今板在監中。盧陵所刊則綱目並列，不復別也。

此條言朱子據溫公《目錄舉要》、安國《舉要補遺》，別為義例而撰《通鑑綱目》，其書大書提要，分注備言，有綱有目，如經、傳焉，則其法至佳也。

《解題》卷六《時令類》「《夏小正傳》四卷」條云：

漢戴德傳，給事中山陰傅崧卿注。此書本在《大戴禮》，鄭康成注《禮運》「夏時」曰：「夏四時之書也，其存者有《小正》。」後人於《大戴禮》鈔出別行。崧卿以正文與《傳》相雜，倣左氏傳《經》，列正文其前，而附以《傳》，且為之《注》。

此條言崧卿以《夏小正》「正文與《傳》相雜」，乃仿左氏傳《經》之法，並附己注而成書。其書亦有法也。

《解題》同卷同類「《歲華紀麗》七卷」條云：

唐韓鄂撰。采經、子、史傳歲時事類聚，而以儷語間之。

又同卷同類「《國朝時令集解》十二卷」條云：

左僕射眞定賈昌朝子明撰。唐因《禮記・月令》舊文，增損爲《禮記》首篇。天寶中改名《時令》。景祐初，始命復《禮記》舊文，其唐之《時令》，別爲一篇，遂命禮院修書官丁度、李淑、宋祁、王洙、鄭戩及昌朝，約唐《時令》，撰定爲《國朝時令》，以便宣讀。蓋自唐以來有明堂讀《時令》之禮也。及昌朝解相印治郡，五臣者皆已淪沒，乃采經、史諸書及祖宗詔令典式，爲之《集解》而上之。

前書「采經、子、史傳歲時事類聚」，並間以儷語而編成；後書則「采經、史諸書及祖宗詔令典式」，爲之《集解》而撰就。所編撰之書，皆有法則可稽也。

《解題》卷八《譜牒類》「《千姓編》一卷」條云：

不著名氏。末云：「嘉祐八年采眞子記。」以《姓苑》、《姓源》等書，撮取千姓，以四字爲句，每字爲一姓，題曰《千姓編》。三字亦三姓也。逐句文義亦頗相屬，殆《千字文》之比云。

是此書據《姓苑》、《姓源》撮千姓，以四字爲句，殆仿《千字文》「天地玄黃」之法以成書，其書亦具法則也。

綜上所考，足證《解題》著錄群書，甚重視書籍編撰方法，是可推知振孫主張編撰史籍須具法則也。

叁、撰史要求

如前所述，振孫治史方法之主張，有論及記載史事須有堅實可靠之資料依據及編撰史書須有方法與法則兩項。此兩項主張，具體言之，可體現於振孫對撰史之要求上。振孫對撰著史籍之要求，其意見集中於《解題》對群書之評價上。茲略予整治，分項闡述如左：

一、要求須援證攷訂，詳洽可稽

振孫此一撰史要求，具見於其評價宋綬《天聖鹵簿圖記》一書上。《解題》卷六《禮注類》「《天聖鹵簿圖記》十卷」條云：

> 翰林學士常山宋綬公垂撰。始太祖朝，鹵簿以繡易畫，號「繡衣鹵簿」。眞宗時，王欽若爲《記》二卷，闕於繪事，弗可詳識。綬與馮元、孫奭受詔質正古義，傅以新制，車騎、人物、器服之品，皆繪其首者，名同飾異，亦別出焉。天聖六年十一月上之。其攷訂援證，詳洽可稽。

是振孫甚推譽公垂此書，稱其「考訂援證，詳洽可稽」，此殆振孫對撰著史籍之要求也。

《解題》卷八《目錄類》「《宣和博古圖》三十卷」條云：

> 宣和殿所藏古器物，圖其形製而記其名物，錄其款識。品有《總說》，以舉其凡。而物物攷訂，則其目詳焉。然亦不無牽合。

《宣和博古圖》一書，振孫雖稱其「物物考訂」，但亦批評其書「不無牽合」。蓋治史要求其援證考訂，則絕不容許有牽合之事。《解題》同卷同類「《金石錄》三十卷」條云：

> 東武趙明誠德甫撰。其所藏二千卷，蓋倣歐陽《集古》而數則倍之。本朝諸家蓄古器物款式，其考訂詳洽，如劉原父、呂與叔、黃長睿多矣，大抵好附會古人名字，如「丁」字，即以爲祖丁；「舉」字，即以爲伍舉；「方鼎」，即以爲子產；「仲吉匜」，即以爲偪姞之類。邃古以來，人之生世夥矣，而僅見於簡者幾何？器物之用於人亦夥矣，而僅存於今世者幾何？迺以其姓字、名物之偶同而實焉，余嘗竊笑之。惟其附會之過，併與其詳洽者皆不足取信矣。惟此書《跋尾》獨不然，好古之通人也。

趙明誠撰《金石錄》三十卷，考訂詳洽而不附會牽合，故振孫譽之爲「好古之通人」。然劉原父、呂與叔、黃長睿，其所著書雖詳洽，惟好附會古人名字，振孫則竊笑之，以爲「惟其附會之過，併與其詳洽者皆不足取信矣」。是振孫力主詳洽，而反對附會牽合，斯又一證。

下列諸書，振孫亦稱譽之。《解題》卷六《時令類》「《玉燭寶典》十二卷」條云：

> 隋著作郎博陵杜臺卿少山撰。以《月令》爲主，觸類而廣之，博采諸書，旁及時俗，月爲一卷，頗號詳洽。

又《解題》卷八《地理類》「《襄陽志》四十卷」條云：

> 郡守朐山高夔命教授吳興劉宗、幕官上蔡任浰編纂。爲書既詳備，而刊刻亦精緻，圖志之佳者。

又《解題》同卷同類「《成都古今集記》三十卷」條云：

> 知府事信安趙抃閱道撰。清獻自慶曆將漕之後，凡四入蜀，知蜀事甚詳，故成此書。

杜書「頗號詳洽」，劉書「詳備，而刊刻亦精緻」，而趙抃「凡四入蜀，知蜀事甚詳」，據此而成其書，甚符合撰史須考訂詳洽之要求，故振孫均推譽之也。

至史書有簡略、草率之弊病，不能達致「詳洽可稽」之要求者，振孫則批評之。《解題》卷四《別史類》「《東都事略》一百五十卷」條云：

> 承議郎知龍州眉山王偁季平撰。其書《紀》、《傳》、《附錄》略具體，但無《志》耳。《附錄》用《五代史》例也。淳熙中上其書，得直秘閣。其所紀太簡略，未得爲全書。

又《解題》卷八《地理類》「《吳興志》二十卷」條云：

> 樞密院編修郡人談鑰元時撰。嘉泰元年也。其爲書草率，未得爲盡善。

是王書「簡略」，談書「草率」，不符「詳洽可稽」之要求，故振孫以「未得爲全書」、「未得爲盡善」之闕失批評之。

二、要求須創通義例，多所發明

如前所論，振孫言治史態度有力求創新之主張。故其對於撰史之要求，亦主張須創通義例而多所發明。《解題》卷八《地理類》「《永嘉譜》二十四卷」條云：

> 禮部侍郎郡人曹叔遠器遠撰。曰《年譜》、《地譜》、《名譜》、《人譜》。時紹熙三年，太守宛陵孫楙屬器遠裒集，創爲義例如此。器遠，庚戌進士，蓋初第時也。

庚戌，紹熙元年。器遠於初第未久，承永嘉太守宛陵孫楙之屬，創通義例，分《年》、《地》、《名》、《人》四譜，以修成《永嘉譜》，其書於地志之學甚具創意。《解題》稱其「創爲義例如此」，是振孫要求撰史須創通義例之證。

至振孫要求撰史應多所發明，就《解題》書中所述亦可推見之。《解題》卷四《正史類》「《三劉漢書標注》六卷」條云：

> 侍讀學士清江劉敞原父、中書舍人劉攽貢父、端明殿學士劉奉世仲馮撰。奉世，敞之子也。又本題《公非先生刊誤》，其實一書。公非，貢父自號也。《漢書》自顏監之後，舉世宗之，未有異其說者，至劉氏兄弟始爲此書，多所辨正發明。

又《解題》卷八《目錄類》「《晁氏讀書志》二十卷」條云：

> 昭德晁公武子止撰。其《序》言得南陽公書五十篋，合其家舊藏得二萬四千五百卷。其守榮州，日夕讎校，每終篇輒論其大指。時紹興二十一年也。其所發明有足觀者。

是三劉之書於顏《注》「多所辨正發明」。而晁《志》著錄群書，「每終篇輒論其大指」，而「其所發明有足觀者」。斯皆符合振孫撰史須多所發明之要求，故《解題》頗稱譽之。

三、要求記述有法，且須分門別類

撰史須記述有法，振孫亦注意及之。《解題》卷八《地理類》「《皇朝方域志》二百卷」條云：

> 東陽布衣王希先撰。凡前代謂之《譜》，十六《譜》爲八十卷；本朝謂之《志》，爲一百二十

卷。《譜》敘當時事實，而注以今之郡縣；《志》述今日疆理，而係於古之州國。古今參考，《譜》、《志》互見，地理學之詳明無以過此矣。

案：此書所以被振孫推譽爲「地理學之詳明無以過此」之故，不惟因其書資料富贍，且以其書記述有法。《解題》云：「古今參考，《譜》、《志》互見。」正此書記述之善法也。

《解題》卷四《別史類》「《南史》八十卷、《北史》八十卷」條云：

唐崇賢館學士鄴李延壽撰。初，延壽父大師多識舊事，常以宋、齊、梁、陳、魏、齊、周、隋天下分隔，南謂北爲「索虜」，北謂南爲「島夷」，詳略訾美失實，思所以改正刊究，未成而沒。延壽追終先志，凡八代合二書，爲百八十篇。其書頗有條理，刪落釀辭，過本書遠甚。

又《解題》卷四《編年類》「《後漢紀》三十卷」條云：

晉東陽太守陽夏袁宏彥伯撰。以《後漢書》煩穢雜亂，撰集爲此《紀》。

案：《宋》、《齊》、《梁》、《陳》、《魏》、《齊》、《周》、《隋》諸史所以有「詳略訾美失實」之毛病，《後漢書》所以有「煩穢雜亂」之缺點，皆導源於其書之記述有所闕失。袁彥伯去《後漢書》之煩穢雜亂，用編年法撰集而成《後漢記》；李延壽「凡八代合二書」，去八史之詳略訾美失實之毛病，而又「刪落釀辭」，其記述有法，故所撰《南》、《北》二史，「頗有條理」，「過本書遠甚」，乃獲振孫衷心讚美。

惟撰史須達致記述有法之效果，則謀篇之初，必須善用分門別類之法以駕馭全編。能如此，則其所撰史書雖卷帙浩繁，猶可祛除煩穢雜亂之弊，而具撰著有條理之效果。《解題》卷四《詔令類》「《本朝大詔令》二百四十卷」條云：

寶謨閣直學士豫章李大異伯珍刻於建寧，云紹興間宋宣獻家子孫所編纂也，而不著其名。始自國初，迄於宣、政，分門別類，凡目至爲詳也。

又《解題》卷五《典故類》「《漢制叢錄》三十二卷」條云：

袁夢麟應祥撰。以《二漢》所記典故，分門編類，凡二十五門。

又《解題》卷八《地理類》「《吳興統紀》十卷」條云：

攝湖州長史左文質撰。分門別類，古事頗詳。《序》稱甲辰歲者，本朝景德元年也。

案：以上三書皆善用分類法以布局謀篇，故《解題》特加說明。由是可推知振孫對運用分門別類方法以撰史一事，不特甚爲重視，且甚表贊同也。

四、要求持論嚴正，而用詞須精詳

史家撰史，每好發議論，以見其一家之言。故《史記》有「太史公曰」，《漢書》有贊，此其昉也。《解題》著錄群書，亦商討及撰者於書中發抒之議論。大抵振孫所要求者，必須持論宏偉嚴正。故《解題》卷四《編年類》「《讀史管見》三十卷」條云：

禮部侍郎胡寅明仲撰。以《通鑑》事備而義少，故爲此書。議論宏偉嚴正，間有感於時事。其於熙、豐以來接於紹興權姦之禍，尤拳拳寓意焉。晦翁《綱目》亦多取之。

明仲此書，《解題》謂其「議論宏偉嚴正」，故「晦翁《綱目》亦多取之」。振孫一生服膺朱子，則其於明仲此書褒譽甚隆之故，殆可推知。

《解題》卷五《雜史類》「《大唐補記》三卷」條云：

南唐程匡柔撰。《序》言：「懿宗朝有焦璐者撰《年代紀》，述神堯，止宣宗。」匡柔襲三百年曆，補足十九朝。起咸通戊子，止癸巳，附璐書中。乾符以後備存《補紀》。末有《後論》一篇，文辭雖拙，論議亦正。

匡柔此書，其《後論》文辭雖拙劣，而《解題》猶加許可者，蓋以其「論議亦正」，符合振孫之要求也。

至撰史之用辭，振孫亦有所要求。大抵「用辭精詳」四字足以概之。《解題》卷四《編年類》「《漢紀》三十卷」條云：

漢侍中汝南荀悅仲豫撰。獻帝好典籍，常以班固《漢書》文繁難省，乃令悅依《左氏傳》體以爲《漢紀》，詔尚書給筆劄，辭約事詳，論辨多美。

案：《漢書》「文繁難省」，而《漢紀》「辭約事詳」，二者於用辭方面，優劣立判。「辭約事詳」，乃振孫所要求，其所以褒譽《漢紀》者以此。

《解題》卷五《雜史類》「《後魏國典》三十卷」條云：

唐太常少卿元行沖撰。行沖以系出拓跋，乃撰《魏典》三十篇，文約事詳，學者尚之。

案：行沖撰《魏典》，能「文約事詳」，振孫亦推譽之。

至陸游爲史撰《序》，其《序》氣壯文雅，尤爲振孫所欽仰。《解題》卷八《地理類》「《會稽志》二十卷」條云：

通判吳興施宿武子，郡人馮景中、陸子虡、朱鼐、王度等撰。陸放翁爲之《序》。首稱禹會諸侯，而以思陵巡狩，陞府配之，氣壯文雅，蓋奇作也。嘉泰辛酉，陸年已七十七矣。未幾，始落致仕爲史官，至八十五歲乃終。其筆力老而不衰，於此《序》見之。

案：「氣壯文雅」較之「辭約事詳」，猶高一層境界，固一般史家所難能。放翁以七十七高齡，撰《序》「氣壯文雅」，故《解題》譽爲「筆力老而不衰」，「蓋奇作也」。

振孫既主張「用辭精詳」，則其於以儷語撰史及用字奇澀皆批評之，蓋儷語以鋪采爲文，好於用典，難言精詳；而用字奇澀，更與「精詳」要求相違錯也。《解題》卷四《正史類》「《新唐書》二百二十五卷」條云：

翰林學士廬陵歐陽修永叔、端明殿學士安陸宋祁子京撰。……今案《舊史》成於五代文氣卑陋之時，紀次無法，詳略失中，論贊多用儷語，固不足傳世。而《新書》不出一手，亦未得爲全善。本紀用《春秋》例，削去詔令，雖太略，猶不失簡古。至列傳用字多奇澀，殆類虬户銑谿體，識者病之。

案：於此條中，振孫批評《舊唐書》「論贊多用儷語」，故用辭未能精詳，且影響其議論之發揮，

「固不足傳世」。而《新唐書》之列傳，「用字多奇澀」，亦與精詳之旨相舛，故振孫喻之爲「殆類虬戶銑谿體」，而識者病之也。

至史書之用詞繁蕪、鄙俚，亦在振孫批評之列。《解題》同卷同類「《三國志》六十五卷」條云：

晉治書御史巴西陳壽承祚撰，宋中書侍郎河東裴松之世期注。……大抵本書固率略，而注文繁蕪，要當會通裁定以成一家，而未有奮然以爲己任者。

又《解題》卷七《傳記類》「《錦里耆舊傳》八卷、《續傳》十卷」條云：

前應靈縣令平陽句延慶昌裔撰。開寶三年，秘書丞劉蔚知榮州得此《傳》。其詞蕪穢，請延慶修之，改曰《成都理亂記》。

又《解題》卷五《僞史類》「《湖南故事》十卷」條云：

不知作者。記馬氏至周行逢事。《館閣書目》作十三卷，蓋爲列傳十三篇，其實十卷也。文辭鄙甚。

又《解題》卷五《雜史類》「《三朝見聞錄》八卷」條云：

不知作者。起乾符戊戌，至天祐末年，及莊宗中興，後唐河東事跡。三朝者，僖、昭、莊也。其文直述多鄙俚。

是上引諸書均不免以繁蕪、鄙俚爲病，與「用辭精詳」之要求背道而馳也。

上述分治史態度、治史方法與撰史要求三項以探究振孫治史之主張，惟所論僅及其犖犖大者。且本文乃屬筆路藍縷之作，抛磚引玉，深有俟於來哲。

【附注】

註一　周密《志雅堂雜鈔》卷下《書史》云：「直齋所著書，有言《書解》一冊、《易解》、《繫辭錄》、《史鈔》。」

註二　請參考《陳振孫之生平及其著述研究》第六章《陳振孫之其他著作》第一節《白文公年譜》，頁五一九至五四四。

註三　請參考《陳振孫之經學及其〈直齋書錄解題〉經錄考證》第二章《陳振孫研治經學之主張》六《反釋老而闢異端》，頁二三至二四。

原載《新亞論叢》第一期

陳振孫研治子學之主張

陳振孫之專著，現存者有《直齋書錄解題》及《白文公年譜》二書，論其部類，固屬史部目錄類與譜牒類。然考宋周密《志雅堂雜鈔》卷下《書史》載：

直齋所著書，有言《書解》一冊、《易解》、《繫辭錄》、《史鈔》。

則振孫另著有上述諸書，雖皆散佚，惟察其書名，亦可推知其非屬子部著作。年前，余撰寫《陳振孫之生平及其著述研究》博士論文，曾考知振孫尚撰有《關尹子跋》一篇，是固可視爲振孫現存之子學著作，此《跋》見收於今人張心澂《僞書通考》一九五七年十一月三版修訂本《子部·道家類》中。該《跋》云：

周關令尹喜，蓋與老子同時，啓老子著書言道德者。按《漢志》有《關尹子》九篇，而《隋》、《唐》及《國史志》皆不著錄，意其書亡久矣。徐藏子禮得之於永嘉孫定，首載劉向校定《序》，篇末有葛洪《後序》，未知孫定從何傳授，殆皆依託也，《序》亦不類向文。今考其書，時取釋氏及神仙方伎家，如「識想起滅」暨「嬰兒蕊女」、「金樓絳宮」之類，周時或無是語也。

至「豆中攝鬼」、「杯中釣魚」，又似漢、晉間左慈、郭景純事。豈本書存而或附益之歟？抑假託者歟？然文詞峻潔，闡揚道意，深得二氏肯綮，非冥契玄解者不能作也，謂爲關令書則不可必爾。丁丑夏日志。

案：張氏《僞書通考》見錄此《跋》，惟未注明其所依據及此《跋》之出處，殊爲可惜。考丁丑乃宋寧宗嘉定十年（一二一七），此《跋》謂《關尹子》書中頗涉釋氏及神仙方伎家語事，疑非周時所應有。故指《關尹子》一書乃後人假託，或書存而後人附益。考《解題》卷九《道家類》亦有「《關尹子》九卷」條，其著錄曰：

《關尹子》九卷，周關令尹喜，蓋與老子同時，啓老子著書言道德者。案《漢志》有《關尹子》九篇，而《隋》、《唐》及《國史志》皆不著錄，意其書亡久矣。徐藏子禮得之於永嘉孫定，首載劉向校定《序》，篇末有葛洪《後序》，未知孫定從何傳授，殆皆依託也，《序》亦不類向文。

是《解題》此條所著錄者，固截取《關尹子跋》之前半部以成文，而其所遺棄《跋》文之後半部，乃剖判《關尹子》一書眞僞之文字，實爲全篇之精詣所在。《解題》著錄竟作如是之取捨，頗有類於買櫝還珠，令人費解。振孫此《跋》，對後人之考辨《關尹子》眞僞極具影響。檢明宋濂《文憲集》卷二十七《諸子辨·關尹子》條曰：

《關尹子》一卷，周關令尹喜所撰。喜與老聃同時，著書九篇，頗見之《漢志》，自後諸史無及之者，意其亡已久矣。今所傳者，以《一宇》、《二柱》、《三極》、《四符》、《五鑑》、《六七》、《七釜》、《八籌》、《九藥》爲名，蓋徐藏子禮得于永嘉孫定，未知定又果從何而得也。前有劉向《序》，稱蓋公授曹參，參薨，書葬；孝武帝時，有方士來上，淮南王劉安秘而不出；向父德治淮南王事，得之。文既與向不類，事亦無據，疑即定之所爲也。間讀其書，多法釋氏及神仙方技家，而藉吾儒言文之。如「變識爲智」、「一息得道」、「嬰兒蕊女」、「金樓絳宮」、「青蛟白虎」、「寶鼎紅爐」、「誦咒土偶」之類，聃之時無是言也，其爲假託，蓋無疑者。或妄謂二家之說實祖于此，過矣。然其文雖峻潔，亦頗流於巧刻；而宋象先之徒乃復尊信如經，其亦妄人哉！

宋文憲《諸子辨》此條，其內容雖較振孫之《跋》爲詳贍，惟細察其所考辨，大抵襲用《跋》文內容而略加演繹耳，創新發明之處殊少。是則振孫研治子學，其所撰文章，不惟能考訂書籍之眞僞，且能影響及後人著述之發揮，殆可曉矣。

以下謹就振孫研治子學之主張，分條考論如左。

壹、主張尊崇儒學而貶抑各家

劉克莊《後村大全集》卷七十五《外制．故通奉大夫寶章閣待制致仕陳振孫贈光祿大夫》文有云：

具官某，其文秋濤瑞錦，其姿古柏寒松。早號醇儒，得淵源於伊、洛；晚稱名從，欲輩行於乾、淳。

是振孫生前，世人已以「醇儒」目之。

洪咨夔《平齋文集》卷十八《外制》二《軍器監簿陳振孫除諸王宮大小學教授制》亦曰：

敕具官某，我仁宗詔諸宮院教授，非只講習經旨，須選履行端慤，蓋欲其以身教也。爾靜而不競，簡而不華，可謂端慤矣。振振麟定，以爾爲之師。觀槼度於步武之間，挹芳潤於言論之頃。

是振孫履行端慤，靜而不競，簡而不華，深具儒者之學行，乃經師亦屬人師，故理宗除之以爲諸王宮大小學教授。

振孫一生既恪守儒者之行，故其治學，力崇儒學，尤重孟子。《解題》卷三《語孟類》小序曰：

前《志》，《孟子》本列於儒家，然趙岐固嘗以爲則象《論語》矣。自韓文公稱孔子傳之孟軻，軻死，不得其傳。天下學者咸曰孔、孟。孟子之書，固非荀、揚以降所可同日語也。今國家設科取士，《語》、《孟》並列爲經，而程氏諸儒訓解，二書常相表裡，故今合爲一題。

是振孫推尊孟子，故稱其書則象《論語》，非荀、揚可比也。

振孫推尊孟子，尤集中表現於讚揚孟子之能闢揚、墨而抗異端。《解題》卷十《墨家類》著錄：

《墨子》三卷，宋大夫墨翟撰。孟子所謂邪說詖行，與揚朱同科者也。韓吏部推尊孟氏，而《讀墨》一章，乃謂孔、墨相爲用，何哉？……方揚、墨之盛，獨一孟子詘言非之，諄諄焉唯恐不勝。……《孟子》越百世益光明，遂能上配孔氏，與《論語》並行。異端之學，安能抗吾道哉！

於此條中，振孫既貶斥揚、墨爲「邪說詖行」，推崇孟子「訟言非之」；又稱孟子「能上配孔氏」，而其書則「與《論語》並行」，「越百世益光明」者也。

振孫於道家雖讚揚莊子，(註一)惟於老子《道德經》則偶亦有所貶損。《解題》卷九《道家類》著錄：

> 《老子道德論述要》二卷，司馬光撰。太史公曰老子著書言道德之意。後人以其篇首之文，名上篇曰《道》，下篇曰《德》。夫道德連體，不可偏舉，合從本名。溫公之說如此。其不曰「經」而曰「論」，亦公新意也。

案：《解題》此條引司馬溫公之說，謂溫公稱《道德經》爲《道德論》。惟經之與論，其學術地位之高下深淺固顯有不同。溫公稱老子之書爲論，則其陰損《道德經》之價值甚明。振孫素欽仰溫公，即《解題》卷十《雜家類》「《徽言》三卷」條，已盛稱溫公「在相位」，「方機務填委，且將屬疾，而好學不厭，克勤小物如此」；又推譽其手鈔《徽言》一書，「小楷端重，無一筆不謹，百世之下，使人肅然起敬」。故溫公貶損《老子》爲「論」，振孫定必認爲其見地先得我心。故於此條中，既云「溫公之說如此」，又云「亦公新意也」，則其推許首肯之情，溢於辭表矣。

振孫於名家公孫龍之學術則屢有貶斥。《解題》卷十《名家類》著錄：

> 《公孫龍子》三卷，趙人公孫龍爲白馬非馬，堅白之辨者也。其爲說淺陋迂僻，不知何以惑當

時之聽。《漢志》十四篇，今書六篇。首敘孔穿事，文意重複。

是振孫力詆公孫龍之書「淺陋迂僻」，又譏諷其敘事「文意重複」也。

振孫於雜家之書，除前引司馬光《徽言》外，其餘各書多致不滿。《解題》卷十《雜家類》著錄：

《論衡》三十卷，漢上虞王充仲任撰。……初著書八十五篇，釋物類同異，正時俗嫌疑。蔡邕、王朗初傳之時，以爲不見異人，當得異書。自今觀之，亦未見其奇也。

同卷同類著錄：

《顏氏家訓》七卷，北齊黃門侍郎琅邪顏之推撰。古今家訓以此爲祖，而其書崇尚釋氏，故不列於《儒家》。

同卷同類又著錄：

《楚澤叢語》八卷，右迪功郎李著吉先撰。……其書專闢孟子。……大意以爲王氏之學出於孟氏。然王氏信有罪矣，孟氏何與焉。此論殆得於晁景迂之微意。

又著錄：

《忘筌書》二卷，潘植子醇撰。……本已見《儒家》，而《館目》寘之《雜家》者，以其多用釋、老之說故也。今亦別錄於此。

案：王充之書，直齋謂「未見其奇」；《顏氏家訓》則以「崇尚釋氏，故不列於《儒家》」；《楚澤叢語》「專闢孟子」，蓋其書誤以安石之學出於孟氏；故振孫辯之，謂「王氏信有罪矣，孟氏何與焉」。蓋安石變法之罪，固與孟子無涉；《忘筌書》「多用釋、老之說」，故《解題》雖著錄其書於《儒家》，又用互著法別錄於《雜家》，意存貶抑，其意甚明也。

至小說家之書，乃街談巷語，道聽塗說之所造，振孫亦多輕鄙不屑。《解題》卷十一《小說家類》著錄：

《神異經》一卷，稱東方朔撰。張茂先傳。

又著錄：

《十洲記》一卷，亦稱東方朔撰。二書詭誕不經，皆假託也。

是振孫深斥上述二書之「詭誕不經」，又指責其爲「假託」也。

同卷同類著錄：

《洞冥記》四卷、《拾遺》一卷，東漢光祿大夫郭憲子橫撰。……凡若是者，藏書之家備名數而已，無之不足爲損，有之不足爲益，況於詳略尤非所計也。

同卷同類又著錄：

《夷堅志》甲至癸二百卷、支甲至支癸一百卷、三甲至三癸一百卷、四甲四乙二十卷，大凡四百二十卷，翰林學士鄱陽洪邁景盧撰。稗官小說，昔人固有爲之者。遊戲筆端，資助談柄，猶賢乎已可也，未有卷帙如此其多者，不亦謬用其心也哉！

是振孫認爲小說家之書，「無之不足爲損，有之不足爲益」；又批評撰作稗官小說者，「遊戲筆端，資助談柄」，即使其所著述至爲浩繁，「亦謬用其心也哉」！

於神仙家，振孫亦每加譏詆。《解題》卷十二《神仙類》著錄：

《王氏神仙傳》一卷，杜光庭撰。當王氏有國時，爲此書以媚之。謂光庭有道，吾不信也。

同卷同類著錄：

《群仙珠玉集》一卷。其《序》曰：「西華眞人以金丹、刀圭之訣傳張平叔，作《悟眞篇》，以傳石得之、薛道光、陳泥丸，至白玉蟾。」玉蟾者，葛其姓，福之閩清人。嘗得罪亡命，蓋姦妄流也。余宰南城，有寓公稱其人云：「近嘗過此，識之否？」余言：「不識也！此輩何可使及吾門！」李士寧、張懷素之徒，皆般監也。是以君子惡異端。

光庭以書媚人，故鄙其爲非有道之士；玉蟾得罪亡命，則又詆之爲「姦妄流」。是振孫於神仙家，亦視之爲異端。

振孫於釋氏，則有褒有貶。振孫嘗應華勝寺主僧應之求，撰《華勝寺碑記》，《碑記》文末曰：

釋氏行乎中土千餘歲，余生長浙右，見其徒皆赤手興大役，捐金輸盡，閒者爭勸。其規制奢廣，飛檐傑棟，金碧晃耀，往往談笑而成之，視應所爲，若不足乎紀。顧俗有富貧，緣法有深淺，以彼其易，以此其難，所遭者固殊焉。要之，釋氏之教，以空攝有。所謂華嚴樓閣，克遍十方；毗耶室中，容納廣坐；回觀世間諸所有相，皆是虛妄，尚復區區較計於規摹之廣狹、功力之難易哉！均之以有爲法作佛事，而其艱勤積累，苦行勞力，視夫因順乘便，持福禍之說以聳世俗，而爲婾食安座之資者猶愈也，故樂爲之書。

觀是，則知振孫對釋氏之「艱勤積累，苦行勞力」，「赤手興大役」等則頗予肯定；惟於其「因順乘便，持福禍之說以聳世俗，而爲婾食安座之資者」，則貶斥之不遺餘力也。

至釋氏之經典，振孫雖亦加以收藏，並著錄於《解題》中，然評價不高；且於其教義，殊未見推許。《解題》卷十二《釋氏類》著錄：

《四十二章經》一卷，後漢竺法蘭譯。佛書到中國，此其首也，所謂「經來白馬寺者」。其後千經萬論，一大藏教乘，要不出於此。中國之士，往往取老、莊之遺說以附益之者多矣。

此批評中國佛書多附益老、莊遺說。

同卷同類又著錄：

《嘉泰普燈錄》三十卷，僧正受編。三《錄》大抵與《傳燈》相出入，接續機緣，語句前後一律，先儒所謂遁辭也。然本初自謂直指人心，不立文字。今四《燈》總一百二十卷，數千萬言，乃正不離文字耳。

此又抨擊佛書中有遁辭；且指斥禪宗四《燈》，多至「數千萬言」，顯背本初「直指人心，不立文字」之宗旨。

振孫於兵家，多言其書傳會依託，文辭淺鄙。《解題》卷十二《兵書類》著錄：

《六韜》六卷，武王、太公問答。其辭鄙俚，世俗依託也。

同卷同類著錄：

《黃石公三略》三卷，世傳張子房受書圯上老人，曰：「濟北穀城山下得黃石，即我也。」故遂以石爲圯上老人。然皆傅會依託也。

又著錄：

《李衛公問對》三卷，唐李靖對太宗。亦假託也，文辭淺鄙尤甚。

是振孫於兵書多未見許可，可知也。

振孫於曆象之書，則斥其「穿鑿附會」，「幾於矯誣」。《解題》卷十二《曆象類》著錄：

《天象義府》九卷，宜黃布衣應亖撰。其書考究精詳，論議新奇，而多穿鑿傅會。象垂於天，其曰某星主某事者，人寔名之也。開闢之初，神聖在御，地天之通未絕，其必有得於仰觀俯察之妙者，故曰：「天垂象，聖人則之。」夫天豈諄諄然命之乎？如必一切巧爲之說，而以爲天意寔然，則幾於矯誣矣。

又有斥曆象書「拘忌」、「俚俗」者。同卷同類著錄：

《統天曆》一卷，冬官正楊忠輔撰，丞相京鏜表進。……其末有《神殺》一篇，流於陰陽拘忌，則爲俚俗。

亦有斥其書「其術疏淺，無足取」者。同卷同類著錄：

《金大明曆》一卷，金大定十三年所爲也。其術疏淺，無足取。積年三億以上，其拙可知。

至陰陽家類之書，振孫或斥其「假託」、「不經」。《解題》卷十二《陰陽家類》著錄：

> 《廣濟陰陽百忌曆》二卷，稱唐呂才撰。有《序》。案：才序陰陽書，其三篇見於本傳，曰《祿命》，曰《卜宅》，曰《葬》，盡掃世俗拘滯之論，安得後有此曆？本初固已假託，後人附益尤不經。

或斥「其言鄙俚」。同卷同類著錄：

> 《珞琭子》一卷，此書祿命家以爲本經。其言鄙俚，閭巷賣卜之所爲也。

或謂其書乃「書坊售利，求俗師爲之」。同卷同類著錄：

> 《五星三命指南》十四卷，亦不知名氏。大抵書坊售利，求俗師爲之。

是則振孫於曆象、陰陽二家之書，亦貶抑殊甚也。

振孫於卜筮、形法二類之書，則未見許可。有指責其本「錯誤極多」者。《解題》卷十二《卜筮類》著錄：

> 《六壬翠羽歌》一卷，後唐長興中僧令岑撰。錯誤極多，未見他本可校。

又或指斥其「鄙俗依託」者。《解題》卷十二《形法類》著錄：

> 《續葬書》一卷，郭景純。鄙俗依託。

至醫家之書，振孫頗爲重視，故《解題》所著錄多至八十七種，惟其中亦有揭其書之短者。《解題》卷十三《醫書類》著錄：

《紹興校定本草》二十二卷，醫官王繼先等奉詔撰。紹興二十九年上之，刻板修内司。每藥為數語，辨説淺俚無高論。

同卷同類著録：

《傷寒證類要略》二卷、《玉鑑新書》二卷，汴人平堯卿撰。專爲傷寒而作，皆仲景之舊也，亦别未有發明。

是振孫於醫書中之「辨説淺俚無高論」者，及「别未有發明」者，皆批評其短也。

振孫於音樂，則重古樂而輕俗樂。《解題》卷十四《音樂類》小序云：

劉歆、班固雖以《禮》、《樂》著之《六藝略》，要皆非孔氏之舊也。然《三禮》至今行於世，猶是先秦舊傳；而所謂《樂》六家者，影響不復存矣。竇公之《大司樂章》既已見於《周禮》，河間獻王之《樂記》亦已録於《小戴》，則古樂已不復有書。而前《志》相承，迺取樂府、教坊、琵琶、羯鼓之類以充《樂類》，與聖經並列，不亦悖乎！

是振孫甚反對《隋書·經籍志》及《舊唐書·經籍志》、《新唐書·藝文志》等將俗樂如「樂府、教坊、琵琶、羯鼓之類以充《樂類》」也。

至陳暘撰《樂書》二百卷，采及俗樂，振孫亦嚴加批評。《解題》卷十四《音樂類》著録：

《樂書》二百卷，秘書省正字三山陳暘晉之撰。……其書雅、俗、胡部音器、歌舞，下及優伶、雜戲，無不備載。博則博矣，未免於蕪穢也。

是振孫抨擊陳暘《樂書》「蕪穢」，則其輕鄙俗樂之見地可知。

振孫於雜藝，最輕視書法家。《解題》卷十四《雜藝類》著錄：

《法書撮要》十卷，吳興蔡耑山父撰。以書家事實分門條類，亦無所發明。淳熙中人，云紹聖御史之孫，吾鄉不聞有此人也，當考。然其名耑而字山父，「耑」者，物之初生，從「屮」，不從「山」也。偏旁之未審，何取其爲法書？余於小學家，黜書法於《雜藝》，有以也。

是振孫認爲書法家不懂小學，「偏旁之未審」，則其書法及著述均無足取矣。

桑世昌撰《蘭亭考》，凡十二卷，振孫亦斥爲「玩物喪志」。同卷同類著錄：

《蘭亭考》十二卷，……浙東庾司所刻，視初本頗有刪改。……其書始成，本名《博議》，高內翰文虎炳如爲之《序》。及其刊也，其子似孫主爲刪改，……多失事實，或戾本意。其最甚者，《序》文本條達可觀，亦竄改無完篇，首末闕漏，文理斷續，於其父猶然，深可怪也。此書累十餘卷，不過爲晉人一遺帖，自是作無益，玩物喪志，本無足云。其中所錄諸家跋語，有昭然僞妄而不能辨者，未暇疏舉。

是世昌撰此書，連篇累牘，「不過爲晉人一遺帖」作考證；且所錄跋語，有「昭然僞妄而不能辨」者，故振孫亦嚴斥之。

類書類之書，振孫多有未當意者。《解題》卷十四《類書類》著錄：

《蒙求》三卷，唐李翰撰。本無義例，信手肆意雜襲成章，取其韻語易於訓誦而已，遂至舉世誦之，以爲小學發蒙之首，事有甚不可曉者。余家諸子在襁褓，未嘗令誦此也。

同卷同類著錄：

《諸史提要》十五卷，參政吳越錢端禮處和撰。泛然鈔錄，無義類。

同卷同類又著錄：

《錦繡萬花谷》四十卷、《續》四十卷，《序》稱淳熙十五年作，而不著名氏。門類無倫理，《序》文亦拙。

是振孫於類書「無義例」、「無倫理」之屬，皆嚴加貶抑也。

綜上所述，則振孫尊崇儒學而貶抑各家，其主張鮮明，殆可知矣。

貳、主張治子學須重源流，而反對假託妄誕

振孫治經，主張重視經學之授受源流，余撰《陳振孫之經學及其〈直齋書錄解題〉經錄考證》一書已言之詳矣，（註二）而其治子學亦然。《解題》卷九《儒家類》著錄：

《孔子家語》十卷，孔子二十二世孫猛所傳，魏散騎常侍王肅爲之注。肅闢鄭學，猛嘗受學於肅。肅從猛得此書，與肅所論多合，從而證之，遂行於世。云博士安國所得壁中書也，亦未必然。其間所載，多已見《左氏傳》、《大戴禮》諸書云。

案：此條乃振孫考證今本《孔子家語》之源流，謂其書乃孔猛所傳，而非孔安國所得壁中書，以其間

所載多見《左傳》、《大戴禮》。又考王肅注此書，謂得自孔猛，蓋猛從肅受學，故肅得而注之。是振孫於今本《家語》之源流及王肅注此書之因緣，殆甚曉悉也。

《解題》卷十三《醫書類》著錄：

> 《大觀本草》三十一卷，唐愼微撰。不知何人。仁和縣尉艾晟作《序》，名曰《經史證類本草》。案：《本草》之名，始見《漢書·平帝紀》、《樓護傳》。舊經止一卷，藥三百六十五種。陶隱居增《名醫別錄》，亦三百六十五種，因注釋爲七卷。唐顯慶又增一百十四種，廣爲二十卷，謂之《唐本草》。開、寶中又益一百三十三種。蜀孟昶又嘗增益，謂之《蜀本草》。及嘉祐中，掌禹錫、林億等重加校正，更爲補注，以朱墨書爲之別，凡新、舊藥一千八十二種，蓋亦備矣。今愼微頗復有所增益，而以墨蓋其名物之上，然亦殊不多也。

案：此條乃振孫考證《本草》之源流及歷代增益之情況。蓋其書名始見於《漢書》，書「止一卷，藥三百六十五種」；其後歷朝治《本草》者遞有增益，至仁宗嘉祐時已「新、舊藥一千八十二種」；而徽宗大觀時，唐愼微又「頗復有所增益」。全文考來原原本本，足證振孫治學，甚重其學之源流演變也。

振孫治學既重源流之探討，則凡學無根源、假託妄誕者均反對之。前引《解題》卷九《道家類》「《關令尹子》九卷」條，卷十一《小說家類》「《神異經》一卷」條、「《十洲記》一卷」條，卷十二《兵書類》「《六韜》六卷」條、「《黃石公三略》三卷」條、「《李衛公問對》三卷」條，卷十二《陰陽家類》「《廣濟陰陽百忌曆》二卷」條，及同卷《形法類》「《續葬書》一卷」條，皆屬振孫反假託之顯例。至振孫反妄誕，《解題》可舉之例亦指不勝屈。其書卷十二《農家類》著錄：

《洛陽貴尚錄》一卷，殿中丞新安丘濬道源撰。專爲牡丹作也。其書援引該博，而迂怪不經。

同卷《雜家類》著錄：

《天保正名論》八卷，龍昌期撰。其學迂僻，專非周公，妄人也。

卷十一《小說家類》著錄：

《名山記》一卷，亦稱王子年，即前之第十卷。大抵皆詭誕。

案：丘書「迂怪不經」；龍氏「妄人」，「其學迂僻」；王書「大抵皆詭誕」；均在振孫反妄誕之列，故《解題》皆一一非之也。

叁、主張考明真僞、辨正訛謬

振孫既力反治子學之假託妄誕，故其於子書之眞僞、訛謬，皆欲考明辨正之。《賈子》一書，眞僞雜揉，必須明辨，故《解題》卷九《儒家類》著錄：

《賈子》十一卷，漢長沙王太傅洛陽賈誼撰。《漢志》五十八篇，今書首載《過秦論》，末爲《弔湘賦》，餘皆錄《漢書》語，且略節賈誼本傳於第十一卷中。其非《漢書》所有者，輒淺駁不足觀，絕非誼本書也。

此考明《賈子》所載文章之眞中有僞也，而僞者「輒淺駁不足觀」。

《子華子》一書亦至可疑，《解題》卷十《雜家類》著錄：

> 《子華子》十卷，稱晉人程本字子華，與孔子同時。考前世史志及諸家書目並無此書，蓋假託也，《館閣書目》辨之當矣。《家語》有孔子遇程子，傾蓋贈束帛之事。而《莊子》亦載子華子見昭僖侯一則，此其姓字所從出。昭僖與孔子不同時也，《莊子》固寓言，而《家語》亦未可考信，班固《古今人表》亦無之。使果有其人，遇合於夫子，班固豈應見遺也？其文不古，然亦有可觀者，當出於近世能言之流，爲此以玩世爾。

於此，振孫徵引諸書以指正《子華子》其書及其撰人之非眞，謂其書乃「近世能言之流」爲之，「以玩世爾」。

振孫既力主治子學須明辨眞僞，故凡著書不能辨眞僞，並以贋作濫竽充數者，皆深表不滿。《解題》卷十四《雜藝類》著錄：

> 《法帖刊誤》二卷，黃伯思長睿撰。《淳化法帖》出於待詔王著去取，時秘府墨跡眞贋雜居，著不能辨也。但欲備晉、宋間名跡，遂至以江南人一手僞帖竄入其間，鄙惡之甚。米南宮辨之，十已得七八；至長睿遂精詳矣。

此指責王著不辨眞贋，竟以僞帖竄入《淳化法帖》中，故振孫「鄙惡之甚」也。

惟凡治學能實事求是，忠實不欺；而對於前人著作中之錯誤，又能辨正訛謬者，振孫皆推譽之。

《解題》卷十二《曆象類》著錄：

《統天曆》一卷，冬官正楊忠輔撰，丞相京鏜表進。其《曆議》甚詳，至於星度，明言不曾測驗，無候簿可以立術，最爲不欺。

同書卷十《雜家類》著錄：

《蘇氏演義》十卷，唐光啓進士武功蘇鶚德祥撰。此數書者皆考究書傳，訂正名物，辨證訛謬，有益見聞。尤梁谿以家藏本刻之當塗。

案：楊忠輔所撰《曆議》「最爲不欺」，蘇鶚等撰《蘇氏演義》諸書，皆能「考究書傳」，「辨證訛謬」，振孫均予以肯定，並加推譽也。

惟振孫於力主考明眞僞，辨正訛謬之同時，亦提倡多聞闕疑。《解題》卷九《儒家類》著錄：

《先聖大訓》六卷，龍圖閣學士慈谿楊簡敬仲撰。取《禮記》、《家語》、《左傳》、《國語》而下諸書，凡稱孔子之言，皆類爲此編。然聖人之言，旨意未易識也。「喪欲速貧，死欲速朽」，自門弟子已不能知其有爲而言，況於百世所記，其間淺陋依託，可勝道哉！多聞闕疑，庶乎其弗畔也。

蓋治群經諸子之學，其間多有「旨意未易識」者，故於力主考明眞僞，辨正訛謬之同時，亦必輔之以多聞闕疑。治子學能實事求是，以不知爲不知，則「庶乎其弗畔也」。

肆、主張子學著述須內容富贍可觀，而論議詳盡曲當而有發明

振孫於子學著述，甚重視其內容之富贍可觀。《解題》卷十一《小說家類》著錄：

《封氏見聞記》二卷，唐吏部郎中封演撰。前記典故，末及雜事，頗有可觀。

又著錄：

《老學庵筆記》十卷，陸游務觀撰。生識前輩，年登耄期，所記見聞，殊可觀也。

蓋封、陸二書，所記見聞翔實，內容富贍，故振孫稱其「可觀」。

《解題》卷十四《類書類》著錄：

《藝文類聚》一百卷，唐弘文館學士長沙歐陽詢信本撰。……其所載詩文賦頌之屬，多今世所無之文集。

《藝文類聚》所載，「多今世所無之文集」，其書為後人之研究工作增加無數文獻資料，則其價值甚大，故為振孫所稱道。

振孫既重視子學著述之內容富贍可觀，則舉凡其書疏淺、鄙俚者皆非之。前引《解題》卷十二《曆象類》「《金大明曆》一卷」條，振孫已斥其書「疏淺，無足取」。同書卷十二《音樂類》著錄：

《琴經》一卷，託名諸葛亮。淺俚之甚。

又著錄：

《琴曲詞》一卷，不知作者。凡十一曲，辭皆鄙俚。

同書卷十四《雜藝類》著錄：

《射評要略》一卷，稱李廣撰，固依託也，而亦鄙淺亡奇。

上述諸書以其內容「疏淺」、「鄙俚」之甚，故振孫皆斥責也。振孫於子學之著述，亦重其論議詳盡曲當而有發明。其於孟子書推崇備至無論矣，而於下列諸家亦然。《解題》卷十三《醫書類》著錄：

《李氏集驗背疽方》一卷，泉江李迅嗣立撰，凡五條，其論議詳盡曲當。

又著錄：

《傷寒微旨論》二卷，不著作者。《序》言元祐丙寅，必當時名醫也。其書頗有發明。

上述二書，其一則「論議詳盡曲當」，另一則「頗有發明」，故皆獲振孫所推許。惟於其書無高論，無發明者，振孫則批評之。《解題》卷九《儒家類》著錄：

《周簡惠聖傳錄》一卷，參政荆溪周葵惇義撰。自堯、舜至孔、孟聖傳正統，爲絕句詩二十章，而各著其說，自爲一家，然無高論。

《解題》卷十二《神仙類》著錄：

《道樞》二十卷，曾慥端伯撰。慥自號至游子，采諸家金丹、大藥、修鍊、般運之術，爲百二十二篇。初無所發明，獨黜采御之法，以爲殘生害道云。

上述二家之書，其一雖能「自爲一家」，「然無高論」；另一雖「獨黜采御之法」，然「無所發明」；其書瑕瑜互見，亦皆不免爲振孫所譏評也。

振孫雖主張著述須論議詳盡曲當而有發明，惟此類與論議新奇而多穿鑿傅會者歧趨。前引《解題》卷十二《曆象類》「《天象義府》九卷」條，宜黃布衣應垕撰此書，振孫雖稱其書「考究甚詳」，然因其「論議新奇，而多穿鑿傅會」，故亦抨擊之甚烈，認爲「幾於矯誣」也。

伍、主張讀子書須兼事校讎，著子書者須有義例

中國古籍，其間文字之脫誤，疊出屢見，尤以子書爲然；故振孫讀子書，每細加校勘，《解題》中頗記其事。《解題》卷十二《卜筮類》著錄：

《易林》十六卷，漢小黃令梁焦延壽贛撰。又名《大易通變》。……求之累年，寶慶丁亥始得之莆田，皆韻語古雅，頗類《左氏》所載《繇辭》。或時援引古事，間嘗筮之亦驗。頗恨多脫誤，嘉熙庚子從湖守王寺丞佈借本，兩相校，十得八九。其中亦多重複，或諸卦數爻共一繇，莫可考也。

此振孫讀子書重校勘之一例也。

同卷同類著錄：

《京氏參同契律曆志》一卷，虞翻注。專言占象而不可盡通，字亦多誤，未有別本校。

此則振孫致憾於其書「字亦多誤」，然「未有別本校」也。

《解題》卷九《道家類》著錄：

《鬻子》一卷，鬻熊爲周文王師，封於楚，爲始祖，《漢志》云爾。書凡二十二篇，今書十五篇。陸佃農師所校。

又著錄：

《鬻子注》一卷，唐鄭縣尉逢行珪撰。止十四篇，蓋中間以二章合而爲一，故視陸本又少一篇。此書甲乙篇次，皆不可曉，二本前後亦不同，姑兩存之。

上引二條可考見振孫校讀《鬻子》，深知其書《漢志》著錄凡二十二篇，今僅十五篇；又以陸佃校本校逢行珪《鬻子注》，知注本「中間以二章合而爲一，故視陸本又少一篇」，而二本篇次「前後亦不同」。此振孫校讀子書又一例也。是振孫讀子書重視校讎，殆可知矣。

至振孫於子書之著作，則重視其有義例。前引《解題》卷十四《類書類》著錄《蒙求》、《諸史提要》、《錦繡萬花谷》諸書，因無義例，無倫類，故不免振孫之譏彈。惟《類書類》另著錄以下諸書，則以其有義例，有倫類而爲振孫所見許：

《文選雙字類要》三卷，蘇易簡撰。摘取雙字，以類編集。

《選腴》五卷，天台王若撰。以五聲韻編集《文選》中字，淳熙元年序。

《觀史類編》六卷，呂祖謙撰。初輯此篇爲六門，曰《擇善》，曰《儆戒》，曰《閫範》，曰

《治體》，曰《論議》，曰《處事》。而《閫範》最先成，既別行，今惟五門，而《論議》分上、下卷。

《帝王經世圖譜》十卷，著作佐郎金華唐仲友與正撰。凡天文、地理、禮樂、刑政、陰陽、度數、兵農、王霸，本之經典，兼采傳注，類聚群分，凡百二十二篇。

上述諸書，或「以類編集」，或「類聚群分」，義例清晰，倫類秩然，其見許於振孫，殆有由也。

綜上五類，均屬振孫研治子學之主張，然茲僅列舉其犖犖大者，至其微末次要之見地，暫不及云。

【附註】

註一　請參考《解題》卷四《正史類》「《史記》一百三十卷」條，振孫稱「憑虛而有理致者，莊子也」。

註二　請參考該書第二章《陳振孫研治經學之主張》一「重視經學之授受源流」，頁七至一一。

原載《新亞論叢》第二期

陳振孫生卒年新考

陳振孫，字伯玉，號直齋，南宋著名目錄學家。有關振孫之生卒年，自宋迄清似無人考及之者。宋人劉克莊《後村大全集》卷七十五《外制》有《故通奉大夫寶章閣待制致仕陳振孫贈光祿大夫》一文，曰：

疏傅賢哉，方遂揮金之樂；魏公逝矣，可勝亡鑑之悲。於以飾終，爲之攬涕。具官某，其文秋濤瑞錦，其姿古柏寒松。早號醇儒，得淵源於伊、洛；晚稱名從，欲輩行於乾、淳。若鳳儀麟獲而來，以鱣舞狐嘷而去。生芻一束，莫挽於遐心；寶帶萬釘，少旌於耆德。尚期難老，胡不慭遺？噫！德比陳太丘，素負海内之望；官如顔光祿，用爲宰上之題。可。

此文之作年在宋理宗景定三年壬戌（一二六二）三月，是則振孫之卒歲亦必在此年，拙著《陳振孫之生平及其著述研究》曾詳考之，（註一）茲不贅。

民國以還，撰文考訂或述及振孫生卒年者有多家，其中最早者厥爲陳樂素先生。陳氏於民國三十五年十一月二十日發表《〈直齋書錄解題〉作者陳振孫》，刊載上海《大公報·文史周刊》第六期上。

該文「《年歷》」條下載：

> 劉克莊《後村大全集》卷七五所載《故通奉大夫寶章閣待制致仕陳振孫贈光祿大夫制》，居《外制》之末，《參知政事何夢然封贈三代》之後。據《宋史・宰輔表》，何夢然以景定二年（一二六一）十二月除參政；又據《後村集》附林希逸所撰《行狀》，則後村以景定二年辛酉八月再兼中書，三年壬戌三月除權工部尚書，陞兼侍讀；直齋蓋卒於景定二年或三年春，而必不在三年三月以後也。以嘉定中始任，至景定之卒，其間四十餘年，縱使未壯已仕，直齋壽亦當七十以上矣。

是陳氏以振孫卒於景定二年或三年春，其壽當七十以上。

民國七十二年八月，陳氏另撰《略論陳振孫〈直齋書錄解題〉》一文，發表於《中國史研究》一九八四年第二期，其中論及振孫卒年則有異說。陳氏曰：

> 陳振孫的生卒年不詳。但劉克莊《後村大全集》卷七五，有《故通奉大夫寶章閣待制致仕陳振孫贈光祿大夫制》，列在《參知政事何夢然封贈三代制》之後；何夢然是理宗景定二年（公元一二六一年）十二月除參政的（《宋史・宰輔表》）；而劉克莊則在景定二年八月再兼中書舍人，三年三月除工部侍郎升兼侍讀（《後村集》附林希逸撰《行狀》）。由此推知，陳振孫是卒於景定二、三年之間。他初仕大概在寧宗嘉定元年（公元一二〇八年），當溧水縣縣學教授，寫過一篇《華勝寺碑記》（見光緒《溧水縣志》）。假定初仕時是三十歲左右的人，那麼，到

景定二年（公元一二六一年），他已經是八十歲以上的人了。

是陳氏又改謂振孫壽在八十歲以上。

法人Yves Hervouet編《宋代書錄》（Bibliographie des Sung），該書《書目類》「《直齋書錄解題》」條亦考及振孫生卒年，其後潘銘燊撰《宋代私家藏書考》即據之。（註二）《宋代書錄》云：

Chih-chai shu-lu chieh-t'i直齋書錄解題，22ch.（'Catalogue of books with explanatory notices of the Chih Studio'）by Ch'en Chen-sun 陳振孫（T.Po-yu伯于，H. Chih-chai直齋），ca.1190-after 1249.

是《宋代書錄》以約西元一一九〇年，即約光宗紹熙元年庚戌爲振孫生年，而以西元一二四九年後，即理宗淳祐九年己酉後爲其卒歲。惟此說不惟乏據，即其譯振孫之別字爲「伯于」，則更屬錯誤之至，是故其可信度應甚可疑。

台灣國立政治大學喬衍琯教授於民國六十九年六月出版《陳振孫學記》一書，（註三）其書第一章《傳略》云：

振孫生年不詳。《宋代書錄．書目類．直齋書錄解題》條云，約一一九〇年（光宗紹熙元年）生，則初仕溧水教授，年方二十一。疑生年當在前此數年，卒年則云在一二四九年（理宗淳祐九年）之後。雖未肯定，要俱相去不甚遠。而潘銘燊在《宋代私家藏書考》，乃削去疑辭，又不言其所據，則未可從。使振孫未強而仕，享壽逾七十矣。據是，則喬氏考證振孫生卒年，大抵參照《宋代書錄》而略作推移；至其謂「使振孫未強而仕，享壽逾七十」，則其所持論乃依倚陳樂素《〈直齋書錄解題〉作者陳振孫》一文，喬氏雖未言所據，然陳、喬二氏所考皆誤也。

拙著《陳振孫之生平及其著述研究》，其第三章《陳振孫之仕履與行誼》第十一節《致仕與去世》中亦考及振孫生卒年，所得結論爲：

綜上所考，振孫致仕在理宗淳祐十年庚戌（一二五〇），時年七十，其卒歲在景定三年壬戌（一二六二）三月左右，春秋八十又二。由是而上溯，則振孫之生年，當爲宋孝宗淳熙八年辛丑（一一八一）也。

然此一結論亦未盡允當。

考張先字子野，北宋仁宗時著名詞家，人稱「張三影」者。張先有《十詠圖》，描繪其父張維於吳興南園所作十首詩之種種內容。圖後有陳振孫長跋一篇。《十詠圖》，今人徐邦達曾見之。徐氏撰《北宋張先十詠圖卷》一文，（註四）中有云：

此《十詠圖》卷，到清乾隆年間收入內府，著錄在所編《石渠寶笈・續編》重華宮；同時阮元《石渠隨筆》亦記述此圖所畫的內容。一九九五年秋，原件我在北京見到了它。蓋此亦溥儀自故宮中攜出之物，後輾轉從僞滿長春僞宮流散出來的。

張先之圖爲設色絹本，圖卷後之陳振孫長跋則另紙所寫。振孫跋文，周密《齊東野語》卷十五「《張先十詠圖》」條曾詳載之，惟闕載文末之署年，其署年於考證振孫生卒年至關重要。振孫《跋》文所記之署年爲：

> 庚戌七月五日直齋老叟書，時年七十有二。後六年，從明叔借摹，併錄余所跋於卷尾而歸之。丙辰中秋後三日也。

《跋》署年左下方鈐「陳氏山房之印」六字，乃篆書陽文方印。考庚戌（一二五〇）乃淳祐十年，據《跋》語知是年振孫七十二歲。後六年，即寶祐四年丙辰（一二五六），是年振孫七十八歲。據此上推，則振孫生於淳熙六年己亥（一一七九），其卒歲在景定三年壬戌（一二六二），則春秋八十有四。余前撰有《陳振孫仕履年表》，（註五）及今觀之，其所繫年或錯誤不足據。茲據新考所得生卒年，另撰新表如下：

中曆	西元	行事或所任官職	年齡
孝宗淳熙六年（己亥）	一一七九	振孫此年生。	一
寧宗嘉定元年（戊辰）	一二〇八	是年任溧水縣教授，嘉定四年辛未（一二一一）去官歸。	三〇
嘉定六年（癸酉）	一二一三	是年補紹興府教授。	三五
嘉定十一年（戊寅）	一二一八	任鄞學教官。	四〇

嘉定十四年（辛巳）	一二二一	爲南城縣宰。	四三
理宗寶慶三年（丁亥）	一二二七	充興化軍通判。	四九
紹定元年（戊子）	一二二八	除軍器監簿。	五〇
端平元年（甲午）	一二三四	除諸王宮大小學教授。	五六
端平三年（丙申）	一二三六	是年二月初六以朝散大夫知台州，兼權浙東提舉，常平茶鹽事；八月正除，十月二十八日到任。	五八
嘉熙元年（丁酉）	一二三七	是年五月改知嘉興府。	五九
嘉熙三年（己亥）	一二三九	是年四月十三日前後升浙西提舉。	六一
嘉熙四年（庚子）	一二四〇	返湖州，向湖守王佾借《易林》校勘。	六二
淳祐元年（辛丑）	一二四一	是年二月任職郎省。	六三
淳祐四年（甲辰）	一二四四	是年秋、冬間改除國子司業。	六六
淳祐十年（庚辰）	一二五〇	以某部侍郎、通奉大夫除寶章閣待制致仕，家居霅川，修《吳興人物志》、《吳興氏族志》。	七二
景定三年（壬戌）	一二六二	是年三月間卒，贈光祿大夫。	八四

綜上所述，有關陳振孫之生卒年，陳、喬諸氏及余前此所考得者均錯誤不足據。茲據振孫《跋》語署年推判，確知振孫生年在淳熙六年，又據其歿時在景定三年，則其卒年爲八十四歲。余新考得此

一結論，殆可成定讞矣。

（民國八十九年元宵節撰於華梵大學東方人文思想研究所）

【附註】

註一　拙著《陳振孫之生平及其著述研究》第三章《陳振孫之仕履與行誼》第十一節《致仕與去世》載：「後村景定元年九月兼權中書舍人，十一月除兵部侍郎兼中書舍人；二年八月再兼中書；三年三月，除權工部尚書，陞兼侍讀。是其撰作《外制》諸文字，最早不應超過景定元年九月，而最遲不應後於景定三年三月。又考《宋史》卷四十五《本紀》第四十五《理宗》五載：『（景定二年）十二月……甲午，以……何夢然參知政事兼太子賓客。』是則《外制》之第一篇《中大夫參知政事兼太子賓客何夢然贈三代》必作於景定二年十二月。同書同卷《理宗》五又載：『（景定）三年春正月……庚午，賜賈似道宅於集芳園，給緡錢百萬，就建家廟。』則《太傅右丞相兼樞密使兼太子少師魯國公賈似道贈高祖祖母》之制必作於景定三年正月。同書同卷《理宗》五又載：『（景定三年）三月乙丑，以孫附鳳爲端明殿學士，簽書樞密院事兼太子賓客。』則《端明殿學士朝奉郎簽書樞密院事兼太子賓客孫附鳳贈三代》之制，必作於景定三年三月。《故通奉大夫寶章閣待制致仕陳振孫贈光祿大夫》一篇既置於《外制》之末，即排在前述諸制之後，則其作年最早亦在景定三年壬戌（一二六二）三月之時。其後後村則除權工部尚書，陞兼侍讀，是則振孫之卒歲亦必在此年此月左右，固無疑矣。」

註二　潘文載見香港中文大學崇基學院所編之《華國》第六期。其文文末有《參考及徵引書目》，其「陳振孫」條云：「陳振孫（1190—1249）《直齋書錄解題》清光緒九年（一八八三）重刊本。」是潘氏言振孫之生卒年，乃據《宋代書錄》也。

註三　《陳振孫學記》，民國六十九年六月初版，台北文史哲出版社印行。

註四　見載一九九五年《翰海》秋季拍賣會特刊。

註五　見《陳振孫之生平及其著述研究》第三章《陳振孫之仕履與行誼》，頁一八六—一八七。

原載《新亞學報》第二十卷革新號

劉貢父「不徹薑食」、「三牛三鹿」二語考

——讀《直齋書錄解題》札記

陳振孫《直齋書錄解題》卷三《小學類》「《爾雅新義》二十卷」條著錄：

《爾雅新義》二十卷，陸佃撰。其於是書，用力勤矣。《自序》以爲「雖使郭璞清道，跂望塵躅可也」。以愚觀之，大率不出王氏之學，與劉貢父所謂「不徹薑食」、「三牛三鹿」戲笑之語，殆無以大相過也。《書》云「玩物喪志」，斯其爲喪志也宏矣。頃在南城傳寫，凡十八卷，其曾孫子遹刻於嚴州爲二十卷。

案：有關《解題》所記述劉貢父謂「不徹薑食」、「三牛三鹿」戲笑之語，年前余撰作《陳振孫之經學及其〈直齋書錄解題〉經錄考證》一書，（註一）未能詳考其出處，及今念之，殊覺愧怍。貢父乃劉攽之字，號公非，江西新喻人，劉敞弟。攽邃於史學，與司馬光同修《資治通鑑》，專職漢史。其爲人疎儁，不修威儀，喜諧謔，故數招怨悔，然終不能改也。生平事蹟附《宋史》卷三百一十九《列傳》第七十八《劉敞傳》。

「不徹薑食」一語，最初見《論語》卷第十《鄉黨》第十，作「不撤薑食」。阮元《論語注疏校勘記》云：「案《石經考文提要》引宋本《九經》，『撤』作『徹』。《說文》無『撤』字，『撤』乃『徹』之俗字。」是宋本《論語》原作「徹」，今本作「撤」，乃用俗字也。

劉貢父所謂「不徹薑食」戲笑之語，其出處經余細覈，乃見宋人邵博《河南邵氏聞見後錄》。該書卷三十載：

王荊公會客，食，遽問：「孔子不徹薑食，何也？」劉貢父曰：「《本草》書薑多食損知，道非明民，將以愚之。孔子以道教人者，故云。」荊公喜，以為異聞；久之，乃悟其戲也。荊公之學尚穿鑿，類此。

考《河南邵氏聞見後錄》一書，凡三十卷，乃邵博繼其父伯溫《河南邵氏聞見前錄》而編撰。《前錄》二十卷，殆撰就於紹興二年（一一三二）壬子。（註二）振孫於伯溫喬梓之書，皆收藏而誦讀之矣，故《解題》卷五《雜史類》著錄：

《邵氏聞見錄》二十卷，邵伯溫撰。多記國朝事。又有《後錄》三十卷，其子溥所作，（註三）不專紀事，在《子錄·小說類》。

同書卷十一《小說家類》著錄：

《聞見後錄》二十卷，邵某撰。（註四）

斯其證也。

至貢父「三牛三鹿」一語之出處，亦見《河南邵氏聞見後錄》卷三十，其書載：

> 王荊公喜説字，至以成俗。劉貢父戲之曰：「三鹿爲麄，鹿不如牛；三牛爲犇，牛不如鹿。」謂宜三牛爲麄，三鹿爲犇，若難于遽改，欲令各權發遣。荊公方解縱繩墨，不次用人，往往自小官暴據要地，以資淺，皆號權發遣。故并謔之。

此條中之「三鹿爲麄」，麄同麤，乃「粗」字；「三牛爲犇」，犇即「奔」。蓋荊公説字義每多相戾，故貢父特牽連「權發遣」一事并謔之。

（民國八十九年十二月四日撰於華梵大學東方人文思想研究所）

【附註】

註一　《陳振孫之經學及其〈直齋書錄解題〉經錄考證》，民國八十六年三月十五日初版，台北里仁書局印行。

註二　邵伯溫有《邵氏聞見前錄序》，《序》末署年爲「紹興二年十一月十五日甲子」，故知《前錄》撰就於此年。

註三　邵溥，伯溫子，博之兄，陸心源《宋史翼》卷十《列傳》第十有傳。惟《後錄》乃博所撰，《解題》誤，拙著《陳振孫之史學及其〈直齋書錄解題〉史錄考證》有考。

註四　《聞見後錄》應爲三十卷，邵博撰。故盧文弨校本《解題》「二十卷」作「三十卷」，「邵某」作「邵博」，并注曰：「據《雜史門》改。」

讀李清照《打馬賦》等三篇札迻

壹、前　言

余於易安居士之能文章，雄於閨閣，卓然成家，素表欽仰。多年來皆致力於清照及其《漱玉集》之研治。先後出版有《李清照研究》（註一）、《李易安集繫年校箋》（註二）、《李清照改嫁問題資料彙編》（註三）諸書；又發表有《李清照改嫁問題資料彙編補遺六則》（註四）、《再論李清照之改嫁》（註五）諸文。其中以《李清照研究》刊行最早。全書凡八章，其第三章爲《李清照之詩文》。余於此章中嘗考論及清照之《打馬賦》，惟甚疏略，及今讀之，倍覺慚恧。用是不辭謭陋，另撰此篇以贖前愆。倘能於前書之闕失有所補正，是厚望焉。

貳、讀《打馬圖經自序》

清照撰《打馬賦》之先，已成《打馬圖經》與《打馬圖經自序》。《打馬圖經自序》署年爲「紹興四年十一月二十有四日」，是《圖經》與《自序》必寫成於此日或稍前。而《打馬賦》則撰就於紹興四年十二月，此視首句「歲令云徂」可知也。歲令云徂者，即《詩經》「歲聿其莫」之意。《詩經·唐風·蟋蟀》首章云：「蟋蟀在堂，歲聿其莫。今我不樂，日月其除。」毛《傳》：「蟋蟀，蛬也，九月在堂。聿，遂；除，去也。」鄭《箋》：「我，我僖公也。蛬在堂，歲時之候。是時農功畢，君可自樂矣；今不自樂，日月且過去，不復暇爲之。謂十二月當復命農計耦耕事。」乃「歲聿其莫」指十二月之證。是則可推知清照於紹興四年十一月既撰就《打馬圖經》與《自序》，又於十二月寫成《打馬賦》。故此賦首句即謂「歲令云徂」，用以標示歲時之候，殆指時維歲闌十二月，一年又將盡矣。

陳振孫《直齋書錄解題》卷十四《雜藝類》著錄：「《打馬賦》一卷，易安李氏撰。用二十馬。以上三者各不相同。今世打馬，大約與古之摴蒱相類。」案：清照《打馬賦》，最早見於目錄書籍著錄者即爲此《書錄解題》。竊疑振孫此條僅以《打馬賦》爲總名，其所著錄者實包括《圖經》與《自序》也。何以知其然耶？視《解題》所著錄者可知也。《解題》有「用二十馬」一語，殆出《自序》「一種無將二十馬，謂之依經馬」句，《打馬賦》中絕無此語也。又《圖經》乃打馬遊戲規則與方法所依據者，《解題》云：「今世打馬，大約與古之摴蒱相類。」此正就《圖經》而發也。是知振孫著錄此書，雖以《賦》爲總名，而實包括《圖經》與《自序》在內。正德間，沈津《欣賞編》一書收有清照《打馬圖經》；萬歷間，周履靖《夷門廣牘·娛志》中，收有清照《馬戲圖譜》。考《圖經》即《圖譜》也，二書名異而實同，非清照另有他作。《欣賞編》之《打馬圖經》與《夷門廣牘》之《馬戲圖譜》均屬總名，二者並收有《自序》與《賦》。此與《解題》以《打馬賦》爲總名予以著錄，而收《自序》與《圖經》甚相類也。

《打馬圖經自序》全文凡四段，首段以議論啓端，強調倘能以慧、通、專、精以治事習藝，則無所不達，無所不妙，其後並歷舉「庖丁解牛」等八事以證之。《自序》云：「慧則通，通則無所不達。」此語應有所本。考《趙飛燕外傳》伶玄《自敘》曰：「樊通德云：『慧則通，通則流，流而不得其防，則百物變態，爲溝爲壑，無所不往焉。』」（註六）竊疑清照之議論，殆由樊通德語化出，惟倍覺鏗鏘有力，令人信服耳。至「專則精，精則無所不妙」二語，則與周煇《清波別志》所言堪相印證。《清波別志》卷下云：「凡諸藝業，未有學而不得者，病在心力懈怠，不能專精耳。」案：心力懈怠，自不能專精；能專精，未有學而不得者。周氏所論，實與清照同調。

《自序》第三段曰：「今年十月朔，聞淮上警報，江浙之人，自東走西，自南走北，居山林者謀入城市，居城市者謀入山林，旁午絡繹，莫知所之。」案：此段乃描述紹興四年十月，因金人與僞齊合兵犯淮，江浙一帶居民倉卒避亂，及其徬徨、流離之慘況。《宋史》卷二十七《本紀》第二十七《高宗》四於金人、僞齊南侵事，亦有如下之記載：「（紹興四年）九月庚午，金、齊合兵自淮陽分道來犯。壬申，渡淮，楚州守臣樊敘棄城去。……冬十月丙子朔，與趙鼎定策親征。……乙卯，……金人犯滁州。……金人圍亳州。……壬午，僞齊兵犯安豐縣。……戊子，韓世忠邀擊金人於大儀鎮，敗之，又遣將董旼敗之於天長縣鴉口橋。乙丑，金人攻擊承州，韓世忠遣將成閔、解元合兵擊于北門，敗之。金人圍濠州。……丙申，……金人陷濠州，守臣寇宏棄城走。……戊戌，帝御舟發臨安。……壬寅，帝次平江。……乙巳，仇悆遣將孫暉擊金人于壽春，敗之，復霍丘，安豐二縣。……。十一月壬子，始下詔聲劉豫逆罪，諭親討之旨，以厲六師。……癸丑，金人入光州。甲寅，僞齊知光州許約破石頭山砦，遂據之。乙卯，韓世忠遣兵夜劫金人營于承州，破之。金人犯六合縣；丙辰，掠全椒縣三城湖。……戊午，金人陷滁州。……癸亥，劉光世遣統制王德擊金人于滁州桑根，敗之。……乙丑，金人犯滁口。乙巳，劉光世遣統制王師晟等率兵夜入南壽春府襲金人，敗之，執僞齊知府王靖。……十二月壬辰，金、齊兵逼廬州，仇悆嬰城固守，岳飛所遣統制徐慶、牛皋援兵適至，敗走之。劉光世亦遣統制靳賽戰于慎縣。張俊遣統制張宗顏擊敗金人于六合。……甲午，程昌寓遣杜湛、彭筠合擊楊欽，破之。……庚子，金人退師。……癸卯，金人去滁州。」又《宋史》卷二十八《本紀》第二十八《高宗》五載：「（紹興）五年春正月乙巳朔，……金人去濠州。」是此次金、齊合兵南犯，始自紹興四年九月，而止於紹興五年正月；宋軍禦敵，各有勝負，大小數十戰，戰況慘烈。惟《高宗紀》於其時百姓之流離、民心之徬徨，竟無一語道及，故清照《自序》此節，堪補正史闕略，可作歷史文獻看，其價值不容忽視，治史者幸垂注焉。

《自序》第四段乃全篇重點所繫，旨在介紹依經馬。其文曰：「且長行、葉子、博塞、彈棋，世無傳者。打褐、大小、豬窩、族鬼、胡畫、數倉、賭快之類，皆鄙俚不經見。藏酒、摴蒱、雙蹙融，近漸廢絕。選仙、加減、插關火，質魯任命，無所施人智巧。大小象戲、奕棋，又惟可容二人。獨采選、打馬，特爲閨房雅戲。嘗恨采選叢繁，勞於檢閱，故能通者少，難遇勁敵；打馬簡要，而苦無文采。按打馬世有二種：一種一將十馬者，謂之關西馬；一種無將二十馬者，謂之依經馬，流傳既久，各有《圖經》、《凡例》可考，行移賞罰，互有同異。又宣和間，人取二種馬參雜加減，大約交加僥倖，古意盡矣，所謂宣和馬者是也。予獨愛依經馬，因取其賞罰互度，每事作數語，隨事附見，使兒輩圖之，不獨施之博徒，實足貽諸好事，使千萬世後，知命辭打馬始自易安居士也。」案：清照介紹依經馬，並非先行一語道破，而是用上烘雲托月、撥雲見山之修辭技巧，首先列舉由長行至采選等二十種博戲，以層層剝筍及分類篩選之方法，一一加以評論；最後，始突出依經馬之主題，進行詳細之說明與描繪。文章如此寫來，結構盤旋曲折，文筆搖曳生姿，極盡修辭渲染之能事。

當世注釋《李易安集》，以王學初《李清照集校注》最爲詳明。王學初即王仲聞，乃王靜安先生仲子也。學初注釋清照《自序》中之博戲，有若干處似可予以補正。如王氏《校註》注釋長行曰：「『長行』：古博戲。唐李肇《國史補》卷下云：『今之博戲，有長行最盛。其具有局、有子，子有黃黑各十五。擲采之法有二。其法生於握槊，變於雙陸。』」案：其實長行即握槊，二者乃一物。檢清人陳元龍《御定歷代賦彙》卷一百三《巧藝》載有唐邢紹宗《握槊賦》一篇，其《序》云：「握槊，今人謂之長行也，斯博奕之徒與！觀其進退遲速雖存於大體，因時適變必務於權輿。施之於人，可以義存。」是握槊之戲，唐人謂之長行，二者確爲一物。邢紹宗《握槊賦》鋪敘此戲甚詳；清孔繼涵《微波榭叢書》有《長行經》一卷，故清照謂長行「世無傳者」，似未盡符事實。

簙簺，《李清照集校註》作博塞，不誤。王學初注釋云：「『博塞』：杜甫《今夕行》：『咸陽客舍一事無，相與博塞爲歡娛。』博塞疑爲泛稱，非有博戲名『博塞』也。《說文解字》卷五上：『博，局戲也。六箸十二棋也。……古者烏胄作博。』是『博』與『塞』爲二戲。或洪邁所云『波羅塞戲』，簡言之即曰『博塞』。」案：簺、塞、簙、博，古今字，古時稱簙、簺，後世稱博、塞也。王氏謂：「博」與「塞」爲二戲。所言良是。今觀《御定歷代賦彙》卷一百三《巧藝》既載漢邊韶《塞賦》，又載明常倫《博賦》；是博與塞確爲二戲。惟清照此處之博塞，與杜公《今夕行》詩之「相與博塞爲歡娛」，所指者僅爲塞戲，謂以塞戲相博耳，此觀文意自明。考塞戲來源甚早，許愼《說文》已有「行棋相塞謂之塞」之說，邊韶亦有《塞賦》，是此戲於漢世已甚流行。《塞賦》有《序》云：「可以代博奕者，曰塞其次也。試習其術，以驚睡救寤，免晝寢之譏而已。然而徐核其因通之極，乃亦精妙而足美也。故書其較略，舉其指歸，以明博奕無以尙焉。」是塞戲精妙足美，可代博奕。故邊韶作《賦》，書其大略，舉其指歸也。邊《賦》猶存，故清照不應言「世無傳者」。

《校註》注釋彈棋曰：「『彈棋』：《酉陽雜俎》續集卷四云：『《世說》云：「彈棋起自魏室。」妝奩戲也。《典論》云：「予於他戲弄之事少所喜，唯彈棋略盡其巧。京師有馬合鄉侯、東方世安、張公子，恨不與數子對。」起於魏室明矣。』……晁公武《郡齋讀書志》卷三下載《彈棋經序》稱：『《世說》曰：「魏武帝好彈棋，宮中皆效之，難得其局，以妝奩之蓋形狀相類，就蓋而彈之，俗中因謂魏宮妝奩之戲。」按《西京雜記》云：「劉向作彈棋。」《典論》云：「前代馬合卿、長公皆工彈棋。」然則起自漢朝，非自魏始，《世說》誤矣。』」案：《西京雜記》謂劉向作彈棋。雖無確證，然《御定歷代賦彙》卷一百三《巧藝》載有漢蔡邕《彈棋賦》一篇，是彈棋不起自魏，《世說》之訛，不攻自破。惟王氏《校註》此條所引資料，則頗多錯誤。如晁公武《讀書志》謂「魏武帝好彈棋」，好彈棋者實魏文帝，見《世說》卷五《巧藝》篇。此晁氏不愼而貽張冠李戴之誤。又《彈棋經》一卷，晁氏《讀書志》第十五《藝術類》著錄之。《校註》竟謂「《讀書志》卷三下載《彈棋經序》」，則舛訛殊甚。或王氏行文時專憑記憶，忽於檢書核對也。晉人徐廣有《彈棋經》一卷，載《說郛》宛委山堂本。卷一百二；唐段成式《酉陽雜俎》續集卷之四《貶誤》曰：「今彈棋用棋二十四，以色別貴賤，棋絕後一豆。《座右方》云：『白黑各六棋，依六博棋形，一云依大棋形。頗似枕狀。又魏戲法，先立一棋於局中，餘者闇一作鬥。白黑圍繞之，十八籌成都。』」是彈棋之法，猶有傳者。清照云不傳，殆非是。

《校註》注釋藏酒曰：「『藏酒』，不詳，疑爲『藏鉤』之訛。商務印書館排印本《說郛》『藏酒』作『藏弦』；明會稽鈕氏世學樓鈔本《說郛》作『藏彈』。『弦』、『彈』疑即『彄』。《夷門廣牘》本《馬戲圖譜》正作『彄』，『彄』即『鉤』也。」案：王氏此條所考甚精當，蓋藏酒即藏彄，藏彄即藏鉤，字之訛也。考晉庾闡有《藏鉤賦》，見載《御定歷代賦彙》卷一百三《巧藝》。其《賦》云：「嘆近夜之藏鉤，復一時之戲望。以道生爲元帥，以子仁爲佐相。思朦朧而不啓，目炯冷而不暢。

多取決於公長，乃不咨於大匠。鉤運掌而潛流，手乘虛而密放。示微跡而可嫌，露疑似之情狀。輒爭材以先叩，各銳志於所向。意有往而必乖，策靡陳而不喪。退怨嘆於獨見，慨相顧於惆悵。夜景煥爛，流光西驛。同朋誨其夙退，對者催其連射。忽攘袂以發奇，探意外而求跡。奇未發而妙待，意愈求而累僻。疑空拳之可取，手含珍而不摘。督猛炬而增明，從因朗而心隔。壯顏變成衰容，神材比為愚策。」是此戲之情狀猶略知其梗概。《酉陽雜俎》續集卷之四《貶誤》載：「舊言藏鉤起於鉤弋，蓋依辛氏《三秦記》，云漢武鉤弋夫人手拳，時人效之，目為藏鉤也。《列子》云：『瓦摳者巧，鉤摳者憚，黃金摳者昏。』殷敬順《敬訓》曰：『彄與摳同，衆人分曹，手藏物，探取之。又令藏鉤剩一人，則來往於兩朋，謂之餓鴟。』《風土記》曰：『藏鉤之戲，分二曹以校勝負。若人耦則敵對，若奇則使一人為遊附，或屬上曹，或屬下曹，名為飛鳥。』又今為此戲必於正月。據《風土記》，在臘祭後也。庾闡《藏鉤賦序》云：『予以臘後，命中外以行鉤為戲矣。』」是《酉陽雜俎》此載，足與庾闡《藏鉤賦》相參證。又庾《賦》實有《序》，《御定歷代賦彙》竟失載之。

《校註》注釋摴蒱曰：「『摴蒱』，古代博戲，東晉時頗盛行。」案：王氏此註至誤。考《御定歷代賦彙》卷一百三《巧藝》有漢馬融《摴蒱賦》，《賦》首即云：「昔玄通先生游於京師，道德既備，好此摴蒱。伯陽入戎，以斯消憂。」玄通先生者，乃馬季長虛構之人物，《老子》第十五章云：「古之善為道者，微妙玄通，深不可識。」此馬融虛構之根據也。又伯陽即老子，曾以化胡出關。是馬融以為此戲來源甚早，春秋之世，李耳且攜之入戎，以作消憂之具。其說雖不必可信，惟摴蒱之戲，東漢時已盛行，實不自東晉始也。

《校註》注釋雙甓融曰：「『雙甓融』：唐李匡乂《資暇集》卷中云：『今有奕局，取人道，人行五棋，謂之「甓融」。「融」宜作「戎」。此戲生於黃帝甓鞠，意在軍戎也，殊非圓融之義。庾元規著《座右方》所言甓戎者，今之甓融也。學者固已知之。』」案：《資暇集》以甓融為甓戎，謂意在軍戎，非圓融之義。《酉陽雜俎》續集卷之四《貶誤》載：「小戲中於奕局一枰，各佈五子角遲速，名曰『甓融』。予因讀《座右方》，謂之『甓戎』。」是甓融之戲，乃一枰對奕，各佈五子角遲速；蓋以二人相角，故曰雙甓融，或作雙甓戎也。至《座右方》一書，《資暇集》謂庾元規著；惟《新唐書》卷五十九《志》第四十九《藝文》三《小說家類》則著錄：「庾元威《座右方》三卷。」案規、威二字音近，未知孰是。

余前編著《李易安集繫年校箋》，蒐得專從文學角度以評價清照此《自序》者有三條評論。一為明陶宗儀《說郛・打馬圖序》，云：「李易安因依經馬，取其賞罰互度，每事作數語，精研工麗，世罕其儔，不僅施之博徒，實足貽諸同好。韻事奇人，兩垂不朽矣。」二為清王士祿《宮閨氏籍藝文考略》引《神釋堂脞語》，云：「《打馬序》堯舜、桀紂，擲豆起蠅一段，議論亦極佳，寫得尤歷落警至可喜，女子乃有此妙筆。易安動以千萬世自期，以彼其才，想亦自信必傳耳。昔人謂雞林宰相以百金購得香山詩一篇，眞贗輒能辨。文至易安，到眼自不同如此，語不虛也。」三為清周中孚《鄭堂讀書記補逸》卷二十三《子部・藝術類》「《打馬圖》一卷《欣賞篇》本。」條，云：「宋李清照撰。

……是編凡為圖二幅，為賦一篇，為例十一篇。考諸家著錄，宋人撰打馬書者非一，惟用五十馬者居多，獨此用二十馬。觀其前有紹興四年易安《自序》，乃其晚年消遣之作，而文詞工雅可觀，非他人所及也。」若陶氏諸賢所評，眞清照後世知音也。

叁、讀《打馬圖經》

沈津《欣賞篇》收有清照《打馬圖經》一卷，凡圖二幅，一為《色樣圖》，一為《打馬圖》。《色樣圖》列示「賞色」、「罰色」、「散采」三項。「賞色」計十一采，即：堂印、碧油、桃花重五、雁行兒、拍板兒、滿盆星、黑十七、馬軍、靴楦、銀十、撮十。「罰色」計二采，即：小浮圖、小娘子。「散采」計四十三采，即：小嘴、葫蘆、火筒兒、白七、川七、夾七、拐七、雁八、撮八、拐八、大肚、夾八、撮九、拐九、妹九、夾九、丁九、胡十、蛾眉、夾十、醉十、紇鏈兒、紅鶴、九二、小鎗、急火鑽、花羊、丫角兒、條巾、赤十二、腰曲縷、暮宿、大鎗、皀鶴、野雞頂、八五、角搜、大開門、正臺、筆篥、驢嘴、赤牛、黑牛。其《色樣圖》旁有注：「凡堂印至撮十為賞采，小浮圖至小娘子為罰采，其餘自赤牛至丁九，通有五十六采。」《圖經》凡十一例，即：鋪盆例、本采例、下馬例、行馬例、打馬例、倒行例、入夾例、落塹例、倒盆例、賞帖例、賞擲例。每例均附有行移賞罰之規則，說明甚為詳盡。末有「總論」，曰：「大抵此局專以本采為重，故擲自家本采俱有賞，擲別人眞傍本采俱有罰。以渾色為奇，故渾花之賞特重。以入窩為險，故入窩必賞，仍許倒行。後來者馬雖多，不許越，亦不許打。以函谷關爲限，故非十匹不得過，先過者有賞。以飛龍院爲歸，故非全馬不得進。以尚乘局爲極，故徑到者倒倍盆，陸續到者倒全盆。而塹則設爲不測，以示盈滿之戒云。」

案：《打馬圖經自序》云：「一種無將二十馬者，謂之依經馬，流傳既久，各有《圖經》、《凡例》可考，行移賞罰，互有異同。」是則上述所言之《色樣圖》、《打馬圖》、五十六采、十一例種種，皆依經馬原有之《圖經》與《凡例》，清照對此或僅作文字上之潤色，絕非其所自創也。

《圖經》中爲清照所創者僅爲命辭十三則，故《打馬圖經自序》云：「余獨愛依經馬，因取其賞罰互度，每事作數語，隨事附見，使兒輩圖之，不獨施之博徒，實足貽諸好事。使千萬世後，知命辭打馬始自易安居士也。」是命辭十三則，乃清照「取其賞罰互度，每事作數語，隨事附見」寫成。其命辭見鋪盆例者一則：

既先設席，豈憚攫金，便請著鞭，謹令編埒。罪而必罰，已從約法之三章；賞必有功，勿效遶床之大叫。

本采例一則：

公車射策之初，記其甲乙；神武掛冠之日，定彼去留。汝其有始有終，我則無偏無黨。

下馬例一則：

夫勞多者賞必厚，施重者報必深，或再見而取十官，或一門而列三戟。又昔人每有賜臣下，必先以乘馬焉。秦穆公悔赦孟明，解左驂而贈之是也。豐功重賜，爾自取之，予何厚薄焉。

行馬例三則：

九，陽數也，故數九而立窩；窩，險途也，故入窩而必賞。既能據險，一以當千；便可成功，寡能敵眾。請回後騎，以避先登。

行百里半九十，汝其知乎？方茲萬勒爭先，千羈競輳。競輳得其中道，止以半塗。如能疊騎先馳，方許後來繼進。既施薄效，須稍旌甄。

萬馬無聲，恐是啣枚之後；千蹄不動，疑乎立仗之時。如能翠幕張油，黃扉啓印；雁歸沙漠，花發武陵。歌筵之小板初齊，天際之流星暫聚。或受彼罰，或旌己勞。或當謝事之時，復遇出身之數。語曰：「鄰之薄，家之厚也。」以此始者，以此終乎？皆得成功，俱無後悔。

打馬例三則：

眾寡不敵，其誰可當；成敗有時，夫復何恨。或往而旋返，有同虞國之留；或去亦無傷，有類塞翁之失。欲刷孟明五敗之恥，好求曹劌一旦之功。其勉後圖，我不汝棄。

趙幟皆張，楚歌盡起；取功定霸，一舉而成。方西鄰責言，豈可蟻封共處；既南風不競，固難金埒同居。便請回鞭，不須戀廄。

虧於一簣，敗此垂成；久伏鹽車，方登峻板；豈期一蹶，遂失長塗。恨群馬之皆空，忿前功之盡棄。但素蒙剪拂，不棄駑駘；願守門闌，再從驅策。溯風驤首，已傷今日之障泥；戀主銜恩，更待明年之春草。

倒馬例一則：

唯敵是求，唯險是據；後騎欲來，前馬反顧；既將有爲，退亦何害？語不云乎：「日暮途遠，故倒行而逆施之也。」

入夾例一則：

昔晉襄公以二陵勝，李亞子以夾寨興。禍福倚伏，其何可知？汝其勉之，當取大捷。

落塹例一則：

凜凜臨危，正欲騰驤而去；駸駸遇伏，忽驚穿塹之投。項羽之騅，方悲不逝；玄德之騎，已出如飛。既勝以奇，當旌其異。請同凡例，亦倒全盆。

倒盆例一則：

瑤池宴罷，騏驥皆歸；宛國凱旋，龍媒並入。已窮長路，安用揮鞭？未賜敝帷，尤宜報主。驥雖伏櫪，萬里之志長存；國正求賢，千金之骨不棄。定收老馬，欲取奇駒。既已解驂，請拜三年之賜；如圖再戰，願成他日之功。

此十三則打馬命辭，乃清照撰於金人南侵，宋室抗敵，戎馬倥偬，勝負未卜之時。易安居士固力主北伐者，故於南渡之初即賦「南來尙怯吳江冷，北狩應悲易水寒」及「南渡衣冠少王導，北來消息欠劉琨」之篇。此十三則命辭，實與「南來」二詩同調，不過假打馬之戲，以言戰略戰術，借箸代籌，俾以抒其愛國之思耳。命辭之撰，忠憤激發，意悲語明，非僅爲打馬設也。

打馬命辭本十三則，一九八一年十一月齊魯書社出版黃墨谷《重輯李清照集》改爲十一則。墨谷乃將「夫勞多者」與「九，陽數也」二則併爲一則；又將「衆寡不敵」與「趙幟皆張」二則併爲一則。「衆寡不敵」與「趙幟皆張」同屬打馬例，打馬例命辭凡三則，將此兩則合併，殊無意義。又「夫勞多者」一則屬下馬例，「九，陽數也」一則屬行馬例，將二則不同例者無故合併，更不知其所謂也。又墨谷此《集》頗有錯舛。如「虧於一簣」一則，其「溯風驤首」句錯作「訴風」；「凜凜臨危」一則，其末處又脫「請同凡例，亦倒全盆」二句。至其句讀亦有舛訛，如「夫勞多者」一則下「又昔人君每有賜臣下，必先以乘馬焉」句，竟錯標作「又昔人君每有賜，臣下必先以乘馬焉」，此至不足諒者。是則黃氏此書，故難稱善本矣。

有關《打馬圖經》之版本，余嘗撰有《李清照打馬圖經・賦・序版本考》一文，附見《李清照研究》書末。拙文分「宋刻本」、「明刻本」、「清刻本」、「今印本」與「舊抄本」五項以考證《圖經》之版本。計考得宋刻本一種、（即《解題》所著錄者，已佚。）明刻本四種、（即《說郛》本、《欣賞編》本、《夷門廣牘》本、陸驤武刻本，其中陸本未見。）清刻本三種、（即《粵雅堂叢書》本、《觀自得齋叢書》本、《麗樓叢書》本。）今印本二種、（即上海中華書局本《李清照集》附印有《圖經》兩種，其一爲《馬戲圖譜》，乃據《夷門廣牘》本排印，而校以《觀自得齋叢書》本；其二爲《打馬圖經》，據《麗樓叢書》本排印，而校以《粵雅堂叢書》本。）舊鈔本三種。（有明鈔本、黃石溪手寫本及錢曾藏本，均未見。）後檢《叢書子目類編》，又知《圖經》有《綠窗女史》本、

《游藝四種》本，均為刻本。《北京圖書館古籍善本書目・子部・藝術類》則著錄有：

《打馬圖》一卷，宋李清照撰。清嘉慶二十二年秦氏石研齋抄本，秦恩復跋。一冊，十行，十七字，細黑口，左右雙邊。

《打馬圖》一卷，清翁同龢抄本，與《譜雙》合一冊，九行，二十五字，小字雙行同，小紅格，白口，四周雙邊。

是此二本均清抄本，一為秦恩復所鈔，一為翁同龢所抄。以上所述之刻本、鈔本，均未見。至今印本，則新增者甚多。坊間所見，有拙著《李易安集繫年校箋》、王學初《李清照集校註》、黃墨谷《重輯李清照集》等，不盡錄。

謝伋於紹興十一年五月撰成《四六談麈》，中云：「四六之工，在於裁剪。」又云：「四六經語對經語，史語對史語，詩語對詩語，方妥帖。」又云：「趙令人李，號易安。其《祭湖州文》曰：『白日正中，嘆龐翁之機捷；堅城自墮，憐杞婦之悲深。』婦人四六之工者。」案：此祭文所稱之湖州，乃指趙明誠，蓋明誠建炎三年己酉五月知湖州。清照此聯，工剪裁，善用典。龐翁，乃指唐人龐蘊。宋釋道原《景德傳燈錄》卷八載：「襄州居士龐蘊，將入滅，令女靈照出，視日早晚，及午以報。女遽報曰：『日已中矣，而有蝕也。』居士出戶觀次，靈照即登父坐，合掌坐亡。居士笑曰：『我女鋒捷矣。』於是更延七日。」是清照以龐蘊喻明誠，謂其機捷，先己而卒也。杞婦，乃杞梁之妻。《古列女傳》卷四《齊杞梁妻傳》載：「齊杞梁殖之妻也，莊公襲莒，殖戰而死。莊公歸，遇其妻，使使者弔之於路。杞梁妻曰：『令殖有罪，君何辱命焉。若令殖免于罪，則賤妾有先人之弊廬在，下妾不得與郊弔。』於是莊公乃還車，詣其室，成禮然後去。杞梁之妻無子，內外皆無五屬之親。既無所歸，乃枕其夫之屍於城下而哭。內誠動人，道路過者莫不為之揮涕，十日而城為之崩。」清照固以杞婦自喻也。此聯蓋以史語對史語，故謝伋譽為「婦人四六之工者」。至清照打馬命辭十三則，其中亦不乏工裁剪，「以經語對經語，以史語對史語，以詩語對詩語」者；上述用典妥帖之作，惜伋未之見，故《四六談麈》中未有論衡及之矣。拙著《李清照研究》曾評論此十三則命辭，謂：「屬辭比事，咸警策精切，議論處則理趣深而光燄長，使人讀之激昂諷詠不厭。若非清照之學殖淹博，文詞典雅，又出之以清裁，鮮克臻此。」（註七）竊意拙之所評，猶符謝伋《談麈》論四六之旨。

肆、讀《打馬賦》

清照《打馬賦》，全篇分三段。首段云：「歲令云徂，盧或可呼，千金一擲，百萬十都。尊俎具陳，已行揖讓之禮；主賓既醉，不有博奕者乎？打馬爰興，摴蒱遂廢，實小道之上流，乃深閨之雅戲。」清照於賦之開端，即點明「打馬」之意義，謂打馬之戲乃「小道之上流」、「深閨之雅戲」，頗肯定其價值。如此寫法，高屋建瓴，足以振起全文。王學初《李清照集校註》曰：「『百萬十都』，不詳。」案：王氏所以謂不詳者，蓋因不明「都」字之義。「都」字於此作量詞用，本指蹴鞠戲之比賽場次也。《新唐書》卷二百六《列傳》第一百三十一《外戚．武士彠附《三思》載：「是時，起毬場苑中，認文武三品分朋爲都，帝與皇后臨觀。」封演《封氏聞見記》卷第六《打毬》載：「打毬，古之蹴鞠。……景雲中，吐蕃遣使迎金城公主。中宗于梨園亭子賜觀打毬。吐蕃贊咄奏言：『臣部曲有善毬者，請與漢敵。』上令仗內試之，決數都，吐蕃皆勝。」是「分朋爲都」者，乃指分隊作場次之賽也；「決數都」者，以數場決勝負也。故《打馬賦》之「千金一擲，百萬十都」，乃言以千金作一擲，以百萬作十場之戲，於此極力渲染賭徒之豪氣，視錢財如無物耳。

《打馬賦》第二段，乃全篇之中心。於此段清照運用大量之故實與譬喻，配合《圖經》，深入對打馬之戲作具體而生動之描述，並闡明打馬之若干原則。《圖經》有鋪盆、本采、下馬、行馬、打馬、倒行、入夾，落塹、倒盆、賞帖、賞擲諸列，《打馬賦》即從下馬例寫起，而《賦》文皆與《圖經》相配，又與打馬命辭相呼應。如《賦》云：「齊驅驥騄，疑穆王萬里之行；間列玄黃，類楊氏五家之隊。珊珊佩響，方驚玉蹬之敲；落落星羅，忽見連錢之碎。」此處是以周穆王駕馭八駿，日行萬里之神話及楊國忠兄妹五家結隊而遊，神采飛揚之盛況，以形容下馬伊始之場面。寫來奇情壯采，躍然紙上。《圖經・下馬例》云：「每人馬二十匹，用犀象刻，或鑄銅爲之，如大錢樣，刻其文爲馬文，各以名馬別之。如驊騮之類。或只用錢，各以錢文爲別，仍雜采染其文。自赤岸驛照采色下馬。」觀此，則知《賦》與《圖經》實相呼應。然《圖經》所記，質木無文，無怪《打馬圖經自序》言「打馬簡要，而苦無文采」也。

《賦》云：「若乃吳江楓落，胡山葉飛；玉門關閉，沙苑草肥；臨波不渡，似惜障泥。」此賦行馬例也。此處力言行馬之艱辛，但寫得境界淒迷。「似惜障泥」者，典出《世說新語》下卷上《術解》第二十：「王武子善解馬性，嘗乘一馬，箸連錢障泥。前有水，終日不肯渡。王云：『此必是惜障泥。』使人解去，便徑渡。」此典用以喻馬之躊躇不前。障泥，馬韉也。《圖經·行馬例》云：「馬二十四俱下完，方照色自隴西監行進玉門關。」命辭云：「行百里者半九十，汝其知乎？方茲萬勒爭先，千羈競轃。競轃得其中道，止以半塗；如能疊騎先馳，方許後來繼進。既施薄效，須稍旌甄。」觀是，則《賦》與《圖經》、命辭實皆相應也。

《賦》云：「或出入用奇，有類昆陽之戰；或優游仗義，正如涿鹿之師。或聞望久高，脫復庾郎之失；或聲名素昧，便同癡叔之奇。亦有緩緩而歸，昂昂而立；鳥道驚馳，螘封安步；崎嶇峻坂，未遇王良；跼促鹽車，難逢造父。」此賦打馬例也。全節用典精允，鋪陳戰爭之風雲變幻，勝負難卜。《圖經·打馬例》云：「凡多馬遇少馬，點數相及，即打去馬。馬數同，俱得打去，任便再下。」命辭云：「趙幟皆張，楚歌盡起。取功定霸，一舉而成。方西鄰責言，豈可蟻封共處。」又云：「虧於一簣，敗此垂成。久伏鹽車，方登峻坂；豈期一蹶，遂失長塗。恨群馬之皆空，忿前功之盡棄。」此處《賦》與《圖經》，命辭相應之處尤多也。

《賦》云：「且夫邱陵云遠，白雲在天，心存戀豆，志在著鞭。止蹄黃葉，何異金錢。用五十六采之間，行九十一路之內。明以賞罰，覈以殿最。運指揮於方寸之中，決勝負於幾微之外。」此賦倒馬例也。《圖經·倒馬例》云：「凡遇打馬，遇疊馬，遇入窩，許倒行。」命辭云：「唯敵是求，唯險是據。後騎欲來，前馬反顧。既將有爲，退亦何害。語不云乎：『日暮途遠，故倒行而逆施之也。』」如能將《圖經》與命辭配合以研究，當可加深對《打馬賦》之理解。

《賦》云：「且好勝者，人之常情；游藝者，士之末技。說梅止渴，稍蘇奔競之心；畫餅充飢，少謝騰驤之志。將圖實效，故臨難而不迴；欲報厚恩，故知幾而先退。」此賦入夾例也。《圖經・入夾例》云：「凡馬到飛龍院，進三路，謂之夾。散采不許行，遇諸夾采方許行。」命辭云：「昔晉襄公以二陵勝，李亞子以夾寨興。禍福倚伏，其何可知？汝其勉之，當取大捷。」觀是，則《賦》與《圖經》、《命辭》三者仍相應也。

《賦》云：「或銜枚緩進，已踰關塞之艱；或奮勇爭先，莫悟穽塹之墜。皆因不知止足，自貽尤悔。」此賦落塹例也。《圖經・落塹例》云：「凡尚乘局下路謂之塹，不行不打，雖後有馬到亦同。落塹謂之同處患難，直待自擲諸渾花賞采、眞本采、傍本采，別人擲自家眞本采、傍本采，上次擲罰采，下次擲眞傍撞，方許依元初下馬之數飛出。飛盡爲倒盆。每飛一匹，賞一帖。」命辭云：「凜凜臨危，正欲騰驤而去；駸駸遇伏，忽驚穽塹之投。項羽之騅，方悲不逝；玄德之騎，已出如飛。既勝以奇，當旌其異。請同凡例，亦倒全盆。」讀《打馬賦》此節，亦須兼觀《圖經》、命辭，始得眞賞。蓋三者，往往互相補足也。

《賦》云：「況爲之不已，事實見於正經；用之以誠，義必合於天德。故繞床大叫，五木皆盧；瀝酒一呼，六子盡赤。平生不負，遂成劍閣之師；別墅未輸，已破淮淝之賊。今日豈無元子，明時不乏安石。又何必陶長沙博局之投，正當師袁彥道布帽之擲也。」此賦倒盆例也。《圖經・倒盆例》云：「凡十馬先過函谷關，倒半盆。在局人再添。打去人全垛馬，倒半盆。全馬先到尙乘局爲細滿，倒倍盆。在局人再添。遇尙乘局爲麤滿，倒全盆。落塹馬飛盡，同麤滿，倒全盆。此上俱在局人同供。」命辭云：「瑤池宴罷，騏驥皆歸；宛國凱旋，龍媒並入。已窮長路，安用揮鞭？未賜敝帷，尤宜報主。驥雖伏櫪，萬里之志長存；國正求賢，千金之骨不棄。定收老馬，欲取奇駒。既已解驂，請拜三年之賜；如圖再戰，願成他日之功。」《賦》與《圖經》、命辭三者，既配合又互爲補充，足徵清照撰作此文時，組織縝密而匠心獨運也。

《打馬賦》善用虛辭，即其鋪陳打馬諸例，每於句首用上「若乃」、「或」、「且夫」、「且」、「況」等轉折辭或連接辭，不惟使句子運轉空靈，且例與例之間亦可明作分辨，眉目甚清晰，誘導讀者更容易掌握各節之內容，深入對《賦》文作瞭解。清趙濬之《古今女史》卷一評此《賦》曰：「文入三昧，雖遊戲亦具大神通。」旨哉斯言！趙氏之評，或即爲清照修辭發也。

《打馬賦》末段乃亂辭。其辭曰：「佛貍定見卯年死，貴賤紛紛尙流徙，滿眼驊騮雜騄駬，時危安得眞致此？老矣誰能志千里，但願相將過淮水。」清照於此處直抒胸臆，傾吐其愛國情懷，且點出全賦之題旨乃在力主北伐，筆力矯健，深具沈雄悲壯之美。「佛貍」句，典出《宋書・臧質傳》。佛貍本魏太武帝拓跋燾之小名。《宋書》卷七十四《列傳》第三十四《臧質》載：「燾與質書曰：『吾今所遣鬥兵，盡非我國人，城東北是丁零與胡，南是三秦氐、羌。設使丁零死者，正可滅常山、趙郡賊；胡死，正滅并州賊；氐、羌死，正滅關中賊。卿若殺丁零、胡，無不利。』質書答曰：『省示，且悉姦懷。爾自恃四腳，屢犯國疆，諸如此事，不可具說。王玄謨退於東，梁坦散於西，爾謂何以不聞童謠言邪：「虜馬飲江水，佛貍死卯年。」此期未至，以二軍開飲江之徑爾，冥期使然，非復人事。寡人受命相滅，期之白登，師行未遠，爾自送死，豈容復令生全，饗有桑乾哉！但爾住攻此城，假令寡人不能殺爾，爾由我而死。爾若有幸，得爲亂兵所殺。爾若不幸，則生相鏁縛，載以一驢，直送都市。我本不圖全，若天地無靈，力屈於爾，齏之粉之，屠之烈之，如此未足謝本朝。爾識智及衆力，豈能勝苻堅邪！頃年展爾陸梁者，是爾未飲江，太歲未卯年故爾。斛蘭昔深入彭城，值少日雨，隻馬不返，爾豈憶邪？即時春雨已降，四方大衆始就雲集，爾但安意攻城莫走。糧食闕乏者告之，當出廩相飴。得所送劍刀，欲令我揮之爾身邪！甚苦，人附反，各自努力，無煩多云。』是時虜中童謠曰：『軺車北來如穿雉，不意虜馬飲江水。虜主北歸石濟死，虜欲渡江天不徙。』故質答引之。」是清照以佛貍喻金主晟。清照撰《賦》在紹興四年甲寅十二月，其時金、齊南侵計畫已告失敗。次年爲紹興五年乙卯歲，故亂辭云：「佛貍定見卯年死。」古典配以今事，眞天衣無縫也。且《宋史》卷二十八《本紀》第二十八《高宗》五載：「（紹興）五年春正月乙巳朔，……是月，金主晟殂。」是則清照可謂料事如神，未卜先知矣。至亂辭末二句云「老矣誰能志千里，但願相將過淮水。」北伐之聲不絕，並與命辭「驥雖伏櫪，萬里之志長存」、「如圖再戰，願成他日之功」諸句遙相呼應，且預祝抗金必勝，收復失土之功必成也。

清照此《賦》，前人多褒譽不絕口。清李調元《雨村賦話》卷五《新話》五云：「宋李易安《打馬賦》云：『遶床大叫，五木皆盧；瀝酒一呼，六子盡赤。平生不負，遂成劍閣之師；別墅未輸，已破淮淝之賊。』意氣豪蕩，殊不類巾幗中人語。」王士祿《宮閨氏籍藝文略》引《神釋堂脞語》云：「易安落筆即奇工，《打馬》一賦尤神品，不獨下語精麗也。如此人自是天授。」余前撰《李清照研究》亦云：「此篇措辭典雅，立意名雋，余酷愛之。觀此一端，知易安居士不獨詩餘冠絕千古，即辭賦一道亦非他人所及也。」（註八）是拙評猶能與李、王之說一脈相承也。

伍、結　語

余初擬以《論李清照打馬賦　爲題撰作此文。惟言《打馬賦》，則不得不論及《打馬圖經自序》與《打馬圖經》，蓋三者三位一體，關係千絲萬縷，內容密不可分，實非以一般論文形式所易表達。反複斟酌研究，最後決定以札記體分項分條寫成。然本文項與項、條與條間，皆有其經緯組織，相互聯貫，互爲補足，互爲照應之處。由是以觀，本文亦自是一論文格局，不過略作變體耳。又因余素敬仰瑞安孫詒讓先生，多年來伏誦其《札迻》十二卷而善之。用特命名此篇爲《讀李清照《打馬賦》等三篇札迻》，以示末學傾慕步趨之志云爾。

近年研究易安居士者，撰文以考論其生平及詩餘者居多，考論其詩、文者已較少，至考論《打馬賦》及《圖經》、《自序》則似絕無僅有。本篇二、三、四點，分項考論《自序》、《圖經》與《打馬賦》，自信頗有發明。如據「歲令云徂」一語，謂《賦》乃紹興四年十二月作，撰成之時稍後於《自序》與《圖經》；又據邢紹宗《握槊賦》、邊韶《塞賦》、徐廣《彈碁經》、段成式《酉陽雜俎》等資料，以說明清照《自序》謂長行，博塞，彈棋「世無傳者」之說，不能成立。至解讀《打馬賦》，竊以爲必須配合《圖經》與清照所撰之十三則命辭，蓋三者前後照應，互爲補足，不作如斯之解讀，則研究《打馬賦》，或無由得其眞賞也。拙文嘗試用此解讀方法，以考究清照如何以賦體去鋪陳《圖經》打馬諸例，及如何以其賦與命辭相呼應，從而發現此三者實有密不可分之關係。足證清照心思縝密，此三篇實經其匠心獨運，苦心經營而組織成篇者。趙濬之稱其「文入三昧」，良有以也。余之此一解讀方法，前人似未用及之者。且拙文中亦有指正《世說新語》、《郡齋讀書志》、王氏《李清照集校註》、黃氏《重輯李清照集》之舛訛，此皆言而有據，足爲以上諸書諍友。

綜上所述，則拙文對《打馬賦》等篇之研究，內容確較翔實，研究所得頗有突破前人之處，足贖多年前撰《李清照研究》一書「疏略」之愆。惟拙文亦必有錯誤及不足之處，尚祈專家學者不吝誨正。

（民國八十五年九月七日，撰於華梵人文科技學院東方人文思想研究所）

【註釋】

註一　民國六十六年十二月初版，九思出版社。民國七十七年三月再版。

註二　民國七十年一月，里仁書局。

註三　民國七十九年八月，九思文化事業有限公司。

註四　載《書目季刊》第二十三卷、第三期。頁四〇—四五。後收入拙著《碩堂文存三編》頁三四—四四。（民國八十四年六月，里仁書局）

註五　載《大陸雜誌》第八十三卷、第四期。頁四八。後收入拙著《碩堂文存三編》頁四五—四八。（民國八十四年六月，里仁書局）

註六　此書伶玄撰。晁公武《郡齋讀書志》卷第九《傳記類》著錄：「《趙飛燕外傳》一卷。右漢伶玄子于撰。茂陵卞理藏之於金滕漆櫝。王莽之亂，劉恭得之，傳於世。晉荀勖校上。」有《顧氏文房小說》本等。

註七　見該書第三章《李清照之詩文》，頁五七。

註八　見該書第三章《李清照之詩文》，頁五五。

原載《第三屆國際辭賦學術研討會論文集》

讀《永樂大典》補闕一則

陳振孫《直齋書錄解題》卷十八《別集類》下著錄：「《鶴溪集》十二卷，辟雍博士青田陳汝錫師予撰。紹聖四年進士，持節數路，帥越而卒。青田登科人自汝錫始。希點子與，其孫也。」汝錫之除辟雍博士，慕容彥逢《摛文堂集》卷五《制》有《將仕郎試辟雍錄陳汝錫可辟雍博士制》，是其證。惟汝錫於托克托《宋史》、柯維騏《宋史新編》及陸心源《宋史翼》均無傳。其生平事略僅見於《永樂大典》卷三千一百四十五（頁二十六）載：

陳汝錫 《處州志》：「汝錫字師予，青田人。幼穎悟，數歲能屬文。或以其詩一聯示黃庭堅，曰：『閑愁莫浪遣，留爲痛飲資。』黃擊節稱賞。宋紹聖四年，由太學士第，邑之登第自汝錫始。崇寧間，諸路學事始置提舉，首除提舉福建學事，官至浙東安撫使。有《鶴溪集》，刊于郡齋。子原本闕。以父任，終通判潭州，著《蒙隱集》，刊于宜春。」

《永樂大典》引《處州志》以記載汝錫生平，惟於汝錫子下注「原本闕」三字，則似其子之名不可知，故有拾遺補闕之必要。否則，後人讀書至此，終疑莫能明。

前引《直齋書錄解題》曾載及汝錫之孫名希點，字子與，據此線索以檢樓鑰《攻媿集》卷九十八

《神道碑》，中有《中書舍人贈光祿大夫陳公神道碑》，云：

公諱希點，字子與，處州青田人，陳姓出于有嬀，其來遠矣。九世祖名師訥，吳越王時爲銀青光祿大夫，績勳上柱國。曾祖圭，贈宣奉大夫。祖汝錫，擢紹聖四年進士，仕至左朝請大夫，秘閣修撰，知紹興府，兩浙東路安撫，贈中奉大夫。高宗駐蹕會稽，朝廷草創，賴彈壓辦護之力爲多，威名甚聳，直道自將，不能與時高下，一斥不復，士論惜之。父棣，篤學有賢行，奉議郎，通判潭州，贈中大夫。

據是，則希點之父乃陳棣，棣即汝錫子。故《永樂大典》「子」字下注「原本闕」者，所闕之字乃「棣」也。

陳棣，《宋史》、《宋史新編》、《宋史翼》均無傳。陸心源《宋詩紀事補遺》卷之五十八「陳棣」條云：

陳棣字鄂父，汝錦之子。以任官，至通判潭州。著有《蒙隱集》。

《宋詩紀事補遺》此條「汝錦之子」乃「汝錫之子」之訛，「錦」、「錫」二字，字形相近，故易訛也。

綜上所考，則《永樂大典》引《處州志》記載陳汝錫生平，於「子」字下注「原本闕」。疑非《處州志》原本闕也，蓋明成祖名棣，《永樂大典》此卷之書寫儒士范濱以避諱故而闕之耳。

（民國八十八年二月二日撰就於華梵大學東方人文思想研究所）

原載《大陸雜誌》第一〇一卷第一期

《四庫全書》本《直齋書錄解題》館臣案語研究

——以《解題》經錄之部館臣案語為限

壹、前　言

晁公武撰《郡齋讀書志》、陳振孫撰《直齋書錄解題》，二書同被後世所推重，譽之爲有宋目錄學著作之雙璧。清代乾隆間，紀昀撰《四庫全書總目》，對《解題》尤讚揚不絕，以爲「古書之不傳於今者，得藉是以求其崖略；其傳於今者，得藉是以辨其眞僞，核其異同，亦考證之所必資，不可廢也」。（註一）蓋《解題》一書，爲用至宏，有助於輯佚、辨僞與考證，故紀氏所評，良非虛譽也。

余近數年來頗致力於陳振孫及其《解題》之研究，已出版有《陳振孫之生平及其著述研究》、（註二）《陳振孫之經學及其〈直齋書錄解題〉經錄考證》兩書，（註三）又絡繹撰就《陳振孫之史學及其〈直齋書錄解題〉史錄考證》及《陳振孫之子學及其〈直齋書錄解題〉子錄考證》（註四）目前所進行者即爲《陳振孫之文學及其〈直齋書錄解題〉集錄考證》，（註五）此書亦希能於年內完成。

余撰《陳振孫之生平及其著述研究》一書時，曾就《解題》之版本作頗深入而全面之探討與考證。

大抵《解題》除直齋所撰之底本外，另有傳鈔本、批注本、舊鈔本、刊本、輯本、鉛印本、影印本、校本、重輯本、點校本及余所撰之考證本。（註六）至《四庫全書》本《直齋書錄解題》乃屬輯本之《解題》，蓋乾隆間修《四庫全書》，館臣以爲此書久佚，遂就《永樂大典》輯出，初刊於《武英殿聚珍板叢書》，後即收入《四庫全書》中。《解題》原本五十六卷、五十三類，清人盧文弨撰有《直齋書錄解題新定目錄》，（註七）於此事考證詳明，讀之當可曉悉《解題》原本分卷、分類之實況。《四庫全書》本《解題》則分二十二卷、五十三類，（註八）其卷數雖似較原本少三十四卷，其實內容無甚相異，二者僅分卷有所不同耳。

《四庫全書》本《解題》各條之下，間見館臣撰寫之案語。此等案語，有見解精闢、考證縝密者，亦有舛誤顯明或未盡周延而有待後人糾正者。本論文撰作之目的，除擬揭示館臣撰作案語之義例外，亦擬舉例介紹其所撰之案語，就其中見解精闢、考證縝密者加以肯定，亦就其明顯訛謬及闡說未盡周延者予以辨證。惟囿於篇幅，凡所揭示、紹介及辨證，均不得不以《解題》經錄之案語爲限。至輯錄《解題》與撰寫案語之館臣爲誰？歷來利用《四庫》本《解題》以研治學術者，均甚少留意及此問題，本論文亦欲一併考證說明之。

貳、《四庫》館臣撰作《解題》案語之義例

《四庫》館臣據《永樂大典》以輯錄《解題》，因所輯得之本常有著錄書名、篇目、卷數而與其

他史志、目錄書籍所著錄者有所異同，且所著錄之內容亦常有脫略、錯衍等情狀，故館臣每於相關條目之下，徵引資料以爲考異或校補，且亦有訂正《解題》著錄之訛誤。至其所徵引之資料及所徵引之次數，余嘗就《解題》經錄之部略作統計，共計爲：

《舊唐書·經籍志》一次。

《兩朝國史藝文志》一次。

《新唐書·藝文志》四次。

朱子曰二次。

鄭樵《通志》五次。

晁公武《郡齋讀書志》六次。

趙希弁《讀書附志》一次。

馬端臨《文獻通考》二十八次。

《宋史》二次。

《宋史·藝文志》三十次。

朱彝尊《王氏詩總聞序》一次。

其中以《宋志》及《通考》二書徵引次數最多。惟亦有已出案語而未注明所據之資料者，凡六次。總上約略計算，則共徵引資料十一種，八十一次。

《四庫》館臣徵引上述資料以撰作案語，其義例約有下列四類：

甲、考訂所著錄書籍卷數及書名之異同

館臣於《解題》經錄之部所撰案語，以考訂所著錄書籍卷數異同爲最多，凡十四條。如《易類》「《周易正義》十三卷」條，所撰案語曰：「《舊唐書．經籍志》作十四卷，《唐書．藝文志》作十六卷。」同類「《周易口義》十三卷」條，案語曰：「《文獻通考》作《易傳》十卷，《宋史》作《易解》十二卷，鄭樵《通志》作《口義》十二卷。」又如《詩類》「《新經詩義》三十卷」條，案語曰：「《宋史．藝文志》作二十卷。」又《春秋類》「《國語》二十一卷」條，案語曰：「晁公武《讀書志》云：『班固《藝文志》：《國語》二十一篇。《隋志》二十二卷，《唐志》二十一卷。今書篇次與《漢志》同，蓋歷代儒者析簡併篇，互有損益，不足疑也。』」是館臣徵引《舊唐志》、《新唐志》，暨《郡齋讀書志》、《通志》、《通考》、《宋史》、《宋志》諸書，以考訂《解題》所著錄書籍卷數與其他史志、目錄書籍著錄之異同，而其中「《周易口義》十三卷」條，更考及書名之異同也。

至館臣案語考訂及書名異同者，尚見《易類》「《京房易傳》三卷、《積算雜占條例》一卷」條，該條案語曰：「晁公武曰：『《隋志》有京氏《章句》十卷，又有《占候十種》七十三卷。《唐志》亦作京氏《章句》十卷，而《占候》存者三種、三十三卷。《章句》既亡，今所傳者京氏《積算易傳》三卷、《雜占條例法》一卷。所謂《積算易傳》，疑即《隋》、《唐志》之《錯卦》是也；《雜占條

例法》，疑即《隋》、《唐志》之《逆刺占災異》是也。』此本篇目與晁《志》異。」館臣此條正徵引《郡齋讀書志》以考書名之異同。其謂《京房易傳》即《積算易傳》，疑即《隋》、《唐志》之《錯卦》；而《積算雜占條例》即《雜占條例法》，疑即《隋》、《唐志》著錄之《逆刺占災異》也。是則上述書籍多有同書而異名者。

乙、校補《永樂大典》本《解題》之脫略

《四庫》本《解題》既就《永樂大典》輯錄而成，故凡《大典》本《解題》有所脫略者，館臣皆撰作案語加以說明，並作校補。《四庫》本《解題》經錄之部，其館臣校補脫略之案語約十一條，其中有據《文獻通考》校補者，如《易類》「《易本傳》三十三卷」條，於「如捨本卦而論他卦，及某卦從某卦來者皆所不取」句下，案語曰：「此二句原本脫漏，今據《文獻通考》補入。」有據《宋史・藝文志》校補者，如《春秋類》「《春秋邦典》二卷」條，於「唐既濟潛亨撰」句下，案語曰：「原本脫『濟』字，今據《宋史・藝文志》增入。」亦有未說明其所據依而逕行校補者，如《禮類》「《禮記正義》七十卷」條，於「惟皇甫侃、熊安生二家」句下，案語曰：「此句原本脫『生』字，今校補。」是館臣校補《解題》之脫略，亦頗具成績也。

丙、訂正《解題》之錯誤及考校其所著錄者與他書之異同

《四庫》本《解題》，其中文字有錯誤者，館臣皆逕行改正，然後出案。如《易類》「《易辨》三卷、《淵源錄》三卷」條，案語曰：「《文獻通考》何萬《易辨》三卷，原本作《易辭》，今改

正。」又如《春秋類》「《春秋得法志例論》三十卷」條，於「其父堯民希元爲鄉先生」句下，案語曰：「堯民原本誤作『先民』，今據《文獻通考》改正。」以上二條，皆館臣據《通考》以作改正者。惟亦有未說明其所據依者，如《語孟類》「《論語紀蒙》六卷、《孟子紀蒙》十四卷」條，於「國子司業臨海陳耆卿」下，案語曰：「耆卿原本誤作『著卿』，今改正。」更有據《四庫》本《解題》，以訂正《文獻通考》所著錄資料之錯誤者，如《春秋類》「《息齋春秋集注》十四卷」條，於「禮部侍郎鄞高閌抑崇撰」句下，案語曰：「《文獻通考》作高閱，誤。」

館臣訂正錯誤之同時，亦作考校異同之工作。如《春秋類》「《春秋列國諸臣傳》五十一卷」條，載王當嘗以蘇軾薦，館臣案語曰：「《文獻通考》作『以蘇轍薦』。」此乃考校《解題》與《通考》二者記載之不同，惟此條實《通考》誤也。又同類「《左氏國語類編》二卷」條，此條《解題》作「呂祖謙撰」。案語曰：「《宋史・藝文志》注：『祖謙門人所編。』」此則考校《解題》與《宋志》著錄撰人之不同也。

丁、對《解題》容有之缺失及存疑問題進行考證或辨證

《解題》書中，直齋著錄容有缺失，亦有疑而待決之問題，館臣案語中每作考證或辨證。如《詩類》「《王氏詩總聞》三卷」條，案語曰：「朱彝尊《王氏詩總聞序》：王氏名質，字景文，汶陽人。紹興庚辰進士，召試館職不就，歷樞密院編修官，出通判荊南府，不行，奉祠山居，有《集》四十卷，此書亦作二十卷。」是此書撰人王氏，《解題》未明記其名字，疑而待決，館臣乃據朱彝尊《序》作

考證，考出其人為王質，字景文。又如《易類》「《葆光易解義》十卷」條，此書乃張弼撰，《解題》載弼「紹聖中，以章厚、黃裳等薦，賜號葆光處士」。館臣案語曰：「晁公武《讀書志》：『弼於紹聖中，張惇薦於朝，賜號葆光處士。後黃裳等人再薦，詔為福州司戶、本州教授。』考《宋史》，紹聖中無張惇，此本又作章厚，疑為章惇所薦，以避光宗諱，故名章厚耳。」是薦張弼者乃章惇，非張惇，《郡齋讀書志》固誤；而《解題》作章厚，亦因避光宗諱，蓋光宗姓趙名惇也。是館臣考證者不誤。至王安石與政之年，館臣亦有考。《解題．書類》「《書義》十三卷」條引王安石《序》，謂「熙寧二年，臣安石以《尚書》入侍，遂與政」。館臣案語曰：「王安石與政在熙寧三年，原本作『二年』，誤。今改正。」是安石與政，作熙寧三年是，而《解題》引《序》作二年非也。又《詩類》「《詩譜》三卷」條，其書乃鄭玄撰，歐陽修補亡。修有《序》，謂慶曆四年至絳州得《詩譜》，「有注不見名氏」，是修亦不知為《詩譜》作注者乃誰人也。館臣案語曰：「宋《兩朝國史志》，歐陽修於絳州得注本，卷首殘缺，因補成進之，而不知注者乃太叔求。」是館臣據《兩朝國史藝文志》，考出為《詩譜》作注者乃太叔求。此問題懸疑既久，一朝得解，館臣作出此案，實大有功於直齋《解題》矣。

叁、館臣《解題》案語有見解精闢、考證縝密者

館臣撰作《解題》案語，其中不乏見解精闢、考證縝密之處。茲不妨略舉數例以作說明：

如《易類》「《周易集解》十卷」條著錄：「《周易集解》十卷，唐著作郎李鼎祚集子夏、孟喜、京房、九家、《乾鑿度》、馬融、荀爽、鄭康成、劉表、何晏、王弼、宋衷、虞翻、陸績、王肅、干寶、姚信、王廙、張璠、向秀、王凱沖、侯果、蜀才、翟玄、韓康伯、劉瓛、何妥、崔憬、沈麟士、盧氏、崔覲、孔穎達等諸家，凡隋、唐以前《易》家諸書逸不傳者，賴此猶見其一二，而所取於荀、虞者尤多。」是《解題》所記李鼎祚《集解》所集《易》說凡三十二家，然館臣案語云：「此書子夏以來《易》說三十二家，又引張氏倫、朱氏仰之、蔡氏景君三家注。」據此，則館臣所考證，較直齋尤爲精確縝密，其所增之三家，足補《解題》著錄之未備。

又同類「《周易口訣義》六卷」條著錄：「《周易口訣義》六卷，河南史之徵撰。不詳何代人，《三朝史志》有其書，非唐則五代人。避諱作『證』。」是直齋撰《解題》此條時，因避宋仁宗趙禎之嫌名，故此書之撰人史之徵，直齋本改寫作爲史之證。惟《四庫》本根據《永樂大典》以編纂，又還原姓名作史之徵。館臣於「河南史之徵撰」句下作案語曰：「《宋史・藝文志》作『史文徽』，《文獻通考》作『史證』，鄭樵《通志》作『史之證』。宋人避諱『徵』字，此改從其舊。」據是，可推知此書之作者原名史之徵，宋人避諱改作證，故《通志》作『史之證』；而《文獻通考》作『史證』，《通考》殆據《崇文總目》脫字而誤，（註九）疑《崇文總目》脫「之」字。而《宋史》乃元人所撰，故不避宋諱，遂改回姓名作「史之徵」。然今見《宋史・藝文志》作「史文徽」者，蓋「文徽」二字乃「之徵」形近之訛。館臣謂「宋人避諱『徵』字」，故直齋《解題》姓名改作「史之證」，實避諱使然。是館臣將此條姓名「改從其舊」，誠屬有識。

《解題・禮類》「《古禮》十七卷、《釋文》一卷、《識誤》三卷」條著錄：「《古禮》十七卷、《釋文》一卷、《識誤》三卷，永嘉張淳忠甫所校，……識其誤而爲之《序》。謂：『高堂生所傳《士禮》爾，今此書兼有天子、諸侯、卿大夫禮，絕非高堂所傳。其篇數偶同，自陸德明、賈公彥皆云然。』不知何所據也。」考《古禮》即《儀禮》。張淳《序》以爲高堂生僅傳《士禮》，今其書兼具天子、諸侯、卿大夫之禮，故謂「絕非高堂所傳」，而直齋則斥爲「不知何所據」。然直齋所斥之言未盡精當，且未列出所斥者之理據。而館臣案語則謂：「朱子曰：『張淳所云，不深考於劉向所定之誤，又不察其所謂《士禮》者，特略舉首篇以名之。其云推而致於天子者，蓋專指冠、昏、喪、祭而言，若燕、射、朝、聘，則士豈有是禮而可推耶？』」是館臣引朱子之論以駁張淳之失，原原本本，有論有據，所考較直齋精審，又足補《解題》之未逮。

《解題・春秋類》「《春秋集解》十二卷」條著錄：「《春秋集解》十二卷，呂祖謙撰。」直齋以此書撰人爲祖謙，其實誤也。館臣案語則辨之，曰：「趙希弁《讀書志》第云東萊先生所著，長沙陳邕和父爲之《序》，而不書其名。蓋呂氏望出東萊，故三世皆以爲稱，成公特其最著者耳。而《宋史・藝文志》於《春秋集解》三十卷，直書成公姓名，世遂因之。考《呂祖謙年譜》，凡有著述者必書，疑世所傳三十卷，即本中所撰也。朱子亦云：『呂居仁《春秋》甚明白，正與某《詩傳》相似。』」案：此書卷數，《解題》與《宋志》著錄不同。考成公即呂祖謙，呂居仁即呂本中。館臣旁徵博引，論證此書之撰人乃呂本中，既立新說，又指正《解題》之誤。此條見解精闢，考證縝密，於館臣案語中，誠屬不可多得之作。

肆、館臣《解題》案語有舛誤顯明及闡說未盡周延者

館臣所撰案語中，有舛誤顯明者，亦有闡說未盡周延者。茲亦略舉數例，以作說明：

《解題·禮類》「《集釋古禮》十七卷、《釋宮》一卷、《綱目》一卷」條著錄：「《集釋古禮》十七卷、《釋宮》一卷、《綱目》一卷，廬陵李如圭寶之撰。淳熙癸丑進士，嘗爲福建撫幹。」考淳熙干支無癸丑，《解題》此條實誤。故館臣出案語，曰：「《文獻通考》作紹興癸丑進士。」惜館臣案語亦誤。考紀昀《四庫全書總目》卷二十《經部》二十《禮類》二著錄曰：「《儀禮集釋》三十卷，《永樂大典》本。宋李如圭撰。如圭字寶之，廬陵人，官至福建路撫幹。考《文獻通考》引《宋中興藝文志》曰：『《儀禮》既廢，學者不復誦習。乾道間有張淳始訂其僞，爲《儀禮識誤》。淳熙中，李如圭爲《集釋》，出入經傳；又爲《綱目》，以別章句之旨；爲《釋宮》，以論宮室之制。朱熹嘗與之校定《禮書》，蓋習於《禮》者。』云云，則如圭當與朱子同時，而陳振孫《書錄解題》言如圭淳熙癸丑進士，《文獻通考》引振孫語，又作紹興癸丑進士。考淳熙紀元凡十六年，中間實無癸丑。紹興癸丑爲高宗改元之三年，朱子校定《儀禮》乃在晚歲，疑當爲紹熙癸丑，陳氏、馬氏並訛一字也。」是如圭進士及第之年應爲光宗紹熙癸丑歲，其撰《儀禮集釋》亦在紹熙，《通考》引《宋中興藝文志》

作「淳熙中，李如圭爲《集釋》」，亦誤。又考《宋元學案》卷六十九《滄洲諸儒學案》上「撫幹李如圭」條曰：「李如圭字寶之，廬陵人，紹熙癸丑進士，福建撫幹。文公與之校定《禮經》。所著有《集釋古經》十七卷、《釋宮》一卷、《儀禮綱目》一卷。」是《宋元學案》亦記如圭爲「紹熙癸丑進士」，是則館臣僅據《文獻通考》立說，所云如圭「紹興癸丑進士」，其舛誤甚明。

又《解題．春秋類》「《春秋二十國年表》一卷」條著錄：「《春秋二十國年表》一卷，不知何人作。周而下，次以魯、蔡、曹、衛、滕、晉、鄭、齊、秦、楚、宋、杞、陳、吳、邾、莒、薛、小邾。」館臣此條案語曰：「《解題》自『周而下』，所列止十八國，蓋有脫字。」惟此條究脫何字？館臣則未嘗深究。考《通志堂經解》本《春秋二十國年表》，其所列之二十國，於「薛」下有「許」字，是《解題》所脫者正爲「許」字。是則館臣所考證，亦有未盡縝密與周延者。

《解題．書類》「《禹貢論》二卷、《圖》二卷」條著錄：「《禹貢論》二卷、《圖》二卷，程大昌撰。凡《論》五十三篇、《後論》八篇、《圖》三十一。」館臣此條案語曰：「《宋史．藝文志》作《禹貢論》五卷、《禹貢論圖》五卷、《後論》一卷。」兩相比較，是《解題》所著錄者，其卷數既與《宋志》不同，又闕「《後論》一卷」四字。惟《解題》此條其卷數作如此之著錄實有依據，考傅增湘《藏園訂補郘亭知見傳本書目》卷一《經部》一《書類》著錄：「(補)《禹貢論》二卷、《後論》一卷、《山川地理圖》二卷，宋程大昌撰。宋淳熙八年泉州學刊本，十二行，行二十二字，白口，左右雙闌。劉惠之藏，余曾借校，改訂《通志堂》本數百字，較《四庫》本多二圖。」據傳書所記，則《解題》所著錄程書之卷數，其《論》、《圖》均作二卷，實與傳書著錄者同，或直齋所據以著錄者亦淳熙八年泉州學刊本。因館臣不知程書有此本，乃僅據《宋志》以立說，是以其案語所述，乃屬知其一不知其二，其所考證殊未盡縝密與周延也。

至《四庫》本《解題・易類》著錄有龔原「《易講義》十卷」一條，其條之後有隨齋批注曰：「此段當在《正易心法》之前。」由是可推知《永樂大典》本《解題》，其「《易講義》十卷」一條，原不在「《正易心法》」條前也。惟今《四庫》本《解題》則正作如是之編排，而館臣未出案語以說明原委，遂使《永樂大典》本《解題》此條之原次竟不可考知。此點實屬館臣之失愼，其所輯錄《解題》之工作，其中亦有因稍欠縝密致使其書之整理有不甚周延者。（註一〇）

伍、《四庫》本《解題》之輯錄及撰作案語者乃鄒炳泰

《四庫》本《解題》之輯錄及撰作案語者爲誰氏？今人精治《解題》如陳樂素、喬衍琯二先生，對此問題均未研考及之。其實只須翻檢《武英殿聚珍版叢書》本《解題》，其書目錄後有《提要》，《提要》文末署作「乾隆三十八年七月恭校上，……纂修官庶吉士臣鄒炳泰」。是則《解題》一書由鄒氏纂修，殆可無疑。今人王欣夫先生撰《藏書紀事詩補正》，其書卷一「陳振孫伯玉」條曰：「《直齋書錄解題》，今《武英殿聚珍》本係從《永樂大典》輯出，當時任搜輯者爲鄒炳泰。鄒字仲父，號曉屏，無錫人。官至協辦大學士。著有《午風堂集》。此事即見《集》中卷一。」是欣夫先生據《武

英殿》本所署，亦知此書乃炳泰所輯。惟欣夫先生謂炳泰所著有《午風堂集》，其書名實作《午風堂叢談》，王氏偶誤矣。考《午風堂叢談》卷一載：「宋吳興陳振孫《直齋書錄》，列經、史、子、集，中分五十三類，視晁公武《讀書志》議論較爲精核，馬氏《經籍考》多援之而作。其書久佚，《永樂大典》載之，余校纂成編，列入《四庫》，曾以聚珍版印行，購者珍如星鳳。」據是，則《四庫》本《解題》確爲鄒氏據《大典》校纂而成，此事殆可視爲定讞。炳泰，《清史稿》卷三百五十一《列傳》一百三十八、《清史列傳》卷三十二《大臣傳》次編七均有傳。（註一一）

陸、結語

綜上所述，《四庫》館臣撰作《解題》案語實有其義例，余所考出者凡四類：考訂所著錄書籍卷數及書名異同，一也；校補《永樂大典》本《解題》之脫略，二也；訂正《解題》之錯誤及考校其所著錄者與他書之異同，三也；對《解題》容有之缺失及存疑問題進行考證或辨證，四也。惟館臣所撰之案語，其間固有見解精闢、考證縝密者，亦間有舛誤顯明而闡說未盡周延者，余皆各舉例證予以說明。至有關輯錄《四庫》本《解題》並撰作案語之館臣爲誰？今人多未作研考，余乃據《武英殿聚珍版叢書》本《解題．提要》文末所署，並參考王欣夫先生之說，及《午風堂叢談》卷一所載資料，確證《四庫》本《解題》一書，乃鄒炳泰於乾隆三十八年依據《永樂大典》輯錄並撰寫案語以成編。上述考證所得，均有若如山鐵案，是則余繼欣夫先生之後補考出之結論，殆可成定讞矣。

（民國八十七年婦幼節撰於華梵大學東方人文思想研究所）

【註釋】

註一　見《四庫全書總目》卷八十五《史部》四十一《目錄類》一。

註二　民國八十二年十月初版，文史哲出版社。

註三　國科會八十四年度專題計畫，計畫編號：NSC84-2411-H211-001。民國八十六年三月十五日初版，里仁書局。

註四　國科會八十五年度、八十六年度專題計畫，計畫編號：NSC85-2475-H211-002及NSC86-2417-H-211-001。

註五　國科會八十七年度專題計畫，計畫編號：NSC87-2411-H-211-002。

註六　請參考拙著《陳振孫之生平及其著述研究》第五章《陳振孫之主要著作——〈直齋書錄解題〉》第四節《直齋書錄解題之板本》。頁三九五—五一七。

註七　盧文弨《直齋書錄解題新定目錄》載：「卷一《易類》、卷二《書類》、卷三《詩類》、卷四《禮類》、卷五《春秋類》、卷六《孝經類》、卷七《語孟類》、卷八《經解類》、卷九《讖諱類》、卷十《小學類》、卷十一《正史類》、卷十二《別史類》、卷十三《編年類》、卷十四《起居註類》、卷十五《詔令類》、卷十六《僞史類》、卷十七《雜史類》、卷十八《典故類》、卷十九《職官類》、卷二十《禮註類》、卷二十一《時令類》、卷二十二《傳記類》、卷二十三《法令類》、卷二十四《譜牒類》、卷二十五《目錄類》、卷二十六《地理類》、卷二十七《儒家類》、卷二十八《道家類》、卷二十九《法家類》、卷三十《名家類》、卷三十一《墨家類》、卷三十二《縱橫家類》、卷三十三《農家類》、卷三十四《雜家類》、卷三十五《小說家類》、卷三十六《神仙類》、卷三十七《釋氏類》、卷三十八《兵書類》、卷三十九《曆家類》、廣棪案：《四庫》本作《曆象類》。卷四十《陰陽家類》、卷四十一《卜筮類》、卷四十二《形法類》、卷四十三《醫書類》、卷四十四《音樂類》、卷四十五《雜藝類》、卷四十六《類書類》、卷四十七《楚辭類》、卷四十八《別集類》上、卷四十九《別集類》中、卷五十《別集類》下、卷五十一《詩集類》上、卷五十二《詩集類》下、卷五十三《總集類》、卷五十四《章奏類》、卷五十五《歌詞類》、卷五十六《文史類》。右《目錄》依元本定，杭東里人盧文弨校錄於鍾山書院。」案：其後盧氏又於《新定目錄》「卷二十八」旁寫「三十六」，「卷二十九」旁寫「二十八」，「卷三十」旁寫「二十九」，「卷三十一」旁寫「三十」，「卷三十二」旁寫「三十一」，「卷三十三」旁寫「三十二」，「卷三十四」旁寫「三十三」，「卷三十五」旁寫「三十四」，「卷三十六」旁寫「三十七」，「卷三十七」旁寫「三十五」。校註曰：「《神仙類》中有陳氏語云：『各已見《釋氏》、《道家類》。』則知其序當如此也。」又案：盧氏於《新定目錄》「《總集類》」上註：「鈔本誤置《別集》之前，元本係在《詩集》後。」

註八　《四庫》本《解題》之分卷、分類情況爲：卷一《易類》，卷二《書類》、《詩類》、《禮類》，卷三《春秋類》、《孝經類》、《語孟類》、《讖諱類》、《經解類》、《小學類》，卷四《正史類》、《別史類》、《編年類》、《起居註類》，卷五《詔令類》、《僞史類》、《雜史類》、《典故類》，卷六《職官類》、《禮註類》、《時令類》，卷七《傳記類》、《法令類》，卷八《譜牒類》、《目錄類》、《地理類》，卷九《儒家類》、《道家類》，卷十《法家類》、《名家類》、《墨家類》、《縱橫家類》、《農家類》、《雜家類》，卷十一《小說家類》、《神仙類》、《釋氏類》、《兵書類》、《曆象類》、

廣棪案：盧文弨《直齋書錄解題新定目錄》本作《曆家類》。《陰陽家類》、《卜筮類》、《形法類》，卷十三《醫書類》，卷十四《音樂類》、《雜藝類》、《類書類》，卷十五《楚辭類》、《總集類》，卷十六《別集類》上，卷十七《別集類》中，卷十八《別集類》下，卷十九《詩集類》上，卷二十《詩集類》下，卷二十一《歌詞類》，卷二十二《章奏類》、《文史類》。

註　九　《崇文總目》卷一《易類》著錄：「《周易口訣義》六卷，原釋：河南史證撰，不詳何代人。」錢東垣輯釋本。是《通考》據《崇文總目》稱史證。

註一〇　喬衍琯《陳振孫學記》第四章《直齋書錄解題》第三節《隨齋批註》已先有此說，見頁七七。

註一一　請參考拙著《陳振孫之生平及其著述研究》第五章《陳振孫之主要著作——〈直齋書錄解題〉》第四節《直齋書錄解題之板本》己《輯本》，頁四五二—四五五。

原載《第一屆中國文獻學學術研討會論文集》

《陳振孫之經學及其〈直齋書錄解題〉經錄考證》自序

本人近數年來均致力於南宋著名目錄學家陳振孫及其著述之研究，曾撰就之博士論文，即爲《陳振孫之生平及其著述研究》一書。博士論文凡四十五萬言，民國八十二年十月已由台灣文史哲出版社印行面世，甚受海峽兩岸學壇矚目及好評。

本書命名爲《陳振孫之經學及其〈直齋書錄解題〉經錄考證》，本屬行政院國科會經費補助項下《陳振孫之學術及其〈直齋書錄解題〉考證》全程計畫之一部分。本書之得以完成，亦堪視爲《陳振孫之生平及其著述研究》一書之姊妹篇或續篇。

本書之主體凡六章，各章之章目如次：

第一章　緒論

第二章　陳振孫研治經學之主張

第三章　陳振孫之經學

第四章　陳振孫之經學目錄學

第五章　《直齋書錄解題》經錄考證

第六章　結論

就上述六章之章目以觀，則本書之研究目的有二：其一乃爲深入探究陳振孫之經學，而兼研及其治經之主張與其經學目錄學；其二則爲針對《直齋書錄解題》經錄之部，進行深邃而細密之考證。由於研究目的與研究對象有所不同，故所採用之研究方法亦有所分別。本書於探究陳振孫經學諸問題時，則採用一般撰作學術論文之方法，除充分掌握有關文獻資料外，文中有所考論，皆力求創新，力求突破前人。民國以來研治陳振孫學術者，當以陳樂素、喬衍琯二先生爲巨擘。陳氏先後發表《直齋書錄解題作者陳振孫》及《略論陳振孫直齋書錄解題》二文；喬氏亦撰有《陳振孫學記》一書及相關論文多篇。然二氏於振孫經學之研究皆未盡深入與詳贍，往往於其論著中敷衍數筆，形同虛應，故亟待後人補苴罅漏之處不少。而有關陳振孫之治經主張及其經學目錄學兩項，二氏之論述中均付闕如，未遑論及。是以本人於探究振孫經學之時，均先就二氏之疏略與遺闕處，多作補充與訂正。自信研究所得，創新之處不少，而對二氏之考論亦均有所突破。至考證《直齋書錄解題》一書，更屬陳、喬二氏所未及爲。本人考證《解題》經錄之部，所用研究方法，乃參考姚振宗撰《隋書經籍志考證》而微有變化，蓋本書對《解題》每條均一無漏略而作全面而具針對性之考證，與姚書僅鋪排相關資料而略加案語，其間之深淺艱易有所不同。故《解題》經錄之部，振孫所撰凡三百七十餘條，本書以綱目體所作之考證亦共三百七十餘篇，庶幾對《解題》書中立論之根據，大致考出其來源出處。至《解題》書中所具獨創性之議論與見地，本人亦刻意詳予疏證並加闡發，以期能揭示振孫之用心及其議論價值之所在。另亦參仿余嘉錫先生撰寫《四庫提要辨證》之方法，即對《解題》經錄中容有之錯誤與缺失，皆設法廣羅資料予以辨證。本人是次撰作此書，用於考證《解題》經錄之部者，所費心力最巨，時日最多，然收穫亦最爲豐碩。故第五章考證所得，皆屬心得之言，且多能發前人之所未發；於《解題》之訛誤與漏略，亦均有所補正，且其間頗多駁正前人舊說之未安者。綜上所述，則本書不惟對陳振孫之經學，其治經主張及其經學目錄學能作深入之研究，又能對《解題》經錄作全面而深邃之考證，方法既善，成績亦富，庶可突破陳、喬二氏之所詣，作直齋之功臣，故深信拙作之完成，對學術研究應具一定之貢獻。

撰寫此書期間，屢承饒宗頤教授、王叔岷教授之指導，無任感激。書成，又蒙饒教授惠予題耑，藉增榮寵，於此一併敬致謝忱。

（民國八十五年八月一日於華梵人文科技學院東方人文思想研究所）

《懷冰室集三編》序

豐順王懷冰夫子早歲攻讀上庠，追隨經、史學大師歙縣吳承仕先生、長沙楊樹達先生治學，術業精深，著作富贍，所撰如《大戴禮興廢考》、《春秋左氏學與公羊學》、《懷冰隨筆》、《當代人物評述》等經、史篇什，早已播譽人口，騰聲學林。又嘗學古、駢文於霸縣高步瀛先生，學詩於順德黃節先生，學詞於江山劉毓盤先生。移居香江後，復從廖鳳書、劉伯端諸文豪詞宗遊，故於教學研幾之餘，每好從事詩古文辭及倚聲創作。所撰文藝諸什，先後輯成《岳雪廬叢稿》、《懷冰文錄》、《懷冰室集》、《懷冰室續集》，以廣流布。如皋吳俊升先生嘗評夫子之文，以為載道淑世，有物有序，雖淵源於桐城，而不自囿於方、姚之域，行文既具轉折頓挫之韻味，亦具峻拔雄奇之氣勢；至夫子之詩，則各體均備，不以唐、宋自限，簡淨淡遠，不尚奇險，深副《詩經》溫柔敦厚之旨。順德潘學增先生則評夫子之詞，以為其倚聲之作，華而不靡，巧而不纖，淡而不枯，清而不淺，藏深意於辭句之外，寓諷刺於隱約之中，故其絃外之音，最堪玩賞。觀吳、潘二先生所論，則夫子之文藝創作，其成就早經定評，實無庸贅詞抆揚以為續貂矣。

余遊於夫子之門牆，及今亦將三十載，碩、博士論文撰作，皆蒙其殷切指導而倖有所成，師恩如海，殊未敢一日忘也。三十年中，夫子與余師弟間亦多文藝唱酬之樂。猶憶民國六十二年，余出版《漢賦與楚文學之關係》；六十六年，又出版《李清照研究》，夫子皆惠賜鴻文，以爲序引。七十年，夫子擬將《懷冰室文學論集》付印行世，書校讎將竣，余則承命作跋，附驥末端。七十三年，夫子八秩榮慶，余又獲同門之推委，敬撰壽序，以爲岡陵之頌。三十年中，師弟間唱酬之樂，難更僕數，及今念之，至難忘懷。今年春正，余與廖志強學弟聯袂踵府拜年，嘗請夫子將已刊登而未加整治之詩文詞作品，交群弟子彙編成書，取名《懷冰室集三編》予於印行，以敬呈夫子用作九十六歲生辰賀禮。夫子懇辭再三，終乃首肯。《三編》計輯錄古、駢文十八篇、詩百數十首、詞五十五闋，後交台灣天工書局出版。茲則書之編輯點校工作進行順遂，且一切已近完竣，不意夫子染恙，竟於國曆三月十一日遽歸道山，慟哉！

余撰作此序，行文之際，追思往遊。念疇昔之懽愉，感師恩之灝瀚，又不禁淚之盈睫也。書成，承饒選堂教授惠題書名，增光篇幅，歿存均感，謹於序末略申謝忱。

（民國八十七年清明節受業鶴山何廣棪敬序於華梵大學東方人文思想研究所）

原載民國八十七年九月《新亞研究所通訊季刊》

沈惠英博士《唐代青樓詩人及其作品研究》序

中國婦女文學實導源於《詩經》，《邶風》衛莊姜傷己被僭而作《綠衣》，《鄘風》衛共姜誓不改嫁而賦《柏舟》，此其權輿也。暨乎後世，才女疊出。班倢伃詠《團扇》之章，怨深文綺；曹大家撰《女誡》之篇，簡要明肅；蔡文姬作《悲憤》之詩，感傷亂離；左貴嬪爲《萬年》之誄，文辭麗都。薛濤、李冶，馳騁詩國；易安、淑真，稱雄詞域。人人握雲蛇之珠，家家抱荊山之玉。有所撰著，皆篇章之瓊玖，藝苑之鄧林也。

余夙好研治婦女文學，於易安居士尤稽首下心。所編撰《李清照研究》、《李易安集繫年校箋》、《李清照改嫁問題資料彙編》諸書，早經付印流布，行世多時矣。沈惠英博士近歲有《唐代青樓詩人及其作品研究》之撰著，可謂異軍特起。青樓詩人，即汪容甫所謂「婉孌倚門之笑，綢繆鼓瑟之娛」者，其身世足哀，而其詩作則屬婦女文學之範疇，故余於沈博士之研究，亦頗引以爲同道。今觀沈博士所著，首詳考唐代青樓詩人之生平、交游與詩作，繼又分析各詩人所爲詩之內容、格律、風格與修辭。所述贍富，洪纖靡遺，結構匀稱，甚具條貫。其中尤以論風格、修辭之二章，既深入而尤有創意，足見功力。韋希眞教授極推譽此著，以爲「自有論青樓詩人者，未有如此之詳且盡」也，余深韙其言。斯蓋學術界之公論，恐非韋教授一家之諛詞也。

沈博士此一撰著，近蒙台灣天工書局允爲出版，徵序於余。余忝屬同門，而誼兼師友，固未許以不文辭。爰就中國婦女文學源流問題，暨一己研治李清照及拜讀此撰著之心得，略書數行，以應所請，殊未敢以言序也。

（民國八十九年歲次庚辰詩人節鶴山何廣棪謹撰於華梵大學東方人文思想研究所）

原載民國八十九年六月《新亞研究所通訊季刊》

沈映冬先生《石鼓奇緣》再版贅言

本書乃爲記述及表彰明代錫山安國搜羅北宋椎搨石鼓文之勞績與其貢獻而撰寫。著者執筆之初，即運用甚多原始資料，詳分子目，臚列石鼓、石鼓文、石鼓流徙、石鼓珍拓，兼及錫山安氏家世、交游、安家累代著述諸端，且儘量穿插相關圖照，兼引後人對石鼓文之論說、考證等材料加以闡述。其旁蒐遠摭所得，殊令人有目不暇給之感。針對上述各子目，著者均作全面與系統性之敘述，甚見功力。故本書內容之富贍，條理之順適，讀者固有目共睹，實無俟旁人饒舌矣。

茲值本書再版之際，用綴數言，以弁其端。

沈映冬先生《于右任法書倪雲林詩篇》書後

人與人之緣份，上天冥冥中應有安排，余與沈映冬先生本素昧平生，然自相識之後，近數年來兩人竟結下一系列之文化緣。

憶民國八十二年八月，余獲行政院國科會延聘，從香港歸國服務，執教於華梵人文科技學院東方人文思想研究所。未幾，於台北粥會舉辦之文化活動中，經康保延先生之介紹，得以謁見映老。首次會晤，酬對雖寡，然感覺映老平易近人，精力內斂，體型雖略呈瘦削，而步履穩健。從康先生口中，得悉映老以杖朝之年而勤於著述，內心無任欽佩。後此，余二人結下一系列之文化緣，而映老之「勤於著述」是其關鍵。

首次良晤後二三天，映老一早來電話，盛意拳拳相邀參與星期五天廚二樓舉行之雅集。雅集中，少長咸聚，映老偶談及其有撰寫《石鼓奇緣》一書之計畫。並謂撰作該書，其主旨乃在表彰鄉先賢明代錫山安國搜羅北宋珍拓石鼓文之勤苦。爲完成此書，映老決定隻身遠赴中國大陸，奔馳於西安碑林與家鄉無錫之間，以蒐求資料。其時，余攜台行篋中適有馬敘倫《跋石鼓文研究》一文，及李鐵華

《石鼓新響》一書，乃不揣冒昧提供映老參考。一年後，映老所撰之書已就，且承其好意，允將新著交由余主持之香港文淵閣學術資料供應中心印行。《石鼓奇緣》終於民國八十四年四月面世，並假新文豐出版公司文化活動室舉辦新書發表會。余蒙映老邀請，忝任講評人，乃就映老之書，取其勝處與特色詳加闡發。其明年，《石鼓奇緣》售罄再版，余又承命撰寫《再版贅言》。綜上所述，映老《石鼓奇緣》之撰作與出版，乃余二人間結下文化緣之第一事。

映老勤於著述，《石鼓奇緣》成書後未久，即又投入《于右任尋碑記》一書之撰作。此書之內容，乃映老憶寫三原于右任尋碑談片兼探索于氏鴛鴦七誌齋藏石眞相。映老甚願藉此書之問世，向世人公佈此一鮮爲人知之學術公案，並表達對右老永恆之追思。《于右任尋碑記》撰寫期間，映老又一再往返西安碑林，與埋首於海峽兩岸各大圖書館中，以鑽尋相關資料。趙萬里編有《漢魏南北朝墓志集釋》一書，所收墓志有包括七誌齋者，映老亟需參考，惟一時走訪未得，深表悃悵。余早歲購得趙書，惟存放香江，適有省親之行，乃攜回供其借覽。又中國大陸天津古籍出版社刊印有《隋唐五代墓誌彙編》，凡三十冊，卷帙至爲浩繁，而中收有七誌齋藏石相關資料。余乃轉知映老，並就華梵圖書館借出此書，影印所需部分，以供映老參考。其後《于右任尋碑記》全書完成，交由育達商職學校於民國八十五年六月出版，余亦協從校讎之役。是則，映老與余續結文化緣，《尋碑記》之撰著與版行，乃其第二事。

今年三月，映老由家鄉度歲歸來，約晤力霸大酒樓。寒暄未久，即急不及待賜告此次返鄉所得鄉先賢倪雲林資料甚豐，並謂根據此等新資料，以對倪雲林從事新研究，而所獲新發見，在在可補正前人研究之闕失。數日後，映老又約會於國家圖書館，出示所撰《于右任法書倪雲林詩篇》稿本，懇余細爲詳閱，並於閱後撰寫《書後》一篇以作引喤。雖屢辭不獲已，而深感有先讀爲快之幸。

倪雲林，名瓚，無錫人，元代畫壇四大家之一，詩、書、琴藝有稱於時。于右任於倪氏素表欽仰，據映老之考證，右老民國十八年至二十一年間，家居滬上，閒來常取案頭《倪雲林集》以作其法書之取材。又喜采倪詩集句成聯，錄成條幅，以分贈親友。故其時友儕間獲于氏墨寶者頗多，然時移世易，及今欲一覩于書倪詩風采殊不易得。映老爲撰成此書，原已數度奔波兩岸，且遠赴美、加，以尋求資料，甚不顧辛勞，幸而均有所獲，映老輒嘆以爲神助。《于右任法書倪雲林詩篇》一書，除蒐集並精印于氏所書倪詩外，亦兼選及《倪集》其他詩作，且考究詩中故實，詳予纂注。有關倪氏與友朋間酬唱之作，及並時諸賢題雲林畫作之詩、詞作品，亦多方覓錄，意或采輯殆遍。故研讀映老此書稿，深感其學識淵博，功力有過人之長，側聞台灣于右任基金會已樂意斥資印行此書，以作于氏一百二十周年誕辰紀念獻禮。此書面世後，其對倪瓚詩、畫、行誼，以及于氏法書之研究，定可作出深遠之影響與嶄新之貢獻。

余是次承映老所囑以撰《書後》，當可視爲映老與余締結文化緣之第三事。撰文至此，忽念及前讀《顏氏家訓．勉學篇》，顏黃門於此篇中甚推許公孫弘、袁伯業「自少不倦於學，老而彌篤」。而今映老亦以八十遐齡，數年之間成書三種，則其沈潛學術，老而彌篤之情，持較公孫弘、袁伯業輩，恐又等而上之矣。

（民國八十六年青年節何廣棪撰於華梵人文科技學院東方人文思想研究所）

原載《新中華》第十六、十七期合刊

沈映冬先生《倪雲林隱跡記》書後

映老一生勤奮著述，近年更樂此不疲。五年前撰就《石鼓奇緣》一書，交余主持之香港文淵閣學術資料供應中心印行。書再版之時，余嘗撰作《贅言》介紹，並表欽仰之忱。其後，映老又絡繹完成《于右任尋碑記》與《于右任法書倪雲林詩篇》二書，於後一書，余亦撰寫《書後》以詳述映老寫作經過及其書旨趣之所在。客歲冬，映老遊美歸來，告以新著《倪雲林隱跡記》已定稿。全書以筆記體裁撰成，下分五十三子目，條分件繫以考述雲林隱逸相關事跡。其書圖文並茂，文辭安雅，其中雖偶涉考證，然絕無艱澀煩瑣之弊。全書拜觀之餘，益佩映老著述之勤與成書之捷；而於其沈潛學術，老而彌篤之苦心孤詣，則更不禁產生由衷之崇敬與仰止之情。

映老此書仍擬由香港文淵閣學術資料供應中心出版，余固樂觀厥成。又承命撰作《書後》，辭不獲已，用敢將映老年來著書經過，及其所撰《倪雲林隱跡記》之特色與勝處，揭載如上，以敬告讀者，是於知人論世，或不無小補焉。

（民國八十九年元宵節鶴山何廣棪敬跋於華梵大學東方人文思想研究所）

王韶生教授行狀

王教授諱韶生，字懷冰，世居廣東省豐順縣環清鄉桂林樓，後遷瑞林壩。大父元漢公生三子：長尚易、仲尚順、季爵臣。爵臣公諱玉麟，即教授之父考也。

爵臣公娶張氏，又娶楊氏。教授與姊坤嬌，太夫人張氏所生；弟健生，則楊氏出。爵臣公於光緒卅二年入西關西武陸軍學校肄業，廣東水師提督李準重之，委爲哨官；未幾駐防連城，升管帶。爵臣公素服膺　國父革命主張，宣統三年參加同盟會，是歲武昌起義成功，廣東響應獨立。姚雨平組軍北進，任爲隨軍聯絡參謀，驅兵宿州。民國元年，出任潮梅鎮守使署總教練官。二年，轉赴廣州，歷任地方要職，以迄十九年五月病逝。

教授以清光緒三十年（一九〇四）九月二十五日誕生於韶州府曲江縣。生而岐嶷。其治學也，則始自母氏之教。太夫人知書達禮，年五歲，即親授以《孝經》、《論語》，教以孝弟忠信；繼而《尚書》、《左傳》，教授均能循聲雒誦，明其大義。年十三，族祖春圃公居鄉講授《資治通鑑》，乃前往受業，昕夕聆聽，遂於歷朝史事及典章制度多耳熟能詳。經、史初基由是奠焉。民國十一年，年十九，考取國立廣東高等師範文史部；翌年，高師易名廣東大學；十五年畢業，隨考取北京師範大學國文系，又考入北京大學研究所國學門，均攻讀以迄畢業。其時舊京國學大師輩出，任教北大、北師大者，經學則安徽歙縣吳承仕，史學則湖南長沙楊樹達，《選》學則河北霸縣高步瀛，詩學則廣東順德黃晦聞，詞學則浙江江山劉毓盤。教授追隨杖履，親承教指，學有所成。由是抗心希古，德業大進。

教授之治事也，則以教育爲職志。民國十四年，年廿二，任課知用中學，爲其晉身教育事業之第一步。北大畢業後歸里，名學者梁漱溟時任省一中校長，禮聘爲教員。十九年，遠赴星洲，任端蒙學校校長。嗣後，歷任中山大學、嶺南大學、廣州大學、國民大學、文理學院等校教授兼中文系主任。卅八年遷居香港，初任教廣大、廣僑等書院，隨而受聘香港中文大學崇基學院，以迄六十年七月榮休。其年九月，江茂森校長、羅香林所長禮聘出任珠海大學文史研究所專任教授，又於浸會學院、新亞研究所等校兼任教授。七十八年七月，年八十六，再度榮休。教授一生盡瘁教育，任職大學、研究所凡六十年，親承教澤而獲博士、碩士學位者百數十人，獲學士學位者不計其數。桃李成蹊，培材甚衆。語云：「莫爲之先，雖美不彰；莫爲之後，雖盛不傳。」今教授之門人弟子多能秉承師訓，或著書立說，或作育上庠，對學術文化均具卓越之貢獻。是則教授之德業、教澤必得以綿延千祀，發揚光大；而其於我國教育事業之立德、立功，亦必能垂諸後世，永傳不朽。

教授畢生醉心於學術研究及文藝創作，發表論文數十篇，著作十數種，逾百萬言。舉其犖犖大者，經學則有《春秋左氏學與公羊學》、《大戴禮興廢考》、《荊州學術與三國學術之關係》、《何晏與魏晉學術之關係》、《皮錫瑞之經學》、《懷冰室經學論集》等，史地學則有《豐順縣志》、《懷冰隨筆》、《當代人物述評》等，文學則有《讀陶詩札記》、《唐代散文論稿》、《唐宋詩體研究》、《元遺山論詩三十首箋釋》、《陳白沙之理學與詩學演講詞》、《高閬仙先生對古典文學之影響》、《紀念香港二大詞人》、《懷冰室文學論集》等。至其詩古文辭及倚聲等文藝作品，則經蒐集整治後，收入《岳雪廬叢稿》、《懷冰文錄》、《懷冰室集》、《懷冰室續集》、《懷冰室集三編》諸書。早歲另撰有《國學概要》。綜上所述，足證教授獻身於學術與文藝，成就卓犖不凡，立言不朽，教授亦有之。

教授之德業、學行，屢爲友儕所推譽，番禺黃尊生先生序《懷冰室續集》，謂教授所學淵源有自，由嶺海而至燕北之上庠，學古、駢文於高閬仙先生，學詩於黃晦聞先生，學詞於劉毓盤先生；來港後，復與廖鳳書、劉伯端二先生遊，學有所本，宜其蘊蓄之深厚，誘導之有方。又謂教授之平生，深有得於中庸之道，不偏不倚，平易近人，榮利淡然，襟懷坦蕩，升沈得失，視之蔑如。外若和光同塵，內則光風霽月，今之逸民也。如皋吳俊升先生亦謂教授之文，載道淑世，有物有序，雖未自標宗派，實淵源於桐城，而又不自囿於方、姚榘範，其行文遣詞固多轉折頓挫之韻味，然亦時具峻拔雄奇之氣勢。又謂教授之詩，備各體風格，不以唐、宋自限，凡抒情、狀物、敘事、寫景，各隨所適。不多用事，亦不重藻飾，簡淨淡遠，不尚奇險，實不遠於溫柔敦厚之旨。是教授每見賞於友朋，其所推崇，亦可云備至矣。

教授體質素健，故得以安享遐齡。不意本年三月七日染恙，入伊利沙伯醫院，其後病況轉劇，群醫束手。三月十一日（星期三）晚上八時三十分溘然長逝，享年九十五歲。夫人賴氏，賢慧淑德，持家有方。子七人：建宋、建栩，已退休；建東，英國倫敦大學藥劑系學士及博士、英國及香港註冊藥劑師；建南，台灣東海大學工商管理學士；建圻，香港大學工商管理博士、英國皇家文學會院士；建誠，香港嶺南學院社會科學學士；建殷，香港浸會大學化學系學士。女二人：建棠，英國專科畢業，香江學院中文系學士；建芬，珠海大學文史系學士。均學成業立，無忝父教，丕振家聲。二媳林氏，三媳梁氏，英國大學醫院助產護士長。孫男四人：威武、文聰、增祥、智賢；孫女二人：宜珠、智敏，亦自成材。

（民國八十七年三月廿八日）

原載民國八十七年九月《新亞研究所通訊季刊》

我與《中國書目季刊》結緣

——從讀者到作者

余夙好研治流略之學，平日除究心於史志及公私書目外，舉凡與中國書目學有關，如《國立北平圖書館館刊》、《圖書館學季刊》類之期刊、雜誌亦甚喜研覽。《中國書目季刊》自民國五十五年九月十六日創刊，即成爲案頭必備之讀物。其時余仍僑居香江，閒來常逛書肆，每見有出售《中國書目季刊》最新一期者，即毫不猶豫立刻採購。惟當時學未有成，不敢妄自向《書目季刊》投稿，故未能結緣也。

民國六十三年六月，余畢業於香港珠海大學中國文學研究所，所撰碩士論文乃《李清照研究》。論文附錄有《民國以來李清照研究論文目錄》一篇，恩師羅香林教授或認爲該文仍有可取之處，乃代郵寄方豪院士。其時方院士正任《中國書目季刊》主編，故未幾拙文即被採用，事後並蒙惠贈抽印本數十份。此乃余與《書目季刊》結緣伊始。

嗣後，《書目季刊》之編者雖屢有更換，然余仍絡繹投稿，拙文亦多蒙錄用。如《讀〈香港大學廣東文徵改編本編校後記〉有感》、《懷念魯實先教授—並記魯教授與我的一段翰墨因緣》、《中日歷代書目有關鍾嶸〈詩品〉之著錄》、《鍾嶸〈詩品〉諸家評論資料類輯—〈詩品序〉之部》、《鍾嶸〈詩品〉諸家評論資料類輯—〈詩品〉上品之部》、《〈黃克強致 國父書〉讀後》、《從陳垣先生之一通函牘談起—兼永懷方豪院士》、《讀陳隆恪先生〈同照閣詩抄〉隨筆》、《晚近〈孝經〉研究論文彙目》、《〈李清照改嫁問題資料彙編〉補遺六則》等約二十篇文章均獲刊登。月前，余又撰成《兩宋僧人詞述評—兼論宋僧詞於佛教宣傳上之貢獻》一文，亦蒙採用。相信不久將來，拙文當可於《書目季刊》與讀者見面。

韶光易逝，《中國書目季刊》創刊至今已屆三十載，而余與之結緣亦日漸深厚。三十年來，《書目季刊》給與學術界以極廣闊之投稿園地，因而該園地亦碩果纍纍，發表無數富有學術價值之論文，對學術文化，尤其在中國書目學方面，具有極重大之貢獻。《中國書目季刊》曾四度榮獲教育部頒贈「全國優良期刊獎」，斯乃實至名歸，余忝屬曾爲該刊物付出心力之一分子，亦深覺與有榮焉。

《中國書目季刊》三十年來之輝煌成就，乃有目共睹者。相信該社全體同仁今後定更發揚蹈厲，乘時黽勉，在未來歲月中，《書目季刊》定會更顯光華，對中國學術文化、中國書目學作出嶄新之貢獻。

（民國八十六年元月二十六日撰於華梵人文科技學院東方人文思想研究所）

原載《中國書目季刊》第三十卷第四期

《勞乃宣致羅振玉書札十六通》一文楷定錯誤與斷句之失

勞乃宣致羅振玉書札十六通，珍藏旅順博物館，書札均以行書寫成，韓行方、房學惠二先生予以楷定並標點斷句，發表於《文獻季刊》一九九九年十月第四期，惜有錯誤。茲不辭疎漏，特予訂正如後。

一、楷定錯誤

1.第二通「久未裁盒」，「盒」應作「答」。

2.第五通「屬者得寓居青島」，揣上下文意；「屬者」應作「爾者」，疑形近而誤。「爾者」即「邇者」。

3.第十一通「俾資事蓄」、第十三通「俾得足資事蓄」，「蓄」均應作「畜」。

4.第十二通「公同為力」，應作「共同為力」。或原函本誤。

5.第十四通「惟耳僉聾耳」，「僉」應作「愈」。其第八通正有「惟耳愈聾耳」句。

二、斷句失當

1.第三通「靜安 徵君同此致聲」，應作「靜安徵君同此致聲」。「聲」疑作「意」。

2.第四通「表忠闡幽不磨之舉」，應作「表忠闡幽，不磨之舉」。

3.第五通「今既可不自出房租又略有津貼」，應作「今既可不自出房租，又略有津貼」。

4.第六通「商量舊學播越，得此殊爲幸事」，應作「商量舊學，播越得此，殊爲幸事」。

5.第九通「就念道躬微有感冒，已痊，可日來，眼下若何？」應作「就念道躬微有感冒，已痊可，日來眼下若何？」

6.第十一通「前函所陳恭邸囑，奉託在東訪詢交易古物一節」，應作「前函所陳，恭邸囑奉託在東訪詢交易古物一節」。